中国象棋特级大师柳大华对局精选

柳大华◎著

长江出版传媒
湖北科学技术出版社

图书在版编目（CIP）数据

中国象棋特级大师柳大华对局精选 / 柳大华著 .—武汉 : 湖北科学技术出版社 , 2025. 1

ISBN 978-7-5706-1557-5

Ⅰ . ①中…　Ⅱ . ①柳…　Ⅲ . ①中国象棋—对局（棋类运动）　Ⅳ . ① G891. 2

中国版本图书馆 CIP 数据核字 (2021) 第 121780 号

出 品 人：邓　涛　　　责任校对：陈横宇
责任编辑：谭学军　　　封面设计：胡　博

出版发行：湖北科学技术出版社
地　　址：武汉市雄楚大街 268 号（湖北出版文化城 B 座 13—14 层）
电　　话：027-87679468　　　邮　　编：430070

印　　刷：湖北新华印务有限公司　　　邮　　编：430035

710 毫米 ×1000 毫米　1/16　22. 75 印张　200 千字
2025 年 1 月第 1 版　　　2025 年 1 月第 1 次印刷
定　　价：68. 00 元

前　言

崛起江城说大华，英名赫赫播天涯。
十年棋国驰神骏，两度蟾宫折桂花。
雷电声威扬炮马，风云阵法幻龙蛇。
神州弈苑春光美，柳色青青映晓霞。

这首七律诗出自《中华诗词》责任编辑、“当代诗词家别集丛书”主编刘梦芙先生之手，单赞两届全国象棋冠军、特级大师柳大华。

柳大华，1950 年 3 月出生，湖北黄陂人。九岁时受其兄柳大中熏陶和指引，喜欢象棋，熟读棋谱。1963 年十三岁时获湖北省少年象棋冠军，同年又获中南区少年象棋比赛亚军。1974 年首次获湖北省象棋冠军并参加全国棋赛。1978 年获全国象棋赛第三名，当年调到湖北省体育运动委员会，开始了专业棋手生涯。1979 年获全国象棋赛亚军。1980 年获全国象棋赛冠军。是中华人民共和国成立以来的第四位全国冠军，第四位棋王。是唯一从“十连霸”胡荣华手中夺走冠军的棋手，他的崛起，结束了胡荣华独霸棋坛二十年的局面。1981 年柳大华再次蝉联全国冠军。1981 年、1983 年两夺“五羊杯”赛冠军。1991 年、1993 年、1997 年夺得三届“银荔杯”象棋赛冠军。是五届“亚洲杯”象棋赛男子团体冠军中国队的主力队员之一。1988 年获第四届“七星杯”赛冠军。是 2005 年、2009 年全国象棋甲级联赛冠军湖北队主教练兼队员。2007 年获第三届亚洲室内运动会象棋男子团体冠军。柳大华棋艺全面，棋风彪悍，尤以中局搏杀凌厉，算度精确见长，思维敏捷，记忆力超群。1995 年 2 月，曾在北京中国棋院创下 1 对 19 人的盲棋世界纪录。20 世纪 80 年代后兼任湖北省象棋队教练，为象棋高级教练员。1985 年获中国象棋特级大师称号，1988 年获中国象棋国际特级大师称号。曾任湖北棋院院长。

柳大华崛起于 20 世纪 70 年代末、80 年代初的中国棋坛，正值中国象棋蓬勃发展的黄金时期。本书按对局时间先后顺序，精选取了柳大华特级大师的精彩对局，奉献给广大中国象棋爱好者。

目 录

第1局　湖北柳大华(红先和)广东李广流

(1963年8月弈于武汉)

顺　手　炮

1963年中南区少年棋艺锦标赛

大约是在我9岁那年，受大哥的熏陶和指引，我喜欢上了象棋。在大哥的指导下我注意理论与实践的结合，所以棋艺水平提高很快。那时比赛很少，少年比赛就更少。直到1963年5月，才盼来了武汉市少年象棋比赛，这是我第一次参加比赛，结果成绩还可以，获得了第三名。并于同年7月获得了湖北省少年比赛的冠军。接下来，我又参加了在武汉举行的中南区少年赛，记得那是与李广流争夺冠军，他当时16岁，是广东象棋队的专业队员，还获得了广州市甲级棋手的称号，面对这样一位强手，我虽然走了几步软着，但整盘棋总的来讲下得还不错，最后战成平手。计算名次时，由于我多和一局棋，所以屈居亚军。

1. 炮二平五　炮8平5　　2. 马二进三　车9进1
3. 车一平二　马8进7　　4. 车二进六　卒3进1
5. 车二平三　马2进3　　6. 马八进九　马3进4
7. 兵三进一　车9平6

黑方车占据肋道，看似正常，但当红方炮平六后，黑方马出路狭窄，加之红方九路车可迅速开出，黑方显然吃亏，不如走马4进3较好。

8. 炮八平六　马4进6　　9. 马三进四　车6进4
10. 车九平八　炮2平4　　11. 仕六进五　车1进1
12. 兵九进一　卒3进1　　13. 车八进六　…………

红方挺边兵与黑方卒3进1交换，略亏。不如直接走车八进六，则形势更佳。

13. …………　车1平6　　14. 车八平六　…………

利用邀兑炮之机，占据要道，红方优势逐渐显露出来。

14. …………　炮4平1　　15. 炮六平七　士4进5
16. 炮五平四　…………

改走炮五进四，马7进5，车三平五，炮5平7，相三进五，后车进3，炮七进二，红方不但兵种好，还净多三兵，大占优势。

16. ………… 炮 5 进 4　　17. 相七进五　炮 5 平 7
18. 车三平二　马 7 进 6　　19. 炮四进三　后车进 3
20. 车二平五　炮 1 平 5　　21. 兵七进一　象 3 进 1
22. 马九进七　后车平 2　　23. 车六平八　车 2 退 1
24. 车五平八　车 6 平 4　　25. 兵七进一　士 5 退 4
26. 兵七进一　…………

以上一段，红方应对无误，优势逐步扩大。但此时冲七兵不但挡住了车路，而且使子力脱节，应改走马七进六控制要点，则胜利在望。

黑方 李广流

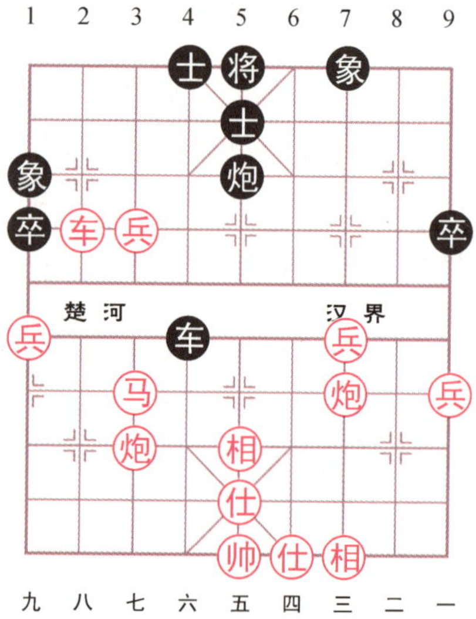

红方 柳大华

26. ………… 士 6 进 5(如图)

27. 兵三进一 …………

如图形势，红方应走车八退一，为马七进六开道，这样黑方将无机可乘。进兵系坏棋，以下黑方反客为主了。

27. ………… 车 4 进 1

28. 马七进八　车 4 进 1

应车八平七，车 4 平 5，帅五平六，车 5 平 7，马八进六。

29. 炮七进一　车 4 平 5

应走炮七进二，车 4 平 5，马八进六，这样将比实战着法好。

30. 帅五平六　车 5 退 3
31. 炮七平六　车 5 平 4　　32. 炮六退一　车 4 平 3
33. 炮六平五　车 3 平 4　　34. 帅六平五　…………

仍应走炮五平六。

34. ………… 车 4 进 3　　35. 马八退七　…………

如走炮五进三，车 4 平 3，帅五平六，炮 7 进 2，红方也难以应付。

35. ………… 炮 5 进 4　　36. 车八退二　…………

应走马七进五，炮 7 进 2，车八退三，车 4 平 5，兵七平八，炮 7 平 8，马五退三，炮 8 退 2，马三退五，炮 8 平 2，兵一进一，炮 2 退 1，兵三平二，炮 5 退 1，兵一进一，尚有谋和机会。

36. ………… 炮7平3

黑方打马错失良机。应走车4平3,帅五平六,炮7进2,车八退四,车3退1,黑方得子得势,胜局可定。

37. 车八平五　车4退1　　38. 兵三进一　象1进3

应改走象1退3,争取尽快巩固中路,则仍有胜望。

39. 兵七平六　炮3平2　　40. 兵三进一　炮2退5

41. 兵六进一　象3退5　　42. 兵六进一　炮2进1

43. 兵三进一　将5平6　　44. 车五平四　将6平5

45. 兵三平四　车4退5　　46. 车四平五　车4进5

47. 车五进三　炮2退1　　48. 车五平四　炮2平6

红方双兵终于构成威胁,迫使黑方以炮换兵解围,现在双方兵力相等,已成和局。

49. 车四进一　车4退3　　50. 车四退五　炮5退4

51. 车四平三　车4平5　　52. 车三进六　士5退6

53. 炮五进五　车5退1　　54. 车三退三　车5平1

第2局　湖北柳大华(红先和)湖北李义庭

(1966年2月3日弈于武汉)

顺手炮直车对横车

1966年武汉象棋名手表演赛

1966年2月3日是农历正月十五,也刚好是我16岁的生日。这天晚上,硚口区文化馆邀请了名将李义庭前来作表演赛。由于机会难得,硚口棋界很多棋手都跃跃欲试,但大家又一致认为我年纪轻、实力较强、有发展前途。故把这个难得的学习机会让给我了。

1.炮二平五　炮8平5　　2.马二进三　车9进1

3.车一平二　马8进7　　4.马八进九　马2进3

老式应法是卒1进1,炮八平七,马2进1,车九平八,车1平2,发展下去局势较平衡。跳正马是1962年出现的新变着,具有反弹力强的特点。它的出现使得顺炮进边马的走法逐渐减少。1966年全国赛后,先手方也多用正马的走法了。

5.炮八平七　车1平2　　6.车九平八　炮2进4

7.仕四进五　卒7进1

挺卒活马,消除了红方车二进六压马的威胁,这是对原车9平6的改进走法。

8.车二进四　车9平4

亦可走车9平2,加强对红方左翼的封锁。

9.兵九进一　马7进6　　10.车二平四　车2进4

11.车八进三　…………

红方面临黑方车4进4强兑的棋,一车换双已是势在必行。如走车四平八,车2进1,马九进八,马6进4,马八进七,马4进3,车八进三,车4进2,黑方局势较优。

11.…………　车2进2　　12.车四进一　车4平7

13.车四退一　炮5平9

平7炮更有攻击性,黑方较优。

14.兵五进一　士4进5　　15.兵五进一　卒5进1

16.马三进五　车7进2　　17.马五进七　车2退2(如图)

18. 炮五进一　…………

以上着法,双方攻防正确。如图红方进炮准备走七平五加强中路攻势,好棋。

黑方 李义庭

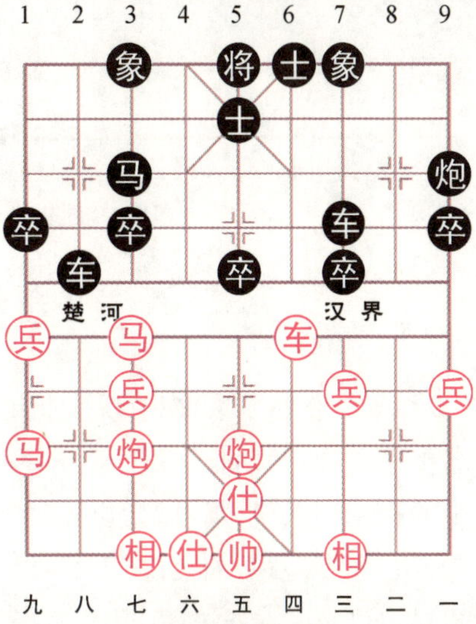

红方 柳大华

18. …………　炮 9 平 5

19. 炮七平五　炮 5 进 4

黑方平炮兑掉了红方颇具威胁的中炮,削弱了红方的攻势。

20. 马七退五　象 3 进 5

21. 马九进八　卒 5 进 1

22. 车四平五　车 7 平 5

23. 车五进二　马 3 进 5

24. 炮五进四　车 2 进 1

弃中卒,继而平中兑车,黑方取得了简明的小优势。但由于所剩子力不多,极易成和。黑方倘若不弃中卒,改走他着也难有作为。

25. 炮五平九　车 2 平 5　　26. 炮九平一　…………

弃马打卒,算准可形成炮双兵仕相全守和车双卒士象全的局面。

26. …………　车 5 进 1　　27. 兵七进一　车 5 平 7

28. 相七进五　车 7 平 9　　29. 炮一平六　车 9 平 4

30. 炮六平四　车 4 平 6　　31. 炮四平六　卒 7 进 1

32. 炮六退四　…………

退炮没有必要。应走兵九进一,卒 7 平 6,兵九进一,卒 6 平 5,兵九平八,捉死黑方 3 路卒,将立即成为正和局面。

32. …………　卒 7 平 6　　33. 兵九进一　车 6 平 2

34. 兵九进一　卒 6 平 5　　35. 炮六平七　车 2 平 3

红方平炮打卒给和棋带来麻烦。应走炮六进四可简明地形成和棋。黑方平车捉炮,有嫌随手。应走象 5 进 3 保留住 3 路卒,红方求和将有难度。

36. 炮七退二

至此必然形成车卒对炮仕相全的局面,双方同意作和。

1966 年至 1967 年,我有幸与李义庭对弈过 5 盘棋,均下成和棋。这是其中的一盘。以后李义庭老师基本没有涉足比赛,我们之间就再没机会交锋了。

第3局　湖北柳大华(红先胜)上海胡荣华

(1976年7月30日弈于肇庆)

顺手炮直车对横车

1976年中南协作区棋类邀请赛

1974年7月,因故中断达七年的全国象棋比赛在成都举行。这次比赛共有86名棋手参加,赛期长达一个月,每名棋手要下23盘或24盘棋,这对于当时比赛较少的棋手们来说,真可谓过足了瘾。这是我首次参加全国性比赛。由于棋艺水平与强手尚有差距,加上没有大赛经验,所以只得了第33名。经过全国赛的洗礼后,我对自己有了全面的认识,并且针对自身的弱点,进行了苦练。时隔两年后,在1976年6月举行的全国象棋个人赛中,终于打进了前十二名。

1976年7月下旬,在风景秀丽的肇庆市,举行了有广东、上海、北京、湖北四省市棋手参加的邀请赛。在这次比赛中,我与胡荣华进行了我们之间的第三次交锋,这一次我发挥得很出色,战胜了当时象棋界如日中天的胡荣华。

1. 炮二平五　炮8平5　　2. 马二进三　马8进7

3. 车一平二　车9进1　　4. 马八进七　车9平4

5. 兵三进一　马2进1

当时顺手炮直车正马对横车的阵势,黑方此时多采用马2进3正马应战。胡不落常套,走出了跳边马的新变。

6. 炮八平九　…………

黑方马屯边后,中路相对薄弱。此时红方走马三进四争夺中卒为好。

6. …………　车1平2　　7. 车九平八　车4进4

黑方车骑河,有力地控制了红方子力的出动,布局至此应属黑方满意。

8. 车二进四　炮2平3

黑方平炮兑车,步数上虽然吃亏,但子力可协调配备,并由此有攻击红方七路线弱点的先手棋,所以实际上已得到了补偿。除此走法外,黑棋亦没有更理想的着法。

9. 车八进九　马1退2　　10. 炮五平四　…………

预防黑方卒3进1的威胁，卸炮调整阵形，必然之着。

10. ………… 卒5进1　　11. 相七进五　卒5进1

12. 兵三进一　…………

红方卸炮后，七路线弱点随之消除。黑方及时改从中路进攻是正确的选择。现在红方弃三路兵换取黑方中卒，确保中路不被打通，针锋相对。

12. ………… 卒7进1　　13. 兵七进一　车4退2

14. 车二平五　炮3退1　　15. 炮九进四　卒3进1

16. 炮九退二　马2进3　　17. 兵七进一　车4进5

进车过于要强。改走马3进5，车五平八，车4进3，兵七进一，车4平3，兵七平六，炮3进6，炮四平七，车3进1，兵六平五，马7进5，呈和棋趋势。

18. 马三进四　马7进5　　19. 马四进五　…………

弃车换双马，力求保持简明的优势。改走车五平八亦佳。

19. ………… 炮5进3　　20. 马五进七(如图)　车4平7

黑方 胡荣华

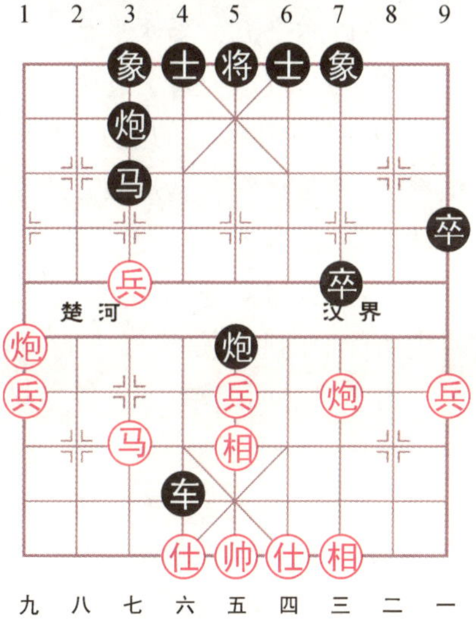

红方 柳大华

如图黑方平车捉炮，可能是忽略了红方弃相关车的强手。因此一着黑方局势急转直下。应走炮5退3，寻求和棋机会。

21. 仕六进五　炮5进2

22. 帅五平六　炮3平7

23. 后马进六　炮5平2

24. 马六进七　炮2平5

面对红炮平中的威胁，黑方炮委屈地回到原来的位置上防守。如若走炮2退2拦炮，红方兵七平八，炮2平3，后马退五，炮3平2(炮3平4，马五进四，炮7平6，马七退五，红方得子)。马五进四，炮7平6，炮九进五，红方攻势强盛，黑方难以应付。

25. 马七进六　象7进5

26. 兵七平八　士6进5

27. 马六退七　士5进4　　28. 前马退九　象3进1

以上一段，红方双马炮走得有声有色，黑方防不胜防。现在飞象顶马，迫不得已。否则红方有马九进八的凶着。

29. 炮九进三　炮7进8　　30. 帅六进一　车6平8

31. 炮九平五　炮 7 退 1　　32. 仕五进六　炮 5 退 5

33. 马七进五　车 8 退 2　　34. 马九退七　车 8 平 5

改走士 4 退 5，也难免一败。试演一例如下：马五进七，将 5 平 6（将 5 平 4，炮四进三），后马退五，车 8 平 5，马五进三，车 5 进 1，炮四进三，车 5 平 6，马七退六，炮 7 平 6，马三进一，红方多兵胜定。

35. 马七进六　将 5 进 1　　36. 马五退六　车 5 进 2

37. 帅六退一　车 5 进 1　　38. 帅六进一　车 5 平 6

39. 炮四进二　车 6 退 1　　40. 帅六退一　车 6 退 1

41. 帅六进一　车 6 进 1　　42. 帅六退一　炮 7 退 2

43. 马六退四　将 5 退 1　　44. 炮四平五　将 5 平 6

45. 马四进二　炮 7 平 5

另一种选择是车 6 退 6，马二退四，卒 7 进 1，马四退三，再马三进四即胜。

46. 马六退五　车 6 退 2　　47. 马五进七　车 6 平 4

48. 马二退四　车 4 退 1　　49. 马七进八　车 4 进 2

50. 帅六平五　车 4 平 5　　51. 帅五平六　车 5 平 6

52. 马八进六　卒 7 进 1　　53. 炮五进一

经过 3 个半小时的激战，弈至卒 7 进 1 时，到了封棋时间。炮五进一是我的封棋着法，当时我的想法是黑方接走卒 7 进 1，兵八平七，卒 7 进 1，兵七平六，卒 7 进 1，马四进五，车 6 平 7，炮五平四，车 7 平 4，帅六平五，车 4 平 5，帅五平六，车 5 退 5，马五进三，将 6 进 1，兵六进一。黑方只能眼看着红方九路兵过河取胜。还有一路较为简明的胜法是炮五进五，卒 7 进 1，炮五平八，卒 7 进 1，马四进五。红方得车。由于局势明朗，黑方未等启封就认输了。

第 4 局　河北刘殿中(红先负)湖北柳大华

(1978 年 4 月 10 日弈于杭州)

边马局

杭州象棋表演赛

20 世 70 年代由于经济尚不发达,所以象棋邀请赛很少,各队为了练兵,一般在参加大赛前,顺路搞些访问赛,以达到交流提高的目的。

为了迎接 4 月上旬在厦门举行的 1978 年全国象棋团体赛,河北队、湖北队来到杭州与浙江队进行交流,我和刘殿中的这盘棋安排在杭州铁路工人文化宫进行大盘讲解。

1. 马八进九　炮 8 平 5　　2. 马二进三　马 8 进 7

3. 炮八平六　炮 2 进 5　　4. 相三进五　马 2 进 3

起手进边马,属于偏局。第三个回合平肋炮,失先。

5. 炮二进二　车 1 平 2　　6. 炮二平七　卒 5 进 1

我考虑如改走马 3 退 5 则兵九进一,卒 3 进 1,炮七平八,炮 2 退 1,成平稳局面。现在采取弃马的手段,可多得数先,我脑海里出现了古谱《橘中秘》破单捉马局中的构图……

7. 炮七进三　马 7 进 5

8. 炮七平六　卒 5 进 1

9. 兵五进一　马 5 进 7

10. 仕六进五　马 7 进 5

11. 帅五平六　车 9 进 1

12. 前炮退三　车 2 进 5

弃子战术的正确运用,取决于对形势的正确判断。现在我的双车马炮倾巢而动,已占主动地位。探车捉炮虚实相应,试应手如何?

13. 相五进七(如图)　……

黑方 柳大华

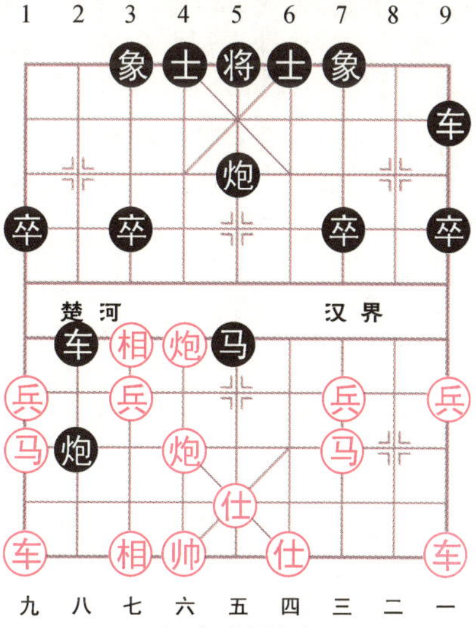

红方 刘殿中

如图殿中飞相打车,正中下怀。应该走前

炮退一，马 5 进 4，仕五进六，车 9 平 4，炮六平五，车 2 平 5，仕四进五，炮 5 进 4，马三进五，弃还一子，虽然攻势减弱了，但仍然控制局面，多卒占优。

13.………… 炮 2 平 7

精妙！白吃一马。

14. 车一平三 炮 7 平 6　　15. 车三进二 车 2 进 2

16. 后炮退一 车 9 平 6　　17. 车九平八 炮 6 平 4

18. 后炮平七 车 2 进 2　　19. 马九退八 炮 4 退 1

20. 帅六平五 车 6 平 4　　21. 炮七平六 炮 4 平 5

22. 仕五进六 前炮平 1

黑方利用红方六路冷巷炮的弱点炮击边兵，然后沉底炮算准可多吃一子，奠定胜局。

23. 仕四进五 炮 1 进 3　　24. 相七退九 车 4 平 2

25. 帅五平四 …………

弃马不得已而为之。如改走炮六退一，车 2 进 7，帅五平四，炮 1 平 3，帅四进一，炮 3 退 2，我仍掌握主动。

25.………… 车 2 进 8　　26. 后炮退一 车 2 退 4

27. 兵七进一 车 2 进 1　　28. 炮六平九 车 2 平 6

29. 帅四平五 车 6 平 4　　30. 炮九进六 车 4 退 1

黑方利用顿挫战术确保多吃一子，至此，我多子获胜。我认为殿中失利的原因，第 6 回合平炮打马失察。接受弃子后，在第 13 个回合出了漏着。这局棋是为杭州铁路工人表演而进行的，双方用时较少，这是难免的了。

第5局　辽宁郭长顺(红先负)湖北柳大华

(1978年9月22日弈于郑州)

中炮过河车进中兵对屏风马局

1978年全国象棋个人赛

1978年全国象棋个人赛在郑州举行，参加比赛的26名棋手是依据团体比赛中的成绩选取的，第一台选取11名，第二台选取7名，第三台选取5名，第四台选取3名。当时比赛采用14轮的积分编排制，我在第12轮胜郭长顺，此后我又连胜李广流和陈孝堃，开启了三连胜，这样我才惊险地争得第三名。

1.炮二平五　马8进7　　2.马二进三　车9平8

3.车一平二　卒7进1　　4.车二进六　马2进3

5.兵五进一　士4进5　　6.马八进七　卒3进1

7.炮八进四　…………

至此，已形成中炮过河车进中兵对屏风马的阵势。红方现在进炮是近年来比较常见的走法。它的主要目的是阻止黑方炮2进1驱车，保持过河车的压力。此时如改走车九进一或马七进五则另有变化。

7.…………　卒1进1

进边卒是应付进炮的一种走法。1964年全国比赛出现过，近年来在重大比赛中很少有人采用。黑方现在采用这种较为少见的走法，目的是想避开熟套，想在新的局面下力争主动。

8.兵五进一　…………

红方强进中兵，企图打通卒行线。此时也可走炮八平七，车1进3，车九平八(不能炮七进三，象7进5，炮七退一，炮2进1，车二退二，车1退2，车九平八，炮2进1，黑方得子较为便宜)，车1平3，车八进七，马7进6，车八退三，卒7进1，车二退一，马6进7，双方各有顾忌。

8.…………　车1进3　　9.炮八退五　炮8平9

平炮兑车是新颖的走法，也是消除红方攻势的好棋。此时如按以往走法，走炮2进1，车二退二，卒5进1，炮八平五，炮8进2，车九平八，象7进5，马七进五，黑方虽然稳健，但反弹力较弱，红方可以获得较为理想的局面。

10. 车二平三　车 8 进 2　　11. 炮八平五　象 7 进 5

12. 车三平一　…………

平车吃卒，避免打死车并牵制黑方车炮，是应走之着。在前两轮比赛中，郭长顺与胡荣华弈成同一局面时，郭走兵五进一，马 7 进 5，车三平一，炮 2 进 1，车一退二，车 8 平 6，前炮进三，炮 9 平 7，车九平八，炮 7 进 4，相三进五，车 6 进 5，马七进五，炮七平六，黑方占优。

12. …………　炮 2 进 1　　13. 车一退二　卒 5 进 1

14. 车九平八　…………

此时不能炮打象强攻，试演如下：前炮进五，象 3 进 5，炮五进六，士 5 进 6，车九平八，马 3 退 4，炮五退一，炮 2 退 2，车一进二，车 8 进 5，黑方多子占优。

14. …………　炮 2 平 9(如图)

黑方 柳大华

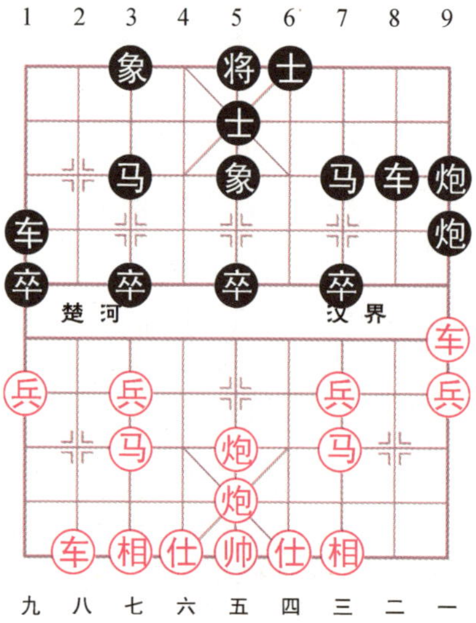

红方 郭长顺

平炮打车，解除红车对黑车炮的牵制，以便车占兵行线。这是一步冒险的着法。改为马 7 进 6，车一平四，炮 9 进 2，炮二进四，车 8 进 4，均势。

15. 车一平六　…………

随手之招。红方放过了一个稍纵即逝的进攻机会。这步棋可改走前炮进五，象 3 进 5，炮五进六，士 5 进 6，车一平六，炮 9 平 4，车八进七，黑方各子受制，红方好走。

15. …………　车 8 进 4

进车兵行线，有力之着，黑方进入反攻阶段。

16. 车八进七　车 1 平 3

17. 马七进五　车 8 平 7

18. 后炮平八　…………

败着。此时如改走后炮平三，车 7 平 8，车六平二，车 8 退 1，马三进二，红方尚可支持。如走前炮进三，前炮平 5，相七进五，炮 5 进 3，马三进五，车 7 平 6，红方也难应付。

18. …………　后炮进 4　　19. 炮八进二　前炮平 5

20. 马三进五　车 7 进 3　　21. 炮五进三　车 7 退 1

车7退1是取胜的佳着。此时如改走炮9进6，帅五进一，车7退1，帅五进一，红方还有反扑机会。

22. 车六平一　…………

无可奈何之着。另有两种走法，都难免输棋，演变如下：①仕四进五，炮9进6，车六平一，车7进1，仕五退四，炮9平6，相七进五，炮6退1，帅五进一，车7平4，帅五平四，车3平8，黑方胜。②相七进五，炮9进6，相五退三，车3平6，仕六进五，车7进1，黑方胜。

22. …………　车3平5　　23. 车八平七　…………

此时如不吃马，改走炮五平九，车7平2，仕四进五，车5进3，炮九进四，马3退4，车一平六，车5退3，黑方多子占优。

23. …………　车5进1　　24. 仕六进五　车5进1

进车捉车，然后平车捉死炮，黑方多子胜势。

25. 车一退二　车5平2　　26. 马五进六　车2进1
27. 车七退一　车2进3　　28. 仕五退六　车7平4
29. 马六进七　车4退6　　30. 车七平三　车2平3
31. 仕四进五　车4平3　　32. 车三进一　炮9平5

附参考局(一则)

辽宁郭长顺(红先和)上海胡荣华

(1978年9月19日弈于郑州)

中炮过河车进中兵对屏风马

炮二平五	马8进7	马二进三	车9平8	车一平二	卒7进1
车二进六	马2进3	兵五进一	士4进5	马八进七	卒3进1
炮八进四	卒1进1	兵五进一	车1进3	炮八退五	炮8平9
车二下三	车8进2	炮八平五	象7进5	兵五进一	马7进5
车三平一	炮2进1	车一退二	车8平6	前炮进三	炮9平7
车九平八	炮7进4	相三进五	炮2进1	前炮平八	马5进6
马七进五	马3进2	车八进五	马6进8	炮五平九	车1平4
车八退四	车6进4	车一平五	车4进3	车五进一	炮7平5

马三进五	车 6 平 5	车五退二	车 4 平 5	车八平七	卒 3 进 1
兵七进一	车 5 平 1	车七平二	马 8 进 6	车二平四	马 6 退 5
车四进三	马 5 进 4	炮九平六	车 1 平 9	车四平六	马 4 退 2
车六进一	卒 1 进 1	炮六平二	车 9 平 8	炮二平 1	马 2 进 3
车六退四	马 3 退 4	炮一进八	象 5 退 7	炮一退三	卒 1 平 2
相七进九	车 8 平 5	仕六进五	象 3 进 5	炮一平五	将 5 平 4
炮五平九	士 5 进 4	车六进一	士 6 进 5	炮九平二	将 4 平 5
炮二进三	象 7 进 9	炮二退七	车 5 平 6	炮二平四	卒 2 进 1
炮四平二	卒 7 进 1	相五退七	卒 2 平 3	炮二进四	卒 7 平 6
炮二平九	卒 3 平 2	炮九退二	卒 2 平 1	炮九平四	马 4 退 6
车六平四	车 6 进 1	仕五进四	马 6 进 4	仕四进五	马 4 进 3

第6局　上海徐天利(红先负)湖北柳大华

(1979年5月1日弈于苏州)

飞相局对过宫炮

第四届全运会象棋预赛

1. 相三进五　…………

飞相局是和对方较量中残功夫的一种布局，近年来经过棋手们的多次实践，有了很大的发展，它的特点是稳中求胜。徐天利对飞相局很有研究，在比赛中多次运用，取得较好战绩。

1. …………　炮2平6

黑方用炮2平6的过宫炮来对付飞相局，是考虑到这路变化近年来在比赛中用得较少，而其他变化对方比较熟。

2. 车九进一　马2进3　　3. 马八进九　马8进9
4. 车九平四　士4进5　　5. 兵一进一　炮8平7
6. 马二进一　车9平8　　7. 车四进三　车8进6
8. 仕四进五　…………

红方补仕，是一步计划性很强的着法。如果走车一进一，则黑方象3进5，红方不能走车一平六，因黑方走车8平7，炮二平三，车7平5，红方反而吃亏。

8. …………　象3进5　　9. 炮二平四　…………

平炮邀兑和上仕是紧密相连的一着棋，它的目的是出贴身车，威胁黑方底士。

9. …………　炮6进5　　10. 炮八平四　车1平4
11. 兵九进一　车4进4　　12. 马一进二　炮7进4
13. 马九进八　车4平2　　14. 车一平四　…………

平炮准备炮打底士，凶狠之着。

14. …………　卒7进1

黑方挺起7路卒，牵制红方，使红方炮打士的计划不能实现。

15. 马二进四　…………

进马过河，准备入卧槽。此时如果贸然打士，则黑方卒7进1，车四平三，士5

退6，车四进八，车8退1，车三进五，车8退5，车三退六，车2进1，车三进四，马3退4，车三平一，士6进5，黑方虽然缺士，但多一子，稍占上风。

15. ………… 卒5进1　　16. 炮四平三　马9退7

17. 马八退九　马7进8　　18. 车四退一　马8进6

19. 车四进二　车8退1

以上着法，双方弈来细致、紧凑。现在形势，红方子力较为活跃，但黑方多一卒，均势。

20. 炮三平四　…………

平炮打士，似嫌软弱，不如后车进三，卒7进1，兵五进一，红方不弱。

20. ………… 炮7平8　　21. 车四平二　炮8进1

22. 炮四进二　车8退2　　23. 炮四平六　车8平4

24. 炮六平四　车4平8

25. 炮四平八（如图）　…………

平炮求变，过于勉强，以致造成被动局面。如果继续走炮四平六，车8平4，炮六平四，双方不变，可成和局。

黑方 柳大华

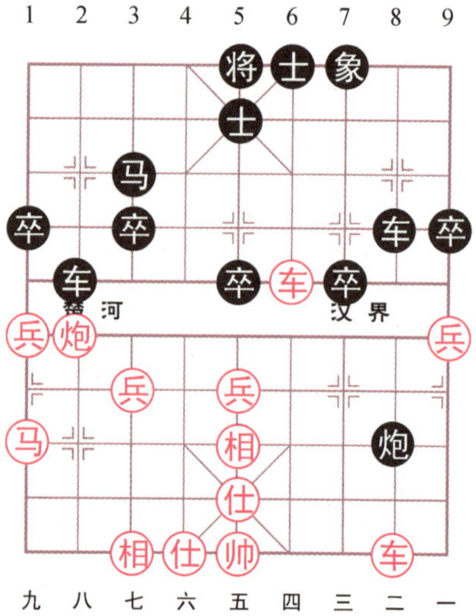

红方 徐天利

25. ………… 卒7进1

抓住战机，及时挥兵渡河助战，局面已呈优势。

26. 兵五进一　卒7进1

27. 兵五进一　卒7进1

28. 车二平三　卒7进1

29. 车三平二　…………

平车牵炮正着。如果走车三进一吃卒，则炮8平1，炮八平七，炮1进1，仕五退四，炮1进1，车三平九，炮1平2，炮七进三，车8平4，仕四退五，车4退1，炮七进一，车2退3，车九退一，车4平2，捉死红炮，黑方多子占优。

29. ………… 卒3进1　　30. 炮八平五　车2退1

31. 炮五平六　车2进5

进车是有力之着，如改走车2平4捉炮，兵五平六，车4进1，车四平六，马3进4，炮六退三，成平稳局势。

32. 炮六退二　炮 8 进 1　　33. 车四退一　车 2 退 5

由于时间仓促,黑方退车以为有炮 8 平 5 打仕的棋。这步棋应改走车 8 平 2,然后进车捉死马,红方难免失子。

34. 炮六退一　车 2 平 7

如炮 8 平 5,车二进六,炮 5 退 4,炮六平五,红方要失子。

35. 兵五平四　…………

匆忙平兵,被黑方炮打中士的假象所迷惑,此时应走车四平三兑车,局面立可转好。

35. …………　炮 8 退 1　　36. 马九进八　卒 3 进 1

37. 车四平七　车 7 进 4　　38. 帅五平四　车 8 进 3

39. 车七平四　…………

平车保兵,造成失象的被动局面。此着似应改走炮六平三,马 3 进 4,车二进一,坚守。

39. …………　车 7 平 5　　40. 炮六平三　车 5 平 7

41. 炮三平四　…………

逃炮,不够明智。改走车四退二,炮 8 平 6,车二进三,炮 6 平 2,车二退二,虽然下风,尚可周旋。

41. …………　炮 8 平 9　　42. 车二平一　车 8 平 3

43. 相七进九　马 3 进 5　　44. 车四平五　马 5 进 3

45. 车五平四　马 3 进 2　　46. 炮四进一　炮 9 退 1

47. 炮四进一　马 2 进 3

黑方得相后,步步紧逼,应直接车七退二。现在进马卧槽,已呈杀势。

48. 相九退七　…………

随手退相,造成速败。应改走车一进三,马 3 退 5,炮四平五,车 7 进 2,帅四进一,马 5 退 7,车一平三,车 7 退 3,马八进六,红方仍可一战。

48. …………　车 7 退 2

退车捉车,妙手取胜。

第 7 局　湖北柳大华（红先胜）上海徐天利

（1980 年 4 月 25 日弈于福州）

仙人指路对起马

1980 年全国中国象棋比赛

在全国比赛第六轮上，我遇到上海选手徐天利，当时徐四胜一和积 9 分，我三胜一和一负积 7 分，同组的蔡福如、臧如意，言穆江也是 7 分，另外还有好几个 6 分，这盘棋的胜负将直接关系到我能否进入甲组。

1. 兵三进一　…………

赛前，我分析了对手的情况，觉得徐精通中炮对反宫马的各路变化，采用中炮恐难占到便宜，于是我采用了平常运用较少的仙人指路的开局，以期收到出其不意、攻其不备的效果。

1. …………　马 2 进 3　　2. 马二进三　象 7 进 5
3. 马八进七　卒 3 进 1　　4. 炮二平一　马 8 进 6
5. 车九进一　马 3 进 2

进马兑炮，造成拐角马受攻的局面。此时应改走车 1 进 1 加强掩护拐角马，然后再马 3 进 4 出击较好。

6. 炮八进五　炮 8 平 2
7. 车一平二　卒 7 进 1
8. 车九平四　马 6 进 8(图)

黑方 徐天利

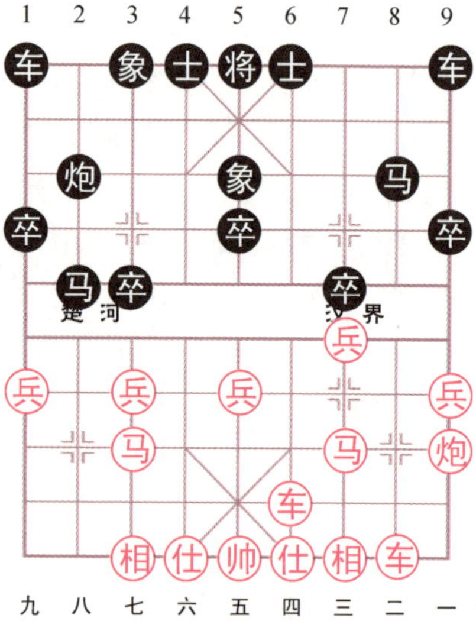

红方 柳大华

面对如图形势，我思考了近半个小时，仔细审度局势后，认为红方当前重要的一点是阻止黑方马达到象位，否则红方就无法进攻。围绕这一点，我考虑了两个方案：①马三进四，卒 7 进 1，马四进五，车 1 进 1 成互缠局势。②车二进六，卒 7 进 1，兵五进一，马 2 进 3，马三进五。第二方案尽管局势不明，但可能挑起复杂、混乱的局面。我觉得第二种方案适合我的棋风，于是选择了第二种方案。

9. 车二进六　卒7进1　　　　10. 兵五进一　马2进3

11. 马三进五　马3退5

局势按预定的计划发展，黑方面对复杂混乱的局势，可能有求稳的思想，走出了马3退5的软着。黑方此时改走卒7进1，车二平五，马8进7，车五平八，炮2平3，兵五进一，红方稍优。

12. 炮一平五　马5退7

红方平炮打马，黑方退马7路，造成败局。除此之外，另有两种变化，试演如下：①马5进7，车四进二，车9平7，马七进六，卒7平6，炮五进四，士4进5，车四进一，炮2平4，红方较优。②马8进6，马七进六，黑方此时有两种走法：A. 炮2平3，车四进四，炮3进7，仕六进五，车1平2，炮五进二，卒7平6，马五进三，卒6平5(如卒6平7，车二平四，红方多子占优)，马三进四，车9平7，马六退七，卒3进1，车四平六，炮3平1，帅五平六，卒5平4，马七进六，卒3平4，车六退一，士4进5(如士6进5，车二进三，将5平6，马四进三，红方胜)，车二进三，车7进3，马四进五，象3进1，马五退七，车2平3，车二退一，下步车二平六即胜。B. 炮2退1，马六进五，炮2平5(炮2平5，炮五进二)，车四进四，炮5进2(如马6退7，车二平三，马5进3，炮五退一，马7进9，车三退二，红方下步有车三平六的凶着，占优)，炮五进二，卒7平6，车四退一，马6进5，车二平五，马5进3，车四平八，车1进2，车八退一，卒3进1，马五进七，马3进4，帅五进一，车1平4，车五平六，红方捉死黑方马，多子胜定。从以上演变结果看，黑方此时应选择第一种变化，红方虽然局势占优，但黑方仍可坚守。

13. 马五进四　炮2退1　　　　14. 马七进六　炮2平8

15. 车二平三　炮8平5　　　　16. 马六进七　炮5平6

红方抓住黑方马5退7败着，集中双车双马炮五子的力量，猛攻黑方中路，黑方已难应付。此时平炮打车出于无可奈何，如改走象5退7，红方马四进三，象7进5，马七进五，象3进5，炮五进五，炮5平7，车四进七，红方胜。

17. 马四进五　象3进5　　　　18. 车三进一　车9进1

19. 车四进四　士4进5　　　　20. 车三平五　车1平3

21. 车五退一　车3进2

第17回合弃马踩象是入局的佳着。弈至目前形势，黑方为了解除红方车五进二的杀着，只得忍痛弃车。

22. 车五平一　士5进6　　　　23. 车四平五　将5平4

24. 马七进五　车 3 平 5　　　　　25. 车一平六　炮 6 平 4

26. 车五进二　卒 7 平 6　　　　　27. 车五平七

以上着法，红方走得非常老练。局面至此，黑方已无法挽回败局，遂微笑起座，祝贺对方的胜利。

第 8 局　广东杨官璘(红先负)湖北柳大华

(1980 年 9 月 3 日弈于乐山)

中炮横车七路马对屏风马横车

1980 年全国象棋甲级联赛

1980 年全国象棋甲级联赛共有 12 名棋手参加。比赛采用循环赛制。当八轮比赛结束时,徐天利积 11 分领先,我和吕钦、陈孝堃同积 10 分紧随其后,李来群 9 分,杨官璘 8 分,大家的积分都咬得很紧。比赛到此时可以说进入了冲刺阶段,谁能把握好最后三轮比赛,谁就会取得好成绩。第九轮我与著名棋手杨官璘的交锋,是我能否夺魁的关键一仗。赢得此局后,在接下来的两盘比赛中,我胜了胡远茂,和了陈孝堃,最后以 15 分的成绩首次登上了冠军的宝座。

1. 炮二平五　马 8 进 7　　2. 马二进三　卒 7 进 1

3. 兵七进一　马 2 进 3　　4. 马八进七　车 9 平 8

5. 车一进一　车 1 进 1

至此,形成"中炮横车七路马对屏风马横车"的阵势,杨先手尤喜采用这种阵势,并取得了良好的战绩。赛前经过分析,我认为他仍有很大可能采用此阵势,为了避免落入俗套,我以较为少见的屏风马横车应战,再则我认为这种阵势反弹力强,可导致复杂对攻局面的出现,这样有利于发挥我擅长攻杀的特点。

6. 车一平四　…………

平车抢占要道,并可控制黑方 7 路马的出路。此外,红方另有两种选择:①炮八平九,炮 2 进 4,车一平四,炮 2 平 7,相三进一,卒 7 进 1,车九平八,炮 7 平 8,成对攻局势,黑方可满意;②车一平六,象 7 进 5,炮八平九,炮 2 进 2,车九平八,炮 2 平 1,局势平稳。

6. …………　车 1 平 4　　7. 炮八平九　炮 2 进 4

8. 车九平八　…………

亮车捉炮正着。如走兵五进一,车 4 进 5,马七进八,车 4 平 3,车九平八,士 6 进 5,车四进七,炮 2 平 7,相三进一,炮 8 进 7,马三退二,车 8 进 9,红方右翼和中路空虚,黑方有机可乘,占有优势。

8. ………… 炮2平7 9. 相三进一 炮7平8

平炮塞相眼，企图冲卒过河。如走卒7进1，兵七进一，卒3进1，车八进四，红方捉死黑方过河卒后，子力位置好，明显占优。

10. 车四进三 车4进7 11. 仕四进五 后炮平9

12. 马七进六 炮8进3

黑方沉底炮贯彻以攻为主的指导思想。

13. 马三进二 车4退2

红方进马挡车，似嫌软弱。此着可考虑走炮九平六关车。试演一例：黑方如车8进6，马三退二，车8进3，车四退四，车8平6，帅五平四，车4平3，炮六平七，车3平4，炮五平六，黑方车位太差，红方优。黑方及时退车，机警之着，否则红方仍有炮九平六关车的棋。

14. 车八进八 士6进5 15. 炮五平三 马7进8

16. 炮九平七 象7进5(图)

17. 马六进七 …………

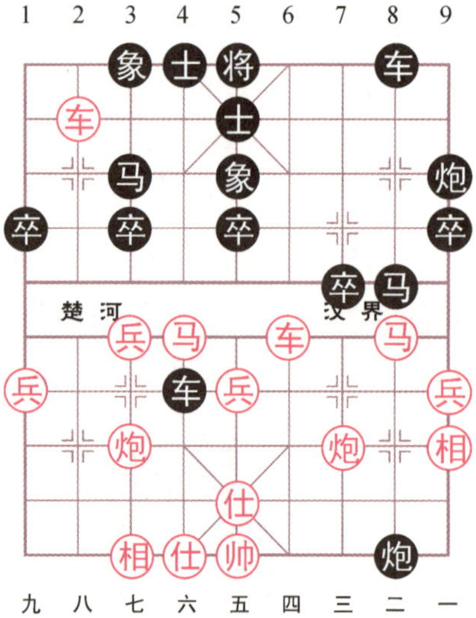

如图形势，双方仍各有顾忌。此时进马踩卒忽略了黑方的反击手段，由此红方完全处于被动挨打的局面。此着走炮七进四，以攻代守，红方局势仍可满意。

17. ………… 卒7进1

弃卒，开始了黑方的反击行动。

18. 车四平三 马8退6

19. 车三进三 …………

如改走车三平四，炮9平6，车四进二，车8进5，以下黑方有炮8平9和车8平3的双重威胁。红方难以应付。

19. ………… 炮9退1

20. 车八退一 车8进5

21. 车八平七 炮8平9

弃卒至此，虽仅交换了一马，但随着黑方8路车的通头与沉底炮的配合，黑方已经形成强大攻势。

22. 炮三平四 车8进4 23. 炮四退二 后炮平6

24. 车三退七 车8平7

此时简单的取胜方法是炮 9 平 7,炮四平二,炮 7 退 7,黑方可得子胜定。但我经过 20 多分钟思考,决定以攻杀的方式取胜。

25. 相一退三　炮 6 进 8　　26. 仕五退四　车 4 平 5
27. 炮七平五　马 6 进 7　　28. 帅五进一　车 5 平 3
29. 炮五进五　象 3 进 5　　30. 马七进五　马 7 退 5
31. 马五进三　将 5 平 6　　32. 车七平二　马 5 进 4
33. 帅五平六　马 4 进 6　　34. 帅六平五　车 3 进 2
35. 帅五进一　马 6 进 8

黑方利用红方子力位置差的弱点,以车马炮配合进攻,使红方防不胜防。至此红方为了解杀,势必走马三退四,马 8 进 6,帅五平四,车 3 退 3,红方将又失一子。杨见大势已去,遂主动认输。

第9局　中国柳大华(红先胜)泰国刘伯良

(1980年12月4日弈于澳门)

中炮对反宫马

第一届亚洲杯象棋赛

1. 炮二平五　马2进3　　2. 马二进三　卒7进1

3. 车一平二　士4进5

黑方补士，似嫌过早，影响出子速度，容易造成被动局势，不如改走炮8平6较好。

4. 兵七进一　…………

红方进七兵，给黑方形成反宫马阵势的机会，不如走炮八平六，逼黑方走马8进9，则红方更为有利。

4. …………　炮8平6　　5. 马八进七　炮6进5

6. 炮五进四　马3进5　　7. 炮八平四　炮2平5

8. 车九平八　…………

通过以上交换，红方多赚一中兵，局势略为占优。

8. …………　马8进7

9. 相七进五　车9进1

10. 车二进四　车9平6

11. 仕六进五　车6进5

12. 车八进五　…………

黑方抢出横车，然后平6路进车压马，抓住了红方弱点。红方进车骑河，控制要道，是针锋相对的好棋。

12. …………　象3进1

13. 兵三进一　车6平7

14. 马三退一　马5进6(图)

黑方 刘伯良

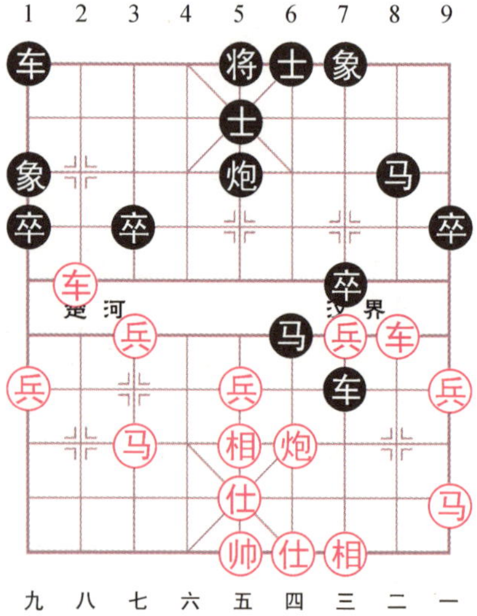

红方 柳大华

黑方进马抢攻,但其他子力接应不上,并无威胁,反给红方白过一兵,实为失利的根源。应改走卒7进1,车二平三,车7退1,相五进三,车1平4,局势尚平稳。

15. 兵三进一　马7进5　　16. 兵三平四　马6进4

17. 车八退四　车7平6　　18. 车二进二　…………

红方进车捉马,黑方已感难于应付,现在进马出于无奈,如果退马,局势也很被动。

18. …………　马5进6　　19. 车二退二　车1平4

20. 炮四进二　车6进2　　21. 炮四平五　…………

黑方通过先弃后取,虽然得回失子,但红方乘机控制了中路。

21. …………　车6平9　　22. 炮五进二　车9平6

23. 车二平六　车6退4　　24. 车八平六　车4进5

25. 马七进六　车6平4

黑方平车白失一子,红方胜局已定。此时如改走马4进2,马六退七,车6平2,帅五平六,车2退4,兵五进一,红方中兵长驱直入,黑方将坐以待毙。

26. 车六进二　将5平4　　27. 炮五平九　炮5平4

28. 兵五进一　卒3进1　　29. 兵七进一　象1进3

30. 炮九平三　象3退5　　31. 炮三退二　…………

第10局　泰国刘伯良(红先胜)中国柳大华

(1980年12月4日弈于澳门)

五九炮对反宫马

第一届亚洲杯象棋赛

1.炮二平五　马2进3　　2.马二进三　炮8平6
3.车一平二　马8进7　　4.兵七进一　卒7进1
5.炮八平九　炮2进6

红方平边炮,目的是为了使八路马顺利开出。黑方进炮压马,是针锋相对之着。

6.车二进一　车1平2　　7.车九进一　炮2退2
8.兵五进一　炮6平5　　9.马八进七　炮2平3

平炮压马,从实践的情况看,并不理想,改走马7进6较好。

10.马七进五　炮3平7　　11.兵五进一　车2进6
12.车九平四　士4进5　　13.仕四进五　卒5进1
14.炮五进三　车2退2　　15.炮五退一　…………

红方从开局到此,下得非常好。但此着退炮嫌软。应改走炮九平五,红方仍可保持先手,演变如下:马3进5(如炮7平1,车四进五,炮1进3,车二进六,红方占优),炮五进二,象7进5,炮五进四,马7进5,车四进五,红方优势。

15.…………　炮7平1　　16.车四进五　车2进2

进车打马,反夺先手的好棋。

17.马五退七　炮1退1　　18.炮五退二　马7进5
19.炮五进五　象7进5　　20.马七进五　卒7进1
21.马五进六　车9平7　　22.相三进五　卒7进1
23.马三进五(如图)　马5进4

如图形势,黑方多卒占优。现在进马抢攻,不够稳妥。应改走车7进4牵制红方双马,可稳占优势。

24.马五进三　马3退1

退马是造成被动局面的根源。此时应改走车 7 进 4,马六进七,马 4 进 6,形成对攻局势,黑方并不吃亏。

25. 马三进二 车 7 进 4

进车捉马败着。此时应改走车 2 平 6,虽落后手,尚可支持。

26. 车二进四 车 7 退 2

27. 车四平六 …………

红方车抢占要道,准备进马卧槽,凶狠之着。黑方已难应付。

黑方 柳大华

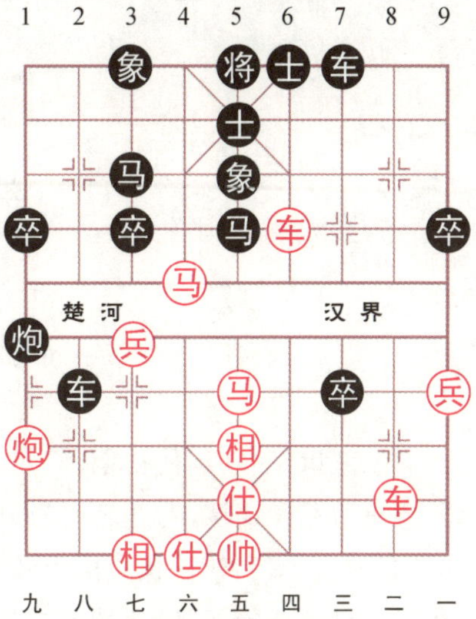

红方 刘伯良

27. ………… 马 4 进 6

28. 马六进四 马 6 进 7

29. 帅五平四 车 2 平 6

30. 仕五进四 车 6 退 3

31. 车六平四 炮 1 进 1

32. 仕四退五 马 1 进 3

33. 马二退四 象 5 退 7

34. 马四进六 炮 1 平 4

35. 马六进七 炮 4 退 5

36. 车二平六 士 5 进 4

37. 车四进三 将 5 进 1

38. 车六平四 马 7 退 6

39. 炮九平八 车 7 退 1

40. 前车平六

以上一段着法,红方抓住战机,步步紧逼,弈来颇见功夫,现平车叫将,黑方无法解救,起座认负。

第 11 局　上海胡荣华(红先负)湖北柳大华

(1981 年 1 月 10 日弈于广州)

当头炮对三步虎

第一届“五羊杯”中国象棋冠军赛

在 20 世纪 80 年代初期，广州《羊城晚报》和《新体育》杂志社联合创办了“五羊杯”象棋冠军邀请赛，参赛者必须获得过全国象棋比赛个人冠军。当时有杨官璘、李义庭、胡荣华和新科状元柳大华有资格参赛，由于李义庭“文革”后即已封刀，所以参加首届“五羊杯”比赛的就只有三人。比赛采用双循环赛制，我首轮后手对胡荣华。

1. 炮二平五　马 8 进 7　　2. 马二进三　车 9 平 8

3. 兵三进一　炮 8 平 9　　4. 马八进七　卒 3 进 1

挺卒制马，不落俗套，旨在求变。如改走马 2 进 3，则兵七进一，形成流行的中炮两头蛇对屏风马的阵势。

5. 炮八进四　马 2 进 3　　6. 炮八平七　车 1 平 2

7. 车九平八　象 3 进 5　　8. 车八进四　炮 2 平 1

9. 车八进五　…………

兑车，维持小先手，是平稳的走法。如走车八平六避兑，则车 2 进 3(车六进二，士 4 进 5)，炮七平三，车 2 进 3，局势复杂。红方不易掌握先手。

9. …………　马 3 退 2　　10. 车一进一　炮 1 平 3

11. 车一平八　马 2 进 4　　12. 车八进五　…………

红方平车捉马，再进车保炮是保持先手的适宜手段。

12. …………　马 4 进 3　　13. 车八平七　炮 3 平 4

14. 兵七进一　车 8 进 4　　15. 兵七进一　卒 7 进 1

黑方升车巡河，再挺卒兑兵，使局势向复杂对攻的方向发展。如改走他着，红方将稳持先手。

16. 马三进四　卒 7 进 1　　17. 马四进五　马 7 进 6

18. 兵七平六　马 6 进 7　　19. 兵六进一　炮 4 退 1

20. 仕六进五　马 7 进 8　　21. 车七退二　马 8 退 9

红方退车捉卒，化解黑方炮 4 平 7 打闷宫的威胁。如不退车，改走炮五平三亦佳。

22. 马七进六　…………

红方进马，准备卸中炮平八攻击黑方空虚的右翼。但忽视了黑方五子归边的攻势。由此转入被动局面。此时应改走炮五平四，则车 8 平 4(兵六平七，炮 9 平 8，黑方稍好)，马七进六，车 4 退 1，炮四进四，车 4 进 1，炮四平九，红方稍优。

22. …………　炮 4 平 7

23. 相三进一　炮 9 平 8

24. 马五进三　车 8 平 7

25. 马六进五　炮 8 进 7

26. 相一退三　车 7 平 4

27. 炮五平八　车 4 平 2

28. 炮八平六　士 6 进 5

29. 相七进五　卒 9 进 1

30. 车七退四(图)　…………

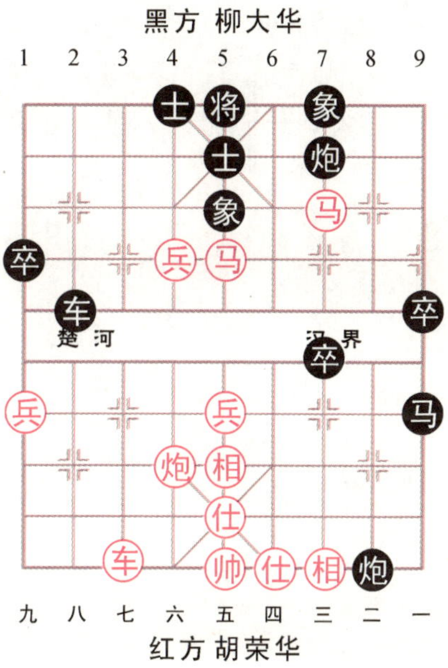

黑方抓住红方第 22 回合进马的软着，集中车双炮马卒五子展开攻势，弈来非常紧凑，至此已经控制了局势。但因红方的防守，尚需巩固，黑方想要取得全局胜利，也非易事。红方这着退车，是导致败局的根源。应走马五退六，则炮 8 退 4，相三进一，虽落后手，但仍可周旋。

30. …………　卒 7 平 8

平卒，控制局势，是获胜的关键。

31. 车七进四　马 9 进 8

红方如走马五退六，则车 2 平 7，马三退五，炮 7 进 8，相五退三，车 7 平 5，仕五退六，马 9 进 7，炮六平四，车 7 退 1，仕四进五，车 7 平 6，黑方胜。红方发现退马踩车的计划无法实现，只好把退车复进，等于白失二先。退车的弊病，由此可见。

32. 马五退四　马 8 退 7　　33. 马三退五　车 2 进 5

34. 炮六退二　马 7 进 9　　35. 炮六平七　卒 8 平 7

36. 马四退六　马 9 进 7　　37. 帅五平六　马 7 退 5

38. 帅六进一　车 2 退 3　　39. 马六进五　马 5 退 3

40. 炮七进二　炮 8 退 1

退炮叫将，华而不实。应走炮 7 进 8 打相，再炮 7 退 2，可以速胜。

41. 帅六进一　炮 8 退 2　　42. 后马进三　卒 7 进 1

43. 马五退四　炮 8 进 1　　44. 炮七平二　卒 7 进 1

45. 车七退一　车 2 平 3　　46. 炮二进七　士 5 退 6

47. 帅六退一　车 3 平 5　　48. 仕五进六　象 5 进 7

49. 马三退一　车 5 平 6　　50. 马四进五　炮 7 平 8

51. 马五退二　车 6 进 2　　52. 仕四进五　炮 8 进 7

53. 帅六退一　车 6 退 4

黑方展开全线围攻，冲杀有力。现退车捉马，红方必失一子，因而认负。

第 12 局　湖北柳大华(红先负)上海胡荣华

(1981 年 1 月 15 日弈于广州)

飞相局对过宫炮

第一届"五羊杯"中国象棋冠军赛

1. 相三进五　…………

这是"五羊杯"冠军赛第二循环的对局。由于我在第一循环中已取得了二胜的成绩,所以我决定在第二循环中,稳扎稳打。同时,为了达到在战略上出其不意的目的,我觉得采用飞相局最为合适。

1. …………　炮 8 平 4　　2. 马二进三　马 8 进 7
3. 车一平二　卒 7 进 1

避开熟套,寻求新变,这是胡荣华的弈棋特点。黑方挺 7 卒也是围绕这一战略指导思想弈出来的。比较常见的应法是车 9 平 8 或马 2 进 1。

4. 兵七进一　车 9 平 8　　5. 马八进七　马 2 进 1
6. 车九进一　士 4 进 5　　7. 炮二进四　象 3 进 5
8. 兵九进一　炮 2 平 3　　9. 马七进八　炮 4 进 3
10. 马八进九　车 1 平 2　　11. 马九进七　车 2 进 7
12. 兵九进一　炮 4 进 2　　13. 兵九进一　马 1 退 3
14. 炮二平七　车 2 退 5

双方弈来非常细腻,俱见功力。黑方退车捉马,虽可得子。但由于失兵太多,且子力涣散,并不合算。应改走炮 4 平 7,车二进九,马 7 退 8,兵九平八,车 2 退 4,炮七进二,车 2 退 2,车九进八,士 5 退 4,车九退一,车 2 平 1,马七进九,立成和局。由于胡当时积分不利,不愿成和,作出得子失先的选择。这样取胜的机会要多一些,从战略上讲,黑方的选择是可取的。

15. 车二进九　马 7 退 8　　16. 马七退五　炮 4 平 7
17. 炮七平一　炮 7 平 6

胡方平炮,必然之着,否则马五退四,黑方要失子。

18. 炮一进二　炮 6 退 6

升炮打马，好棋。黑方如不退炮，改走马 3 进 4，则兵九平八，车 2 进 1，炮一退二，黑方要失子，红方多兵占优。

19. 炮一平二　…………

平炮压马，可以保持较大的先手。但未有捞回实利，仍有后顾之忧。此时可改走车九平二，马 8 进 9，车二进六，车 2 平 4，炮一进一，车 4 进 1，马五退四，红方得回失子，多兵占优。

19. …………　炮 6 平 7　　20. 车九平四　象 5 退 3
21. 车四进七　马 3 进 5　　22. 马五退三　炮 7 进 2
23. 兵七进一　车 2 进 4　　24. 车四退五　炮 7 平 8
25. 马三退一　炮 8 退 1　　26. 兵三进一　马 5 进 7
27. 车四平二　炮 8 平 4　　28. 兵七平六　车 2 平 4

胡方竭尽全力，企图跃马，对我构成威胁。我则围绕这一矛盾焦点，极力控制胡方马的出路，兵七平六宁可弃仕，就是出于这样的考虑。

29. 兵三进一　车 4 进 3
30. 帅五进一　马 7 退 6
31. 兵六平五　象 3 进 5(图)

黑方 胡荣华

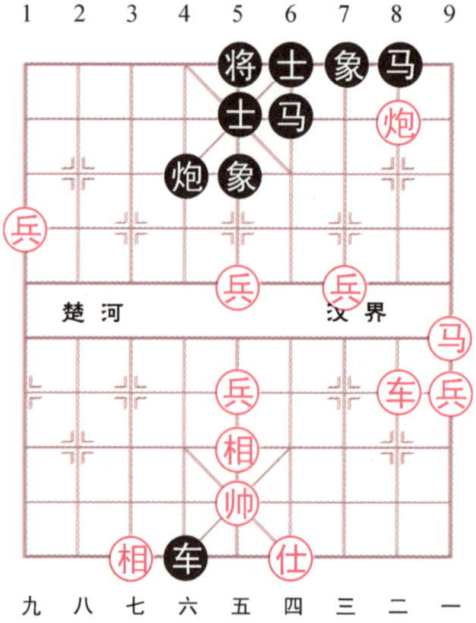

红方 柳大华

32. 车二平四　…………

弈到此时，我时间很紧张，无暇细算，误以为车二平四，马 6 进 8，兵三平二可捉死胡方马，由于发现了胡方车 4 退 6 的着法而没有兵三平二，但错误已经造成。此时应改走车二进三，象 5 进 7，马一进三，车 4 平 6，炮二平一，马 8 进 7，炮一进一，我方优势。

32. …………　马 6 进 8
33. 兵三平四　车 4 退 6　　34. 车四平二　车 4 平 1

弃兵，不如改走兵九进一，胡方车 4 平 7 谋捉死炮，则车四平三可邀兑。

35. 车二进三　车 1 进 3　　36. 马一进三　马 8 退 6
37. 车二平四　炮 4 退 1　　38. 后兵进一　车 1 平 5
39. 马三进一　车 5 退 1　　40. 车四平六　炮 4 退 1
41. 帅五退一　车 5 进 1　　42. 兵一进一　车 5 平 7
43. 马一退二　车 7 退 4

胡方抓住我平车捉马的错着，捉死边兵，继而消灭了我的中兵，走得非常正确。

此时退车，是步错棋，使已经转好的局势，又重新陷入被动。此时应改走车7平9捉边兵，胡方较优。

44.兵一进一　车7平8　　45.马二进一　炮4平2

46.车六平八　炮2平3　　47.车八平四　炮3进1

48.兵四平三　炮3平2　　49.兵三平二　…………

重新获得优势之后，我思想上有些放松，觉得胡方无子好动，我可稳操胜券。思想上的麻痹大意，导致了行棋的差错。此时应改走兵一平二，我大占优势。

49.…………　象5退3　　50.车四平七　炮2进8

51.相七进九　士5退4　　52.车七进三　马6进7

53.炮二平九　马7进5　　54.车七退四　…………

随手退车，造成败局。此时应改走炮九进一，车8平1，炮九平六，马5退4，车七平八，车1进5，炮六平四，将5进1，炮四平二，车1平5，仕四进五，车5进1，帅五平四，车5进1，帅四进一，车5退7，马一退三，象7进9，炮二退三，我占得优势。

54.…………　马5进6　　55.炮九进一　炮2退9

56.车七进四　马6进7　　57.帅五进一　车8平2

58.车七平六　将5进1　　59.车六平五　将5平4

60.车五平六　将4平5　　61.帅五平四　车2平6

62.帅四平五　炮2进6　　63.车六退六　炮2退1

64.马一退三　车6平5

胡方平车捉相，我已难以应付。以下胡方入局过程紧凑精彩，值得学习。

65.相九退七　炮2平8　　66.马三退二　炮8平5

67.相五进三　马7退5　　68.车六平五　马5进3

69.帅五平四　车5平6　　70.马二退四　将5平6

71.仕四进五　炮5进3　　72.帅四平五　车6进5

73.帅五平六　车6进1　　74.帅六退一　车6退4

75.帅六进一　马8进7　　76.炮九退七　车6进4

77.帅六退一　马7进6　　78.车五进二　车6退2

79.帅六进一　马6进5　　80.炮九平五　车6进2

81.帅六退一　马3退5

第 13 局　湖北柳大华(红先胜)上海胡荣华

(1981 年 7 月 18 日弈于承德)

飞相对边马局

1981 年中国象棋承德邀请赛

1981 年夏天，河北省承德市在著名的承德避暑山庄举办了有十五省(市)代表队参加的中国象棋邀请赛。

1. 相三进五　马 8 进 9

跳边马应飞相局，目前尚不多见。避开熟套，寻求新变，这是胡荣华下棋的一大特点。

2. 兵七进一　…………

进七兵开通马路，放慢了右翼子力的出动。此时宜改走马二进三，炮 8 平 6，车一平二，车 9 平 8，炮二进四，这样封住黑方，先手较易掌握。

2. …………　炮 8 平 6　　3. 马二进三　车 9 平 8
4. 车一平二　车 8 进 4　　5. 炮二平一　车 8 平 4
6. 马八进七　马 2 进 3　　7. 车二进四　象 3 进 5
8. 车二平六　车 4 平 8　　9. 兵三进一　士 4 进 5
10. 马三进四　…………

经过以上的部署，黑方取得了比较理想的布局结构，红方已失先行之利。红方跃马企图车六进一抢占要道。如改走炮八平九，卒 3 进 1，红方左车不易开出，也是黑方稍好。

10. …………　车 1 平 4　　11. 车六进五　士 5 退 4
12. 炮八平九　炮 2 退 1

退炮，向红方空虚的右翼转移，还可随时攻击红方河头马。

13. 车九平八　炮 2 平 6　　14. 马四退六　卒 9 进 1
15. 车八进七　…………

进车操之过急，给予黑方可乘之机。应走仕六进五，后炮平 8，车八进七，炮 8 进 1，相五退三，双方局势平稳。

15.…………　炮6进8

弃炮打士，凶狠之着。击破红方“空门”，黑方有强烈攻势。

16. 帅五平四　车8进5　　17. 相五退三　…………

送相没有必要，反而使防线更加脆弱。应帅四进一，车8平5，马六退七，车5平9，马七进六，车9退1，帅四退一，车9平3，炮九进四，车3平4，炮九进三，马3退2，车八进二，车4进1，帅四进一，车4退4，帅四平五，双方各有顾忌。

17.…………　车8平7　　18. 帅四进一　车7平5

19. 马六退七　车5平9　　20. 后马退九　马9进8

21. 帅四平五　马8进9

进马踩兵，让红方帅安全转移。应走车9退1，帅五退一，马8进9，仕六进五，车9进1，仕五退四，马9退7，红方无子好动，黑方占优。

22. 帅五平六　卒3进1

进卒过急。此时应走马9进7，炮九平三，车9退2，炮三平六，卒3进1，兵七进一，马3进4，车八退四，象5进3，马七进六，马4进6，仕六进五，炮6平8，黑方虽少一子，但仍有攻势。

23. 炮一平五　卒3进1　　24. 炮九进四　马9进7

25. 炮九进三　士4进5　　26. 仕六进五　…………

补仕固防，使黑方无隙可乘，好棋。

26.…………　卒3进1　　27. 车八进二　士5退4

28. 车八退二　士4进5　　29. 车八进二　士5退4

30. 车八退六　象5退3

31. 车八平七　马3进4

进马弃象，势在必行。如象7进5，马九进八，士6进5，兵五进一，红方多子占优。

32. 车七进六　炮6平4

33. 马七进六(图)　象7进5

如图的形势：双方都有两路攻势，黑方飞象，再弃一子，攻守两宜，是此时的最好应着。如改走马4进6，马六进五，马6进4，马五退六，象7进5，车七退六，士4进5，马九进八，黑方速败。

34. 车七退四　士4进5

黑方 胡荣华

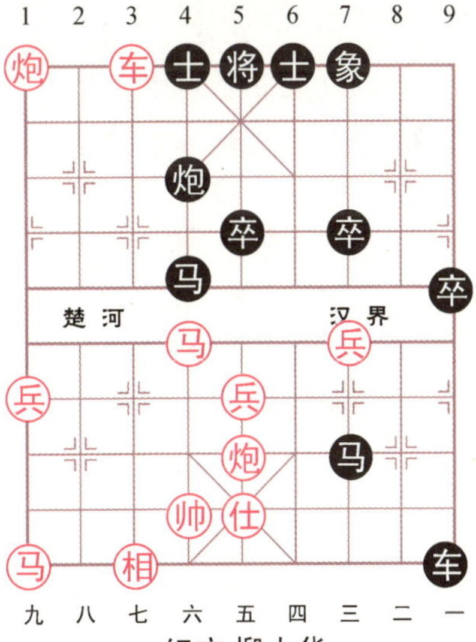

红方 柳大华

35. 车七平六　马 7 退 5

36. 车六进一　车 9 平 3

不能走马 5 退 6,因红方车六进一,士 5 进 4,马六进四,以下黑方单车难以抵挡红方双马双炮的攻势。

37. 仕五进六　…………

撑仕软着。应改走炮九退二,象 5 退 7,炮九退一,红方较易取胜。

37. …………　车 3 退 4

黑方由于时间紧张,随手退车,使局势无可挽回。此时应改走车 3 平 5,仕六退五,车 5 平 2,暗伏车 2 退 6 抓死车的棋,红方如仍走仕五进六,则车 2 平 5,双方不变可成和局。

38. 炮九退五　卒 5 进 1　　39. 马九进八　车 3 进 1

40. 炮九进三　象 5 退 7　　41. 马八进九　车 3 进 2

42. 帅六退一　车 3 进 1　　43. 帅六进一　卒 5 进 1

44. 马九进八　…………

弃子进槽,获胜的佳着。如改走他着,将会给自己带来麻烦。

44. …………　炮 4 进 3　　45. 仕六退五　象 7 进 5

面对红方炮九退三的威胁,黑方苦思良久,仍飞象试图解除威胁。如改走车 3 退 3,炮九退三,车 3 平 4,仕五进六,车 4 平 1,帅六平五,马 5 进 7,炮五平四,士 5 进 4,马八进七,将 5 进 1,车六退二,红方胜。

46. 炮九退三　炮 4 平 7　　47. 炮九平七　…………

应改走炮九进五,士 5 进 4,马八进六,将 5 进 1,马六进八,胜来更快。

47. …………　士 5 进 4　　48. 炮七平三　士 6 进 5

不能走马 5 退 7,因红方马八进六,将 5 进 1,车六平三,将 5 平 4,炮五平六,红方胜。

49. 炮三退三　车 3 退 5　　50. 仕五进六　马 5 进 7

51. 炮五进五　将 5 平 4　　52. 车六平三　马 7 退 6

53. 车三进三　将 4 进 1　　54. 炮三进七　士 5 进 6

55. 车三平五　车 3 平 7　　56. 炮三平四　马 6 退 7

57. 炮四平一　车 7 平 2　　58. 马八进七　车 2 进 4

59. 帅六退一　车 2 退 1　　60. 帅六进一

红方四子作攻,黑方已无法支持。

第14局　湖北柳大华(红先和)上海徐天利

(1981年7月27日弈于承德)

挺兵对飞象

1981年中国象棋承德邀请赛

1. 兵三进一　象7进5　　2. 炮八平五　马2进3
3. 马八进七　车1平2　　4. 车九平八　炮2进4
5. 马二进三　卒7进1

进7卒,目的是使九路车迅速开出,如改走马8进6,车一进一,则另有不同变化。

6. 兵三进一　马8进6　　7. 炮二退一　…………

退炮准备平三保兵,阻止黑方车从七路开出,是针锋相对之着。

7. …………　象5进7　　8. 兵七进一　象7退5
9. 炮二平三　车9平8　　10. 车一平二　炮8进4
11. 马三进四　…………

跃马,以一相的代价挑起战斗,是争先的佳着。

11. …………　炮8平7　　12. 车二进九　炮7进3
13. 帅五进一　…………

进帅目的是为了争取马四进六,但从以后的发展来看,红方此时应改走仕四进五,马6退8,兵一进一,红方优势。

13. …………　马6退8　　14. 马四进六　…………

进马看似凶狠,其实是坏棋。此时应改走马七进六,局势各有千秋。

14. …………　车2进4(图1)

进车捉马,精妙之着! 黑方由此夺得优势。

15. 兵七进一　…………

弃兵,孤注一掷。如改马六进七,车2平7,炮五进四(炮三平四,炮2平9,黑方有强烈攻势),士6进5,车八进三,车7进4,帅五进一,车7退1,帅五退一,车7平3,车八平六,将5平6,亦黑方优势。

黑方 徐天利

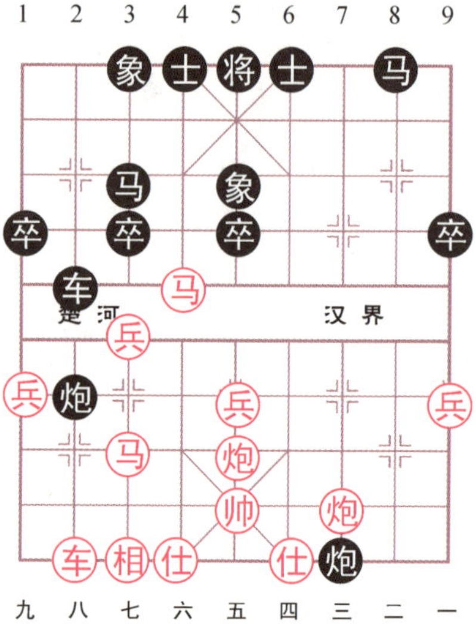

红方 柳大华

（图 1）

15. ………… 车 2 平 3
16. 马六进五 象 3 进 5
17. 车八进三 车 3 进 3
18. 车八进四 马 8 进 7
19. 车八平七 马 7 进 6
20. 炮五进四 士 6 进 5
21. 相七进五 炮 7 平 8
22. 兵五进一 …………

经过以上的几个回合的战斗，黑方已经取得了很大的优势。红方进兵已是无可奈何。如改走炮五平九，黑方将 5 平 6，红方无法解除马 6 进 5 的凶着。

22. ………… 车 3 退 1
23. 炮五平九 马 6 进 4
24. 炮九进三 象 5 退 3
25. 相五退三 马 4 进 3
26. 帅五进一 车 3 平 7 27. 帅五平六 车 7 平 4
28. 帅六平五 马 3 进 4 29. 帅五退一 炮 8 退 1
30. 帅五退一 马 4 退 3 31. 仕四进五 车 4 平 1
32. 仕五退六 车 1 进 3

以上着法，黑方利用车马炮三子，步步催杀，弈来异常紧凑。至第 31 回合时，黑方应炮 8 平 5 打仕，立即获胜。现在随手进车叫杀，看漏了红方有退相解杀的妙手，使局势发生了戏剧性的变化。

33. 炮三平七 车 1 退 9

黑方退车吃炮，是迫不得已之着，如炮 8 进 1，相三进五，炮 8 平 4，相五退七，车 1 平 3，炮七进五，红方反败为胜。

34. 车七退一 车 1 进 7 35. 车七平二 马 3 退 2
36. 车二退五 车 1 平 7 37. 相三进五 车 7 平 5
38. 炮七平五 象 3 进 5 39. 帅五平四 车 5 平 6
40. 车二平四 车 6 平 7 41. 炮五进六 士 5 进 4
42. 车四进五 车 7 进 2 43. 帅四进一 车 7 退 4
44. 兵五进一 马 2 进 4 45. 兵五平六 车 7 进 3

46. 帅四退一　车 7 进 1　　47. 帅四进一　车 7 平 4

48. 炮五退四　车 4 退 1　　49. 帅四退一　车 4 平 5

50. 车四退三　将 5 进 1　　51. 兵六进一　将 5 平 4

52. 炮五进六　…………

黑方由于第 32 回合进车的错着，使立即可胜的棋，还要进入残局决战，黑方可能产生了急躁情绪，致使残局阶段走得不够细致，局势慢慢朝不利方向转化。黑方上着平将，应改走马 4 进 2 较好。现在红方进炮仍精巧之着，由此红方占得了上风。

52. …………　车 5 平 4　　53. 兵六平七　马 4 进 3

进马败着，应改走马 4 进 5 较好，红方有两种走法，试演如下：①车四进五，士 4 进 5，炮五退八，车 4 平 5，车四退二，卒 9 进 1，车四退一，车 5 退 5，兵七进一，车 5 平 3，兵七平八，车 3 平 9，车四平九，将 4 退 1(卒 9 进 1，兵八进一，红方胜)，车九进四，将 4 进 1，兵八平七，车 9 平 6，帅四平五，车 6 平 5，帅五平六，士 5 进 6，兵七平六，将 4 平 5，兵六进一，将 5 平 6，车九平一，车 5 进 1，可成和局。②车四平九，马 5 退 7，帅四平五，士 4 进 5，红方无便宜。

54. 车四平九　将 4 平 5

如改走车 4 进 1，帅四进一，车 4 平 1，车九退三，马 3 进 1，炮五退九，以后炮五平一打死黑卒，黑方很难守和。

55. 车九平五　将 5 平 4

56. 兵七进一　士 4 进 5

57. 车五平九　士 5 进 6

不能走车 4 进 1 将军，然后车 4 平 1 兑车，因红方可走车九退三兑车，再炮五平二退底线打死黑卒。

58. 炮五平七　…………

佳着，黑方已很难应付。弈到此，已到封棋时间，以后的战斗在下午进行。

58. …………　车 4 进 1

59. 帅四进一　马 3 退 5

60. 兵七进一　将 4 退 1

61. 车九平二　…………

红方未暇细算，即随手平车叫杀，给黑方造成妙和的机会。此时应帅四平五，马 5 退 6，车九平三，马 6 进 4，帅五平四，将 4 平 5，兵七平六，士 4 退 5，车三进六，士 5 退 6，炮七平四，士 6 退 5，炮四退六，士 5 退 6，炮四平五，红方胜。

61. …………　车 4 平 6

62.帅四平五　车6平5(图2)

徐天利毕竟身手不凡,走出了献车的妙着,力挽狂澜!

63.帅五平四　马5进4

64.车二进六　车5退9

65.帅四进一　车5平8

66.炮七平二　马4退3

这盘棋反复较多,使局势出现了戏剧性的变化,这主要是随手棋造成的。克服随手棋,是棋手必须面对的一个重要课题。

黑方 徐天利

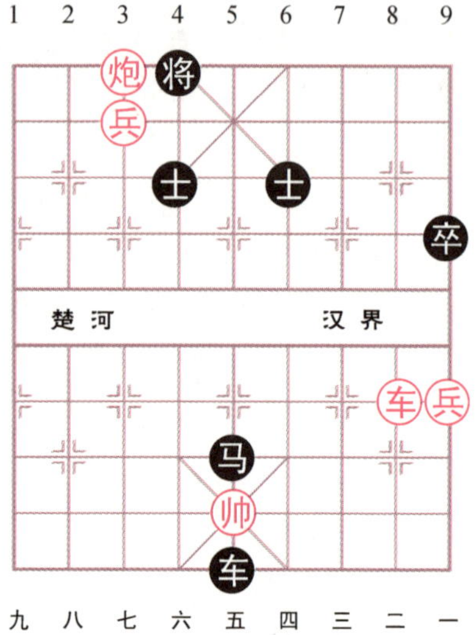

红方 柳大华

(图2)

第 15 局　黑龙江王嘉良(红先和)湖北柳大华

(1981 年 9 月 10 日弈于温州)

中炮巡河车对屏风马进 7 卒

1981 年全国象棋个人赛

1. 炮二平五　马 8 进 7　　2. 马二进三　卒 7 进 1
3. 车一平二　车 9 平 8　　4. 车二进四　马 2 进 3
5. 兵三进一　卒 7 进 1　　6. 车二平三　炮 8 平 9

以往多走炮 8 退 1 或马 7 进 8,平炮亮车是想避开熟套,寻求新的变化。

7. 马八进九　炮 9 退 1　　8. 车九进一　士 4 进 5
9. 炮八平七　…………

平炮似不如车三平七有力。

9. …………　炮 9 平 7　　10. 车三平八　车 1 平 2
11. 炮五平六　象 7 进 5　　12. 相三进五　卒 3 进 1
13. 兵九进一　车 8 进 4　　14. 炮六退一　卒 3 进 1
15. 车八平七　马 3 进 4　　16. 炮六平八　炮 2 平 4
17. 马三进四　…………

弃马踩车引开黑方河头马,再跃出九路马打车,构思巧妙。黑方势必以车换马,否则红方吃回黑方马占优。

17. …………　马 4 进 6　　18. 马九进八　车 2 进 5
19. 车七平八　马 6 进 8　　20. 炮七退一　马 8 进 6
21. 炮七平四　马 7 进 6　　22. 车八进一　炮 4 进 3
23. 车八平六　象 3 进 1　　24. 炮八进九　炮 7 进 8
25. 仕四进五(图)　炮 4 平 8

平炮给了红方透松的机会。应走炮 7 平 9,仕五进四(车六平四,车 8 进 5,仕五退四,炮 4 平 8,黑方胜),车 8 进 5,帅五进一,炮 9 退 1,炮四进四,炮 4 平 8,相五进三,车 8 退 1,帅五退一,车 8 平 1,仕六进五,炮 8 进 4,帅五平四,车 1 退 3,黑方占优。

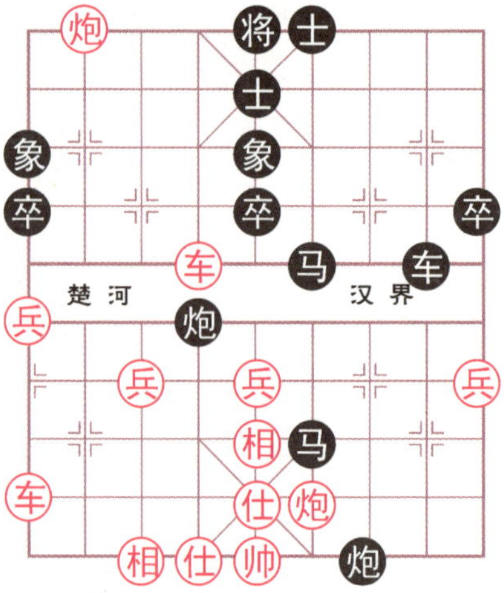

26. 仕五进四　炮 8 进 4
27. 帅五进一　炮 7 退 1
28. 炮四进四　炮 8 退 1

应改走炮 7 平 1 打车较好。

29. 帅五退一　炮 8 平 1
30. 仕四退五　炮 7 平 9
31. 车六平八　炮 9 进 1
32. 炮八平九　士 5 进 6
33. 车八进四　将 5 进 1
34. 车八退一　将 5 退 1
35. 车八进一　将 5 进 1
36. 炮四平八　车 8 进 5
37. 仕五退四　炮 1 平 2
38. 炮八平七　车 8 退 1
39. 仕四进五　车 8 进 1
40. 仕五退四　车 8 退 1
41. 仕四进五　车 8 进 1
42. 仕五退四　车 8 退 1
43. 仕四进五　象 1 进 3
44. 车八退八　车 8 进 1
45. 仕五退四　车 8 退 1
46. 仕四进五　车 8 进 1
47. 仕五退四　车 8 退 3
48. 仕四进五　车 8 平 9
49. 兵七进一　车 9 平 5
50. 车八进五　卒 9 进 1
51. 车八平九　卒 9 进 1
52. 兵九进一　卒 9 进 1
53. 兵九平八　车 5 平 8
54. 兵八平七　卒 9 进 1
55. 兵七进一　卒 5 进 1
56. 车九平八　将 5 平 6
57. 炮九退一　车 8 进 3
58. 仕五退四　卒 5 进 1
59. 兵七平六　卒 5 进 1
60. 兵六平五　将 6 平 5
61. 兵五平六　将 5 平 6
62. 兵六平五　将 6 平 5
63. 兵五平六　将 5 平 6
64. 兵六平五　将 6 平 5
65. 兵五平六　将 5 平 6
66. 相五进三　…………

飞相软着，应改走仕六进五，红方获胜机会较多。

66. …………　车 8 退 3

应改走车 8 退 4，仕四进五，车 8 平 7，车八进二，士 6 进 5，车八退六，将 6 退 1，车八平一，车 7 进 4，仕五退四，炮 9 平 6，黑方仍有作为。

67. 仕四进五　卒 9 进 1
68. 兵七进一　车 8 进 3
69. 仕五退四　车 8 退 3
70. 仕四进五　车 8 平 7
71. 相三退五　卒 9 平 8
72. 兵七进一　卒 8 平 7
73. 车八进二　士 6 进 5
74. 车八退四　士 5 退 4
75. 车八平三　卒 7 进 1
76. 仕五退四　车 7 平 6
77. 车三退四　车 6 进 3
78. 帅五进一　车 6 平 7
79. 相五退三　炮 9 平 4
80. 兵六平五　象 5 退 3

第 16 局　湖北柳大华(红先和)浙江陈孝堃

(1981 年 9 月 11 日弈于温州)

仙人指路对卒底炮

1981 年全国象棋个人赛

1. 兵七进一　炮 2 平 3　　2. 炮二平五　象 7 进 5
3. 马八进九　卒 1 进 1

通常走马 2 进 1,进边卒是寻求新变。

4. 马二进三　卒 1 进 1　　5. 兵九进一　车 1 进 5
6. 车一平二　马 2 进 1　　7. 车九平八　车 1 平 3

平车杀兵,容易陷入被动。应走车 1 退 1 较为稳健。

8. 炮八进六　车 3 退 1　　9. 车二进四　车 3 平 6
10. 仕六进五　马 8 进 6　　11. 兵五进一　车 9 平 8
12. 车八进三　炮 8 平 9　　13. 车三进五　马 6 退 8
14. 炮五进四　士 6 进 5
15. 相三进五　马 8 进 7
16. 炮五退一　马 7 进 5
17. 车八平五　马 5 进 3
18. 炮八平六　车 6 退 1(图)
19. 炮六退四　…………

黑方 陈孝堃

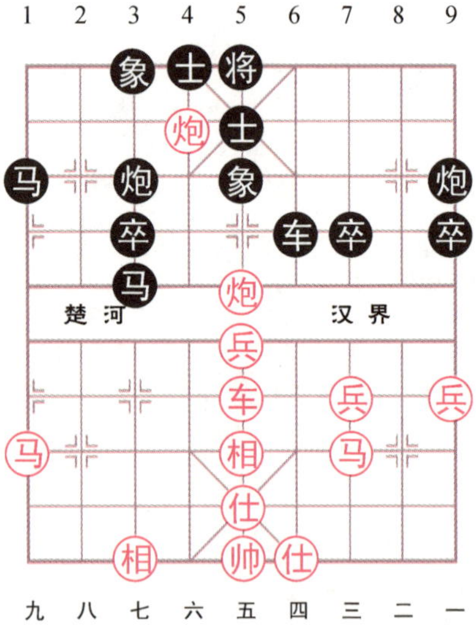

红方 柳大华

红方已取得优势。炮六退四软着,应走炮六退三,则车 6 平 4,马九进八,卒 7 进 1,炮五平四,红方占优势。

19. …………　车 6 平 4
20. 炮六平七　车 4 进 2
21. 马九进七　马 3 退 5

退马邀兑,是求和的正确走法。

22. 炮七进三　炮 9 平 3

23. 兵三进一　马 5 退 7
24. 马三进四　…………
进马欠细。应走马三进二，车 4 退 2，车五平二，红方优。
24. ……　车 4 退 2　　25. 炮五平九　炮 3 进 4
26. 车五平七　车 4 平 6　　27. 马四退三　车 6 进 1
28. 炮九退一　卒 7 进 1　　29. 车七平五　车 6 平 1
30. 炮九退二　马 7 进 6　　31. 马三进四　卒 7 进 1
32. 相五进三　车 1 进 1　　33. 炮九平四　马 6 退 4
34. 炮四平五　马 4 进 6　　35. 炮五平四　马 6 退 4
36. 炮四平五　马 4 进 6　　37. 炮五平一　马 1 进 2
38. 炮一进四　马 2 退 4　　39. 车五平二　车 1 平 5
40. 炮一退二　马 4 退 6　　41. 相七进五　后马进 8
42. 车二进二　车 5 进 1　　43. 炮一进一　车 5 平 9

第 17 局　湖北柳大华(红先胜)安徽蒋志梁

(1981 年 9 月 14 日弈于温州)

中炮过河车对屏风马

1981 年全国象棋个人赛

1. 炮二平五　马 8 进 7　　2. 马二进三　卒 7 进 1
3. 车一平二　车 9 平 8　　4. 车二进六　马 2 进 3
5. 马八进七　士 4 进 5　　6. 炮八平九　…………

在近几年的比赛中，蒋志梁多次执后手弈成如此局面。与他相遇的对手在第 6 回合时多采用车九进一的攻法，结果小蒋都取得了不错的战绩。我采用目前较少运用的平边炮的走法，一是为了避开熟套；二则兼有出其不意的战略意图。

6. …………　车 1 平 2　　7. 车九平八　马 7 进 6

跃马盘河，有嫌轻躁，以后从实战效果看，并不理想。此时似应改走炮 8 平 9 兑车较为稳健。

黑方 蒋志梁

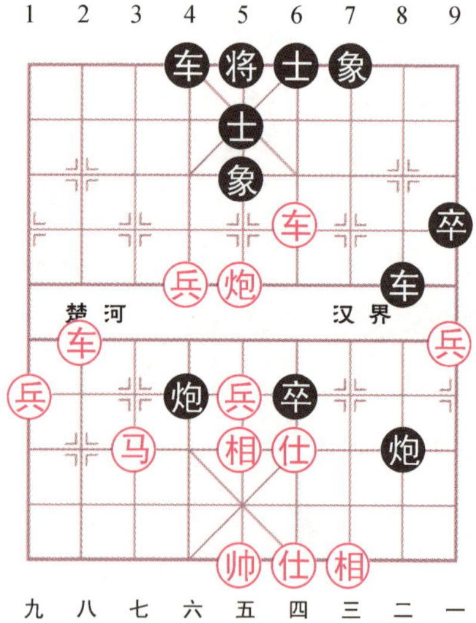

红方 柳大华

(图 1)

8. 兵七进一　炮 2 进 4

应卒 7 进 1 较好。

9. 车二平四　马 6 进 7
10. 马七进六　…………

跃马河头，暗伏冲七兵捉炮的威胁，由此扩大了先手。

10. …………　炮 8 进 4
11. 马六进五　马 7 进 5
12. 相七进五　马 3 进 5
13. 车四平五　炮 8 平 7
14. 车五平七　车 8 进 8
15. 车七平四　…………

通过以上回合的兑子交换，红方取得了兵种齐全和多兵的优势。现在平车扼守要道，防止黑方炮的骚扰，是步佳着。如改走马三退五，车 8 平 6，马五进七，炮 7 进 1，车八进二，车 6 退 2，红方车马受制，黑方形势不弱。

15. …………　象 3 进 5　　16. 马三退五　车 8 退 2

应立即车 2 平 4 配合过河炮展开攻势。

17. 兵一进一　车 8 退 1　　18. 马五进七　炮 7 进 1

19. 车四退四　炮 7 平 8　　20. 车八进二　炮 8 退 1

21. 仕六进五　…………

红方上仕嫌软，应改走车四平二，则更为有力。以下黑方必然走车 2 进 3，仕六进五，车 8 退 2，兵五进一，黑方双车双炮受制，将坐以待毙。

21. …………　车 2 平 4　　22. 车四进四　炮 2 平 4

23. 车八进二　炮 8 进 1　　24. 车四退四　炮 8 进 2

25. 炮九进四　卒 7 进 1　　26. 车四进四　卒 7 进 1

27. 炮九平五　卒 7 平 6　　28. 炮五退一　车 8 进 1

29. 兵七进一　…………

红方冲兵过河，准备平车叫杀，至此，黑方已难应付。

29. …………　车 8 退 2　　30. 兵七平六　炮 8 退 2

31. 仕五进四(图 1)　…………

黑方退炮打马，准备一车换马炮来谋求和局。红方上仕好棋！使黑方换双的计划无法实现。

31. …………　车 4 平 3

32. 兵五进一　炮 4 平 5

黑方平炮兑子，无可奈何。如改走车 8 平 5，兵五进一，车 3 进 7，车四退三，红方双车多兵，黑方车双炮无法谋和。

33. 马七进五　卒 6 平 5

34. 车四平八　车 8 平 6

35. 车八进三　车 3 平 4

36. 兵六进一　炮 8 退 3(图 2)

37. 兵六进一　…………

如图形势，红方冲兵，精妙之着。以下黑车必失，输定。

37. …………　炮 8 平 5　　38. 兵五进一

黑方 蒋志梁

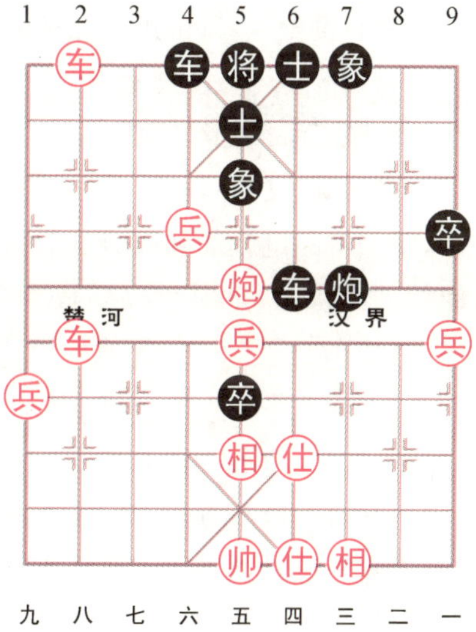

红方 柳大华

(图 2)

第18局　湖北柳大华(红先胜)广东吕　钦

(1981年9月20日弈于温州)

中炮过河车对屏风马

1981年全国象棋个人赛

1.炮二平五　马8进7　　2.马二进三　车9平8
3.车一平二　卒7进1　　4.车二进六　马2进3
5.马八进七　炮8平9

红方未挺七兵，先上正马，准备随时从中路进攻。黑方平炮兑车似嫌软弱，容易陷入被动。此时宜走卒3进1较好。

6.车二平三　炮9退1　　7.兵五进一　…………

及时挺中兵，攻击黑方空虚的中路，好棋。

7.…………　士4进5　　8.兵五进一　炮9平7
9.车三平四　卒7进1　　10.马三进五　卒7平6

面对红方中路攻势，黑方不甘死守，弃7卒企图挑起复杂战斗。红方不吃弃卒，跃马中路继续加强攻势。黑方现在平卒的目的是希望7路炮保持对红方三路底相的威胁。如改走卒7进1，相三进一红方中路攻势强大占优。

11.车四退二　卒5进1　　12.马五进六　马3进5
13.炮八平九　象3进5　　14.车九平八　炮2退1
15.马七进五　车8进4

以上回合，双方攻守俱紧。黑方升车巡河准备随时冲中卒换马，削弱红方的攻势，走得正确。如果改走车1平4，红方可炮五平六打车，黑方卒5进1，炮六进七，马5进6，炮六平八，红方攻势很强。

16.马五进三　车1平4　　17.马三进四　车4进4

黑方进车吃马，企图以一车换双马，化解红方的攻势。粗看这是一步好棋，实系败着。此时黑方应改走车8退3，这样红方虽有攻势，但黑方仍可坚守。

18.炮五进四(图)　…………

如图形势，红方炮打中马，精妙之着，由此奠定胜局。

18. …………　车8进4
19. 炮五进二　马7进8
20. 马四进三　炮2平7
21. 车八进九　将5进1

红方炮打中马以后，继而炮打中士，摧毁黑方的防线。红方进车叫将，黑方已难应付。进将吃炮，无可奈何。如改走车4退4，车四进五，将5平6，车八平六，将6进1，炮五平三，红方多子胜定。

黑方吕　钦

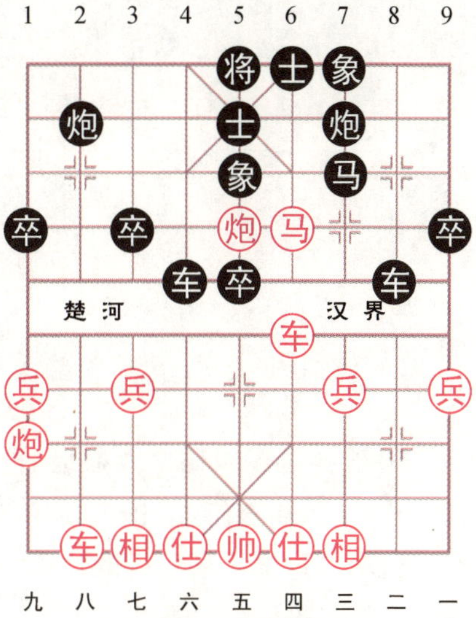

红方柳大华

22. 车四进五　炮7进8
23. 仕四进五　象5退3
24. 炮九平五　象7进5
25. 车八平七

以下，黑方无法解救红方车七平五的杀棋，遂认负。

第19局　湖北柳大华(红先胜)河北李来群

(1981年9月25日弈于温州)

五七炮进三兵对屏风马

1981年全国象棋个人赛

1981年全国象棋个人赛最后一轮，我和李来群相遇。经过前十轮的激战，李来群积15分居首位，我积13分次之。当时形势，我只有取得这局棋的胜利，才可获得冠军。这样一场关键的比赛，我的战略指导思想只能是背水一战了。

1.炮二平五　马2进3　　2.马二进三　马8进7
3.车一平二　车9平8　　4.兵三进一　卒3进1
5.马八进九　卒1进1　　6.炮八平七　马3进2
7.车九进一　卒1进1　　8.兵九进一　车1进5
9.车二进四　…………

双方轻车熟路很快走完了以上几个回合，形成了五七炮进三兵对屏风马进3卒的正常布局阵势。以上局面的形成，在赛前我是有所准备的。

9.…………　车1平4

在分路时，黑方思考了20多分钟，做出了车1平4的选择。除此以外，亦可走象7进5。

10.车九平四　象7进5　　11.车四进三　车4进3

进车肋位，求变之着。从以后黑方下子的速度揣测，黑方进车系临场求变，并非赛前准备好的。这样关键的比赛，在和棋可以夺标的情况下，这样的策略值得考虑。从技术上分析，黑方进车肋位，并无攻击目标，而红方补仕后，有盖车的棋，黑方容易陷入被动。这步棋以往的走法是车4进2，炮五平四红方略先。

12.仕四进五　炮8进2

升炮巡河，稳健之着。如改走马2进1，红方可走车四平八。

13.炮五平四　卒3进1

黑方弃3路卒，以求解除红方炮七平六的威胁，但代价太大。此时黑方应改走车4退4，马九进八，卒3进1，车四平七，车4进1，车七平六，马2进4，相三进五，炮 8 平 6，这样黑方虽少一卒，但双方主力拼尽，黑方谋和机会很多。

14. 兵七进一　马 2 进 1

如改走马 2 进 4，炮四退一，车 4 退 2，炮七平六也是红方优。

15. 炮七进一　士 4 进 5　　16. 兵七进一　…………

乘机渡兵，由此红方扩大了优势。

16. …………　卒 7 进 1　　17. 兵七进一　卒 7 进 1

18. 车二平三　马 1 退 2

19. 炮七进六(图)　…………

黑方 李来群

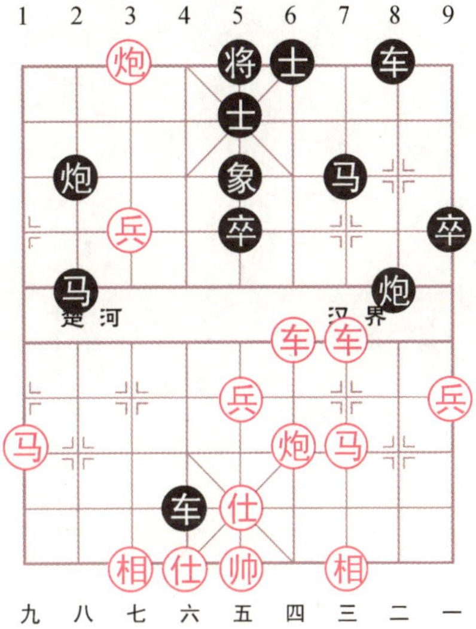

红方 柳大华

如图形势：进炮打象，既可摧毁黑方防线，又解除了黑方炮 2 平 3 的威胁，一举两得。

19. …………　象 5 退 3

20. 车三进三　炮 2 平 5

21. 相三进五　…………

弈到此局面时，我首先考虑了车三退二的走法，但觉得黑方可走炮 8 进 5，马三退二，车 8 进 9，红方子力受到牵制，无大便宜。接着我又考虑车四平八的走法，又认为黑方可走炮 5 进 4，炮四平五，炮 5 退 2，马九进七，车 4 退 3，红方也占不到多大的便宜。所以我决定先补一相，巩固后防，然后再作进取的打算。现在再作分析时发现，红方此时的最佳着法是车三退二，如果炮 8 进 5(马 2 进 4，炮四退一，车 4 退 2，马九退七，黑方失子。)，马三退二，车 8 进 9，红方有炮四进七打士的凶着。

21. …………　炮 8 平 5

应改走炮 8 进 5，对红方较有威胁。

22. 炮四退一　车 4 退 8　　23. 车三退三　后炮平 2

24. 兵七平八　炮 2 退 2　　25. 兵八进一　象 3 进 5

26. 兵八进一　炮 2 平 1　　27. 车四平八　马 2 退 3

28. 马九进七　车 8 进 8　　29. 炮四进七　车 8 退 7

30. 炮四退八　车 4 进 6　　31. 炮四进三　车 4 退 3

32. 兵八平七　士 5 退 4　　33. 车八平四　车 8 平 3

34. 炮四进六　车 3 平 8　　35. 炮四退二　车 4 平 3

36. 马七进九　车 3 平 1

黑方由于时间紧张，走了一步漏着，白丢一子，败局已定。黑方如走马 3 退 1，红方炮四进一，黑方仍难应付。

37. 炮四平七　炮 1 进 5　　38. 车四平九　车 1 平 3
39. 炮七平九　车 8 进 1　　40. 车九平四　炮 5 平 7
41. 炮九退五　士 4 进 5　　42. 车四进二　炮 7 平 4
43. 车四平一　炮 4 退 4　　44. 车三平七　车 3 平 4
45. 炮九平六　炮 4 平 3　　46. 车七进三

黑方由于子力悬殊，遂起座认负。

第 20 局　湖北柳大华(红先胜)河北李来群

(1982 年 2 月 8 日弈于北京)

五九炮对反宫马

国家集训队训练赛

1982 年 4 月第二届亚洲杯象棋团体赛将在杭州举行，为了迎接首次在中国举办的亚洲杯象棋团体赛，国家象棋协会挑选了胡荣华、杨官璘、王嘉良、柳大华、李来群和陈孝堃六名棋手，2 月份在北京进行集训，并进行了双循环的比赛，这是集训赛中的对局。

1. 炮二平五　马 2 进 3　　2. 马二进三　炮 8 平 6

3. 车一平二　卒 7 进 1

抢挺 7 卒，其战略意图是避开红方进三兵的变化，把棋战纳入自己设想的轨道。

4. 车二进八　士 4 进 5　　5. 马八进七　…………

此时走炮八平六，象 3 进 5，马八进七，车 1 平 4，仕六进五，炮 2 退 1，车二退二，马 8 进 9。

5. …………　炮 2 退 1　　6. 车二退二　…………

这步棋，如走车二退一，则象 7 进 5，以后马 8 进 6 争先，红方很难讨到便宜。现在红方车退到卒林，车路较开阔，随时有炮击中卒的棋。我认为这样走优于车二退一。

6. …………　马 8 进 7　　7. 炮八平九　炮 2 进 2

8. 车九平八　车 1 平 2　　9. 兵七进一　象 7 进 5

10. 马七进六　…………

1978 年 7 月在合肥我与蒋志梁曾弈成同一局面。当时我采用兵五进一的攻法，蒋应以卒 3 进 1，车二退二，卒 3 进 1，兵五进一，卒 3 进 1，马七进五，卒 3 平 4，兵五进一，炮 2 进 3，以下黑方有炮 6 进 5 的凶着，红方不能补仕，演变结果，黑方布局成功。此次我决定跃马作新的尝试。

10. …………　卒 3 进 1　　11. 车二退五　卒 3 进 1

12. 马六进五　马 7 进 6　　13. 马五进七　炮 6 平 3

14. 车二进五　炮 2 进 3

如改走炮 2 进 2，车二平七，炮 3 平 2，车七平八，黑方车双炮被拴，也是红方优势。

15. 车二平七　炮 2 平 3　　16. 车八进九　炮 3 退 3
17. 兵五进一　车 9 进 2　　18. 兵五进一　马 6 进 7
19. 兵五进一　后炮平 4　　20. 仕六进五　炮 3 进 6
21. 马三进五　…………

应炮 5 进 3 保留中炮，红方攻势更猛。

21. …………　炮 4 退 2　　22. 车八退六　…………

应车八退七保留连环中炮。

22. …………　象 5 进 3　　23. 马五进七　马 7 进 5
24. 相三进五　炮 3 平 1(图)
25. 炮九平七　…………

黑方 李来群

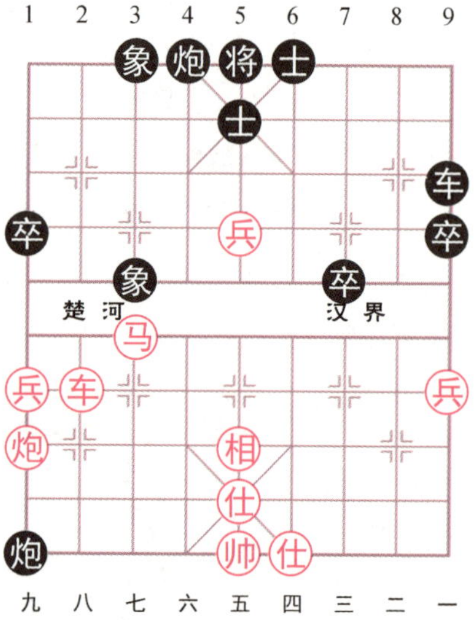

红方 柳大华

以上着法，红方强攻中路，弈来颇为紧凑。如图形势，红方平炮打象嫌软。应改走相五退三，黑方如车 9 平 4，炮九平二，象 3 进 5，兵五进一，象 3 退 5，车八平五，红方有强烈攻势，黑方难应付。

25. …………　象 3 进 1
26. 车八进三　…………

应相五退三，炮 4 平 3，车八进六。

26. …………　炮 4 平 3
27. 炮七进三　车 9 平 3

平车邀兑，好棋。如改走炮 3 进 5，车八进三，士 5 退 4，炮七平五，士 6 进 5，相五进七，红方优势。

28. 炮七平五　炮 3 进 5
29. 相五进七　车 3 进 3

随手吃相，使局势恶化。应改走车 3 进 2 捉炮，则炮五退三，车 3 进 1，兵五平四，士 5 进 4，车八平五，士 6 进 5，仕五进四，红方虽占攻势，黑方还可应付。

30. 兵五平四　士 5 进 4　　31. 车八平五　将 5 平 4
32. 炮五平六　士 4 退 5　　33. 车五平六　将 4 平 5

34. 炮六平五　士5进4　　35. 帅五平六　…………

红方经过一个顿挫，乘机用车抢占肋道，现在出帅化解黑方抽将，胜局已定。

35. …………　车3进4　　36. 帅六进一　车3退1

37. 帅六退一　车3进1　　38. 帅六进一　车3退5

39. 车六进一　车3平5　　40. 车六进二　将5进1

41. 兵四进一　车5平2　　42. 车六退三　…………

退车叫将，精细之着。如随手车六退一叫将，则将5退1，兵四进一，车2退4，车六退二，炮1平5，黑方有谋和机会。

42. …………　炮1平5　　43. 仕五退六　将5退1

44. 兵四进一　士6进5　　45. 车六进二

第21局 湖北柳大华(红先和)浙江陈孝堃

(1982年2月19日弈于北京)

顺手炮直车对横车

国家象棋集训队训练赛

1. 炮二平五 炮8平5　　2. 马二进三 马8进7
3. 车一平二 车9进1　　4. 马八进七 车9平4
5. 兵七进一 …………

采用进七兵走法,其目的是避开熟套,寻求新的变化。

5. ………… 马2进1　　6. 车二进四 车4进5
7. 相七进九 …………

飞边相预防黑车压马的威胁,不如改走炮五平四较为稳正。

7. ………… 车1进1　　8. 仕六进五 士4进5
9. 车九平六 车4平3　　10. 车六进二 炮5平4

此时已无多大作用的中炮,卸到士角,准备退炮打车,着法灵活。

11. 炮八退二 炮2进5　　2. 马七退六 炮2退6

黑方进炮打车,然后退炮,企图造成混乱局势,以便从中渔利,从实战的变化来看,黑方第11回合似应改走象3进5较好。

13. 车二平三 象3进5　　14. 车三进二 炮2进2
15. 炮五平四 马1退3　　16. 炮四进一 车3进2
17. 炮四退二 车3退2　　18. 马六进五 车3平1
19. 炮四进二 车1退1　　20. 炮四进三 炮2平1
21. 炮八平六 炮4平1

平边炮软着。使红方有机可乘。此时应改走炮4平2,车六平八,炮1平2,车八平七,车1平4,仍是互缠局势。

22. 兵七进一 前车平2(图)

红方抓住战机,巧渡七兵,好棋。如图形势红方落相前功尽弃。应改走相九进七,黑方较难应付。

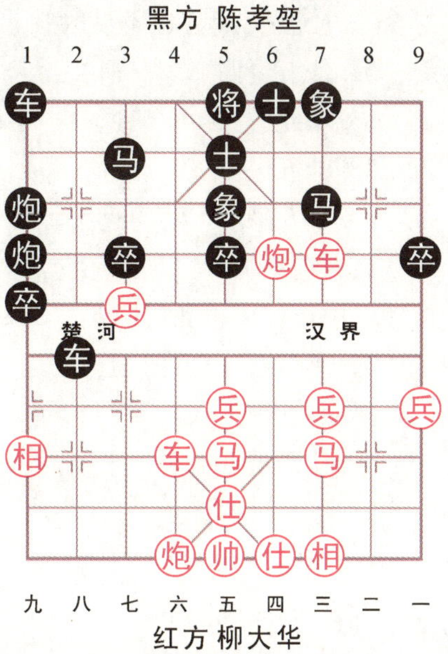

23. 相九退七　后炮平 3
24. 相七进九　车 3 进 1
25. 炮四平九　车 1 进 3
26. 车六进六　…………

进车捉马，假棋。由此转入下风，应改走炮六平七兑炮，双方均势。

26. …………　马 3 退 1
27. 炮六进四　马 1 进 2
28. 车六退三　卒 1 进 1
29. 炮六平三　马 7 退 9
30. 炮三平一　马 9 进 7
31. 兵五进一　车 2 进 4
32. 仕五退六　炮 3 平 4
33. 仕四进五　马 2 进 4
34. 车六平七　马 4 进 5　　35. 车七退一　马 5 退 3
36. 炮一平三　卒 1 平 2　　37. 车七平六　车 5 进 1
38. 车三平九　马 3 退 1　　39. 车六进一　炮 4 平 1
40. 车六平五　炮 1 进 5　　41. 车五平九　炮 1 平 3
42. 马五退七　车 2 退 1　　43. 马三进五　炮 3 退 7
44. 车九进一　车 2 平 3　　45. 马五进六　…………

如改走车九平三压马，黑方车 3 退 4，帅五平四，车 3 平 5，马五退七，马 7 进 5，黑方占优。

45. …………　马 7 进 8　　46. 马六退八　车 3 退 3
47. 马八进七　马 8 进 7　　48. 炮三进四　车 3 平 7

平车逼兑，过于稳健。应改走车 3 平 5，车九进三，士 5 退 4，炮三平六，炮 3 进 2，保留车马炮较易取胜。

49. 炮三退五　车 7 进 1　　50. 相三进五　车 7 平 9

平车吃兵，欠细。应改走车 7 退 3 牵制红方车马，然后设法吃掉红方相，则取胜机会较多。

51. 马七进九　士 5 进 4　　52. 马九进七　将 5 平 4
53. 马七退八　车 9 进 3

如改走士 6 进 5，红方马八进九，炮 3 进 4，马九退七，将 4 平 5，车九进三，象 5

退3，马七退六，黑方也不易取胜。

54. 仕五退四　车9退2　　55. 相五进三　车9平4
56. 车九进三　士4退5　　57. 马八进九　车4进2
58. 帅五进一　卒9进1　　59. 马九进七　象5退3
60. 车九平七　蒋4进1　　61. 相三退五　卒9进1

红方逼兑黑方炮是谋和的好棋。黑方此时如走车4平6吃仕，红方车七退五，然后平中车将成正和局面。

62. 车七退一　将4退1　　63. 车七退八　车4退2
64. 相五退三　卒9平8　　65. 帅五退一　士5进6
66. 仕四进五　车4平2　　67. 车七平六　将4平5
68. 车六进四　车2进2　　69. 车六退四　车2退1
70. 相三进五　车2退5　　71. 车六进四　卒8进1
72. 车六退一　卒8进1　　73. 车六平四　卒8平7
74. 车四平三　车2进6　　75. 仕五退六　卒7平6
76. 车三平四　卒6平7　　77. 车四平五　象7进5
78. 相五退三　卒7平6　　79. 车五平四　车2退2
80. 仕六进五　卒6平7　　81. 车四平三　象5退7
82. 帅五平六　车2进2　　83. 帅六进一　卒7平8
84. 车三平五　士6退5　　85. 车五退一　卒8进1
86. 仕五进四

以上一段，红方防守得法，黑方无隙可乘。现已构成正和局面，双方同意作和。

第22局　香港朱俊奇(红先和)湖北柳大华

(1982年4月9日弈于杭州)

挺兵对卒底炮转列手炮

第二届亚洲杯象棋赛

1. 兵三进一　炮8平7　　2. 炮二平五　炮2平5
3. 马八进七　卒7进1　　4. 炮八进四　马2进3
5. 车九平八　卒7进1　　6. 马二进一　炮7退1

以上布局由挺兵对卒底炮转演成列手炮的阵势,红方弃兵进炮加快出子速度,并企图控制中路。黑方退炮既加强了防守,又腾出了马位,是此时的较好应着。

7. 车一平二　马8进7　　8. 炮五平三　…………

平炮打马忽略了黑方炮打车的闪着。当仕四进五,黑方如炮7平2,则炮八平五,马3进5,车八进八,马5进4,炮五进五,象3进5,车八退六,双方局势平稳(以上着法摘自香港郑守贤对胡荣华的实战对局)。

8. …………　炮7平2　　9. 炮三进五　炮2进8
10. 炮三平七　卒5进1

黑方第8回合平炮打车,好棋。红方以车换双马,出于无奈,如走车八平九,则马7进6先手甚大;又如炮八平五,则炮2平5后,红方要失子。目前,红方子力涣散,黑方趁机挺起中卒,威胁中路,又有出车捉炮的先手,局面显然占优。

11. 车二进六　炮2退3　　12. 车二平七　车1平2

出车牵炮,错失良机。应当炮2平5,马七进五,炮5进4,炮八平一,车9进2,黑方占优。

13. 车七平三　士4进5　　14. 兵七进一　卒9进1
15. 相七进五　卒7平6　　16. 兵七进一　车2进2
17. 兵七进一　车9平8　　18. 仕六进五　车8进6
19. 车三平五　卒5进1　　20. 兵五进一　炮2平3
21. 兵五进一　炮3退4　　22. 兵七进一　车2平3
23. 马七进八　车3进2　　24. 炮八进三　士5退4

红方抓住黑方平车的软着，以双炮兵封住黑方的右车，使黑方无法组织有利的攻势，稳住了局势。黑方此时退士，稳健之着。如改走象 3 进 1，红方车五平八颇有攻势。

25. 马八进六　车 8 平 2　　26. 炮八平九　士 6 进 5
27. 马六进五　象 7 进 5　　28. 车五平九　卒 6 进 1
29. 兵九进一(图)

黑方 柳大华

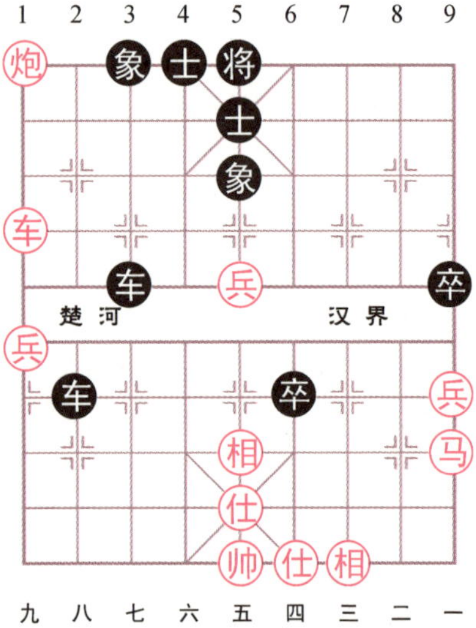

红方 朱俊奇

保留九路兵，容易发生危险。似可改走车九平四，车 2 平 1，炮九退三，车 3 平 5，炮九平五，以后可车四平一，利用亚洲棋规一将一杀成和。黑方如接走车 1 退 3，则车四退一，车 1 平 5，马一进三以后兑兵，立即成和。

29. …………　卒 6 进 1
30. 车九平四　卒 6 平 5
31. 相三进五　车 3 平 5
32. 车四退四　车 2 平 9
33. 炮九退三　卒 9 进 1

应该车 9 平 5，马一退三，前车平 7，马三进一，车 7 退 3，使红方炮不能及时退回防守，取胜机会较多。

34. 炮九平七　车 9 平 3
35. 炮七退二　车 5 平 7　　36. 炮七平六　车 3 平 4
37. 炮六平七　士 5 退 6　　38. 炮七退二　卒 9 进 1
39. 炮七平六　车 4 平 5　　40. 相五退七　士 4 进 5
41. 相七进五　象 5 退 7　　42. 相五退七　象 7 进 5
43. 相七进五　车 5 平 1　　44. 仕五退六　士 5 退 4
45. 仕六进五　象 5 退 7　　46. 仕五退六　车 1 退 1
47. 仕六进五　车 1 平 5　　48. 相五退七　象 3 进 5
49. 相七进五　车 5 进 1　　50. 相五退七　士 4 进 5
51. 相七进五　车 5 平 2　　52. 仕五退六　卒 9 平 8
53. 仕六进五　车 7 平 8　　54. 仕五退六　车 2 平 5
55. 仕六进五　将 5 平 4　　56. 相五退七　车 8 平 2
57. 相七进五　车 2 进 4　　58. 仕五退六　卒 8 平 9

59. 仕六进五　车2平4　　60. 炮六平七　车5平3
61. 相五退三　车4退2　　62. 车四平三　车4平5
63. 车三平四　车5退2　　64. 车四平六　将4平5
65. 车六平四　…………

在残局阶段,因红方炮及时退回与车配合,构成了一道坚固防线,已构成和局形势。此着红方车平四路白丢一相,漏着。如果改走车六平三,车5平7,车三进三,象5进7,炮七平六,仍是和局形势。

65. …………　车5平7　　66. 马一退二　车7进5
67. 马二进三　卒9平8

随手棋。应卒9进1不给红方以马换卒的机会,黑方仍可胜。

68. 马三退一　车7退3　　69. 马一进二　车7平8

以后,黑方无法阻止红方炮退到六路底线,已成正和形势。

附参考局(一则)

香港郑守贤(红先和)上海胡荣华

(1982年4月9日弈于杭州)

仙人指路对卒底炮

第二届亚洲杯象棋赛

兵三进一　炮8平7　炮二平五　炮2平5　马八进七　马2进3
车九平八　卒7进1　马二进一　卒7进1　炮八进四　炮7退1
车一平二　马8进7　仕四进五　炮7平2　炮八平五　马3进5
车八进八　马5进4　炮五进五　象3进5　车八退六　卒7平6
车二进四　马4退5　兵五进一　马7进6　车二退二　卒6平5
车二平五　车9平8　车五进二　马5退7　马七进五　马6进5
车五退一

第23局　新加坡郑祥福（红先负）中国柳大华

（1982年4月12日弈于杭州）

中炮过河车对屏风马上士

第二届亚洲杯象棋赛

1.炮二平五　马8进7　2.马二进三　车9平8
3.车一平二　卒7进1　4.车二进六　马2进3
5.兵七进一　士4进5　6.车二平三　…………

平车压马，给黑方以直接退炮驱车的机会，红方不利。这与中炮过河车对屏风马平炮兑车相比较，黑方可多行一步棋。此时有马八进七、兵五进一、炮八平七三种攻法，可供红方选择。

6.…………　炮8退1　7.炮八平七　炮8平7
8.车三平四　马3退4

黑方如何利用已经多行的一步棋来反夺先手，是当前的一个重要课题。由于思想上有些求稳，所以走了看似稳健实系软着的马3退4，使局势无所进展。此时应改走车8进5较为有利。兹将以后变化试演如下：①马八进九，车8平3，车九平八，车1平2，炮七进一，炮2进5，车四进二，炮7平9，黑方占优；②兵五进一，卒7进1，兵三进一，车8平7，红方三路马受到牵制，黑方占优。

9.马八进九　象3进5　10.车九平八　炮2退1
11.兵五进一　车8进6　12.兵五进一　卒5进1
13.车八进五　卒3进1　14.兵七进一　车8平7
15.兵七进一　卒5进1　16.车八平五　卒5平4
17.车五退二　车7平5

以上一段，红方从中路强攻，弈来紧凑有力，黑方兑车失策，从此陷入被动。应改走卒7进1，车五平三，卒7进1，马三退五，车1进2，局势复杂，但黑方并不难走。

18.马三进五　卒4进1（图）
19.炮五平三　卒4平5

如图形势,红方平炮打马好棋。由此争得主动。

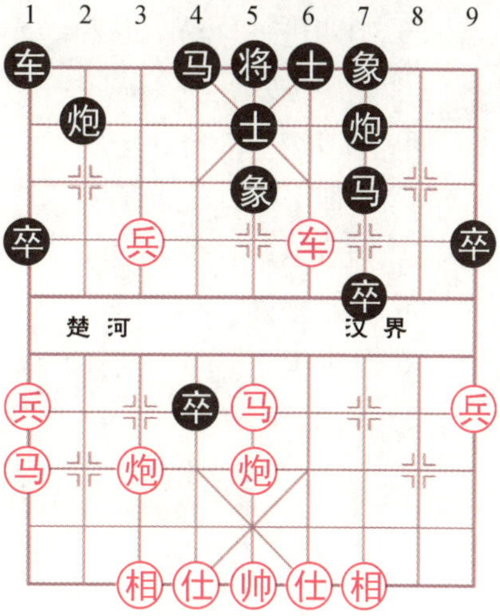

20. 炮三进五　炮 7 平 8
21. 炮七进二　炮 2 平 3
22. 炮七进四　炮 8 平 3
23. 相三进五　卒 5 进 1

弃卒吃相,目的是防止红方冲七兵的威胁。

24. 相七进五　车 1 平 2
25. 兵七平八　…………

平兵拦车好棋。如贸然冲七兵,黑方可走马 4 进 3 吃兵,然后车 2 进 7 捉死红方马占优。

25. …………　卒 9 进 1
26. 兵九进一　士 5 进 6
27. 马九进八　马 4 进 3　　28. 炮三平二　炮 3 平 8
29. 车四平七　马 3 退 1　　30. 马八进六　士 6 进 5
31. 马六退四　车 2 进 3

退马,漏着。给黑方白白吃掉威胁甚大的过河兵,由此造成缺相少兵的形势。红棋退马应改走炮二退一,红方仍占优势。以后残局阶段,黑方凭借多卒多象的优势,稳步进取,终于获胜。

32. 车七平八　马 1 进 2　　33. 马四进三　炮 8 平 9
34. 炮二进二　士 5 退 6　　35. 炮二退三　马 2 进 1
36. 炮二平九　马 1 进 3　　37. 炮九平五　将 5 平 4
38. 帅五进一　炮 9 进 5　　39. 马三退一　炮 9 进 3
40. 马一进二　炮 9 平 4　　41. 炮五平六　马 3 退 5
42. 炮六退五　炮 4 平 1　　43. 炮六平九　士 6 进 5
44. 马二退一　炮 1 平 2　　45. 炮九平八　马 5 进 3
46. 炮八进一　炮 2 退 1　　47. 炮八进一　炮 2 平 1
48. 马一进三　炮 1 退 5　　49. 马三退一　炮 1 平 5
50. 相五进七　马 3 退 5　　51. 相七退五　马 5 进 6
52. 帅五平四　马 6 退 5　　53. 帅四平五　马 5 退 6

54. 帅五平四　马 6 进 8
55. 炮八平二　马 8 进 7
56. 帅四进一　马 7 退 5
57. 帅四退一　炮 5 进 4
58. 炮二进六　将 4 进 1
59. 炮二退一　将 4 退 1
60. 炮二进一　将 4 进 1
61. 炮二退一　将 4 退 1
62. 帅四平五　炮 5 平 6
63. 炮二进一　士 5 退 6
64. 帅五退一　炮 6 退 4
65. 仕四进五　炮 6 平 5
66. 炮二平四　卒 7 进 1
67. 帅五平四　卒 7 进 1
68. 仕五退六　卒 7 进 1
69. 马一进二　卒 7 进 1

第 24 局　中国柳大华(红先胜)新加坡郑祥福

(1982 年 4 月 12 日弈于杭州)

顺手炮直车对双横车

第二届亚洲杯象棋团体赛

第二届亚洲杯象棋团体赛于 1982 年 4 月在杭州举行，我作为中国队的主力队员出场四次，四场全胜。郑祥福是新加坡棋王。

1. 炮二平五　炮 8 平 5　　2. 马二进三　马 8 进 7

3. 车一平二　车 9 进 1　　4. 马八进七　马 2 进 3

5. 兵三进一　车 9 平 4　　6. 兵七进一　车 1 进 1

7. 炮八进二　…………

至此，形成顺手炮直车两头蛇对双横车的布局阵势。红方升炮巡河，掩护马的出动，稳步进取。如改走马三进四，车 4 进 7，炮八进二，卒 3 进 1，兵七进一，车 1 平 6，马四进三，车 6 进 2，则变化较为激烈。

7. …………　车 4 进 5　　8. 相七进九　车 1 平 6

平车占肋，来势汹汹，由于红方有上马逐车之着，黑方极易吃亏。此着宜改走卒 3 进 1，兵七进一，车 4 平 3，车九平七，车 3 退 2，局势平稳。

9. 马三进四　车 4 平 3

平车压马，落入陷阱。应改走车 4 进 1，车九平七，炮 5 进 4，仕六进五，象 3 进 5，黑方虽落后手，但不至于立即崩溃。

10. 车九平七　卒 3 进 1

挺卒兑兵，造成失子。如改走车 3 平 2，则失先太多，也是红方优势。

11. 炮五平四　炮 5 平 6　　12. 马四退五　炮 6 进 7

13. 车二进二　车 3 平 2　　14. 兵七进一　…………

挺兵吃卒，算准黑方炮无路可逃，是争先佳着。

14. …………　车 6 进 4　　15. 帅五平四　马 3 退 5

16. 帅四平五　炮 2 平 3　　17. 炮八平五　炮 3 进 5

18. 车七进二　车 6 平 7　　19. 车七进一　车 7 进 4

20. 炮四退二　车 2 进 1　　　　21. 兵七平六　象 7 进 5

22. 车七进五　卒 7 进 1　　　　23. 车二平四　马 7 进 8

24. 车四进六(图)　马 5 进 3

进车憋马，凶着。至此，黑方已难应付。如图形势黑方送马迫不得已。如改走马 8 进 7，马五进三，车 7 退 3，车七平六，车 7 平 5，仕六进五，车 5 退 1，车六进一，红方妙手成杀。

黑方 郑祥福

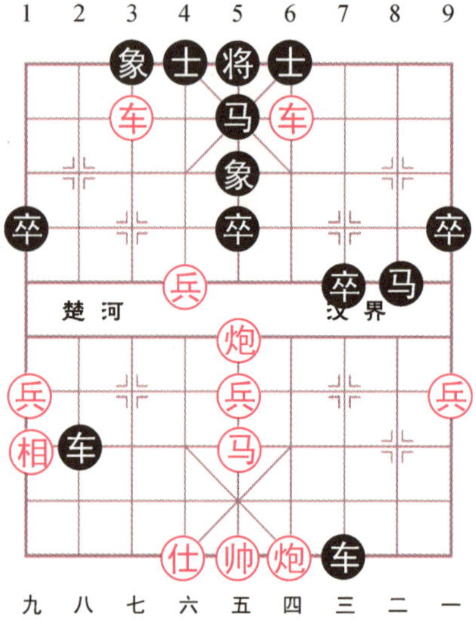

红方 柳大华

25. 车七退一　士 4 进 5

26. 车四退二　车 2 退 4

27. 兵六平五　卒 7 进 1

28. 炮五进二　车 2 退 3

29. 车四进二

黑方由于子力悬殊，无子可动弹，遂认负。

第 25 局　河南马迎选(红先负)湖北柳大华

(1982 年 5 月 6 日弈于武汉)

仕角炮对当头炮

1982 年全国象棋团体赛

1982 年全国象棋团体赛在武汉举行。在迎战马迎选的头天晚上,我静静地躺在床上,思考如何对付马的仕角炮开局。我想的办法在这盘棋中得以实施,我担心的第四步红方补相三进五的变化,马未走出来,所以我的布局成功了。

1. 炮二平四　…………

仕角炮的布局,在 1976 年全国比赛中即开始采用,只是未被人们重视。在 1981 全国甲组比赛中,河北李来群运用仕角炮布局,取得了三战三胜的战绩后,这一布局才逐渐被人们重视起来。这次全国团体赛,各地棋手勇于实践,丰富了这一布局的变化,加深了这一布局的理解。

1. …………　炮 2 平 5　　2. 马八进七　卒 7 进 1

3. 马二进一　炮 8 进 5　　4. 相七进五　…………

红方补左相后,自己右车出路不够通畅,黑方马顺利从 7 路跃出,红方中路薄弱,易受攻击。红方此时应补相三进五,这样,红方右车出路较为通畅,可尽快从三路出击。

4. …………　马 8 进 7　　5. 车一进一　马 2 进 3

6. 兵三进一　…………

红方希望通过弃兵,迅速开出右车投入战斗,但忽视了黑方跃马弃卒的凶着。红方应改走车一平六,局势较为平稳。

6. …………　车 1 平 2　　7. 车九平八　马 7 进 6

8. 车一平二　…………

平车捉炮,应改走车一平六,虽处下风,仍可周旋。

8. …………　车 9 平 8　　9. 兵三进一　马 6 进 4

10. 炮八进四(图)　炮 8 平 5

进炮造成连败。如改走兵七进一,车 2 进 6,黑方控制了全局,红方也难应付。

试演一例如下：马七进六，炮 8 平 5，相三进五，车 8 进 8，马一进三，车 8 平 4，马三进四，炮 5 进 4，仕六进五，炮 5 退 2，马六进七，炮 5 平 7，黑方大占优势。如图形势，黑方弃车打相，精妙之着，由此取得决定性的胜利。

黑方 柳大华

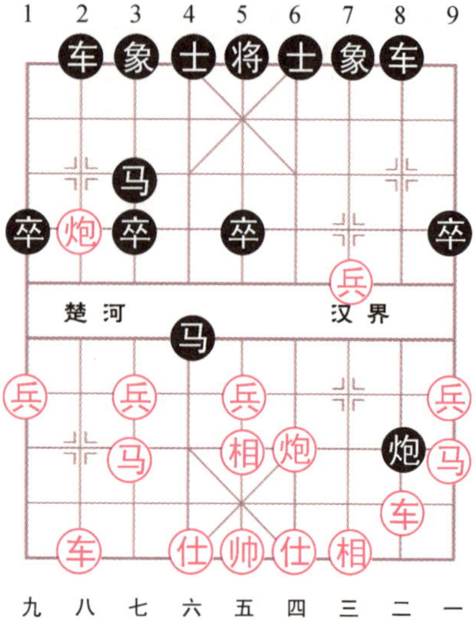

红方 马迎选

11. 车二进八　马 4 进 3
12. 相三进五　马 3 进 2
13. 炮八退四　炮 5 进 4
14. 仕四进五　象 3 进 5
15. 兵三进一　炮 5 平 1
16. 炮八平六　车 2 进 4
17. 车二退五　炮 1 进 3
18. 帅五平四　马 2 退 1

应改走马 2 退 3 叫将，红方相五退七（帅四进一，车 2 进 4），马 3 进 1，帅四进一，马 1 进 3，车二平九，炮 1 退 1，炮六退一，车 2 平 7，炮六平七，车 7 进 3，黑方得子胜。

19. 相五退七　马 1 进 2
20. 炮六平五　车 2 平 5
21. 帅四进一　炮 1 平 3
22. 马一进三　炮 3 退 1
23. 仕五进六　车 5 进 2
24. 马三进四　…………

红方不甘苦守，弃炮跃马作最后挣扎。如改走车二平三保马，黑方卒 3 进 1，兵三平四，马 3 进 4，红方无子动弹，也难免败北。

24. …………　车 5 进 1
25. 车二平八　马 2 退 4
26. 仕六进五　车 5 平 4
27. 车八退三　炮 3 平 5
28. 帅四平五　车 4 平 6
29. 马四进二　马 4 退 5
30. 马二进三　车 6 退 6

第26局 北京傅光明(红先负)湖北柳大华

(1982年5月7日弈于武汉)

五七炮进三兵对屏风马

1982年全国象棋团体赛

1982年5月全国象棋团体赛在湖北省武汉市汉口江滩体育场举行。

1. 炮二平五　马2进3　　2. 马二进三　马8进7
3. 车一平二　车9平8　　4. 兵三进一　卒3进1
5. 马八进九　象7进5　　6. 炮八平七　马3进2
7. 车九进一　卒1进1

挺边卒准备从边线开出1路车，控制红方河头一线。此时亦可走车1进1抢出横车，红方车九平六，炮8进4将另有不同变化。

8. 车九平六　卒1进1　　9. 兵九进一　车1进5
10. 车二进四　炮2平1

平边炮可防炮七退一打死车的威胁。1979年全国赛时，我执黑棋与广东蔡福如弈成同一局面。当时我没走平炮而走士6进5，红方炮七退一，炮8平9，车二进五，马7退8，相三进一，车1退2，车六进四，炮2平3，兵七进一，炮3进3，炮七平二，结果黑方各子涣散，左翼空虚，红方布局占优。吸取了上次失败的教训，所以这次改走平炮与红方抗衡。

11. 车六进七　士6进5　　12. 车六平八　炮8进2
13. 仕四进五　车1平4　　14. 车八退二　炮1进3
15. 车二退四　炮1平7

红方通过平车，进炮逼退了红方巡河车，达到了控制对方河头一线的战略目的，但此时平炮打兵嫌软，应改走车4平7吃兵较好。

16. 炮五进四　…………

炮打中卒，打通了黑方卒行线，并牵制了黑方8路无根车炮，红方取得了一定的优势。

16. …………　马7进5　　17. 车八平五　炮7进1
18. 车五平三　炮7平3　　19. 马九进七　马2进3

20. 相三进五　…………

红方飞相软着，应车二进三，卒 9 进 1，相三进五，车 4 平 9，车三退二，车 9 平 7，相五进三，红方牵制黑方车炮占优。

20. …………　车 4 退 1　　21. 车二进四　…………

升车巡河给黑方车炮脱身的机会，应改走车三平四，红方仍较优。如改走马三进四，车 4 平 6，车二进四，车 8 平 6，黑方先弃后取，成为均势。

21. …………　车 8 平 6　　22. 炮七平六　炮 8 平 5

23. 车二平四　马 3 进 4　　24. 车四进五　士 5 退 6

25. 马三进四　车 4 进 1　　26. 车三平四　…………

第 22 回合红方平炮是为了寻求变化。如改走马三进四，车 4 进 1 将立即成和。红方此时平车保马系软着，从此陷入被动。应改走车三平五捉炮，可成和局。

26. …………　卒 3 进 1　　27. 炮六平九　…………

平炮坏棋。若车四退一，炮 5 平 3，相七进九，卒 3 进 1，相五进七，卒 3 平 2，炮六平四，士 6 进 5，相七退五，马 4 退 5，车四平五，求和有望。

27. …………　炮 5 平 3　　28. 帅五平四　炮 3 进 5

29. 帅四进一　士 4 进 5　　30. 仕五进六　卒 3 进 1

31. 炮九进七　象 3 进 1　　32. 仕六进五　炮 3 退 1

33. 马四进三　将 5 平 4

34. 车四平八　象 5 进 7

黑方自第 27 回合平炮打相后，车马炮卒联合进攻，弈来非常紧凑。现在飞象叫杀，红方已难应付。

35. 帅四退一　车 4 进 2

36. 帅四平五　车 4 退 5

37. 马三进四(图)　炮 3 平 5

黑方 柳大华

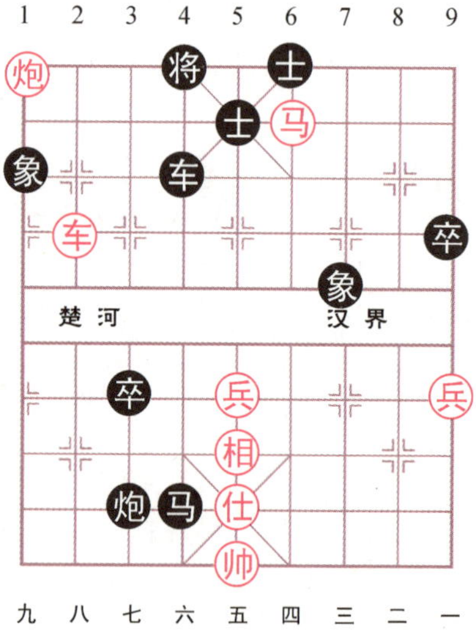

红方 傅光明

如图，黑方炮打中仕是入局的精妙之着。

38. 车八进三　将 4 进 1

39. 车八退一　将 4 退 1

40. 车八进一　将 4 进 1

41. 帅五进一　马 4 退 5

42. 马四退五　象 7 退 5

以下，红方很难解出黑方车马的杀着遂认负。

附参考局(一则)

广东蔡福如(红先胜)湖北柳大华

(1979 年 9 月 19 日弈于北京)

五七炮对屏风马

第四届全运会象棋决赛

炮二平五	马 8 进 7	马二进三	车 9 平 8	车一平二	马 2 进 3
兵三进一	卒 3 进 1	马八进九	卒 1 进 1	炮八平七	马 3 进 2
车九进一	卒 1 进 1	兵九进一	车 1 进 5	车二进四	象 7 进 5
车九平六	士 6 进 5	炮七退一	炮 8 平 9	车二进五	马 7 退 8
相三进一	车 1 退 2	车六进四	炮 2 平 3	兵七进一	炮 3 进 3
炮七平二	卒 5 进 1	炮五进三	马 2 退 3	车六平七	炮 3 平 4
炮二平七	马 3 进 5	炮五退一	马 8 进 7	马九进八	车 1 进 5
炮七进一	车 1 平 7	马三进二	车 7 退 2	车七平五	炮 9 进 4
马八进六	炮 9 平 5	车五平四	炮 5 平 3	炮七平五	炮 3 退 2
马六进四	炮 3 退 3	马二进一	马 7 进 9	后炮进四	车 7 平 4
前炮退一	炮 4 平 3	帅五进一	前炮退 1	车四退一	马 9 退 8
帅五平四	马 8 进 6	马四进六	将 5 平 5	前炮平四	马 6 退 8
马六退八	后炮平 4	炮五平七	象 3 进 1	炮四进一	车 4 退 3
马八进七	车 4 平 5	炮四退一	炮 3 进 5	马七退九	象 5 进 3
马九进七	将 6 平 5	炮四进三	士 5 进 5	炮四平三	车 5 退 1
车四平六	车 5 进 4	仕四进五	车 5 平 6	仕五进四	车 6 平 8
炮七退三	车 8 进 3	仕六进五	车 8 退 1	帅四退一	车 8 进 1
帅四进一	车 8 退 1	帅四退一	车 8 进 1	帅四进一	象 3 退 5
车六进四	车 8 退 1	帅四退一	车 8 进 1	帅四进一	车 8 退 1
帅四退一	车 8 退 1	帅四退一	炮 3 退 8	炮三平七	马 8 进 9
后炮进三	士 4 进 5	车六退二			

第27局 湖北柳大华(红先和)黑龙江王嘉良

(1982年5月10日弈于武汉)

仙人指路转列手炮

1982年全国象棋团体赛

1.兵七进一 卒7进1　2.炮二平三 炮8平5
3.炮八平五 炮5进4

以上由仙人指路转成列手炮布局。黑方炮打中兵打乱了红方原来的战略计划,策略上是可取的。但由于打兵过早,影响了其他子力的出动,容易陷入被动。

4.仕六进五 象3进5　5.马八进七 炮5退1
6.马二进一 马8进7　7.车一平二 车9平8

黑方宁失一先兑掉红方车,着法明智。否则红方有车二进四捉炮的先手。

8.车二进九 马7退8　9.车九平八 马2进4
10.车八进五 士4进5　11.马七进五 炮5进2
12.相七进五 …………

应改走相三进五吃炮可免左翼空虚之忧,一着之差红方先手难以扩展。

12.………… 车1平2　13.兵三进一 卒7进1
14.马五进三 炮2进1

平炮兑车好棋。充分利用了红方飞相的软着,红方如兑车,残局黑方易下;红方如不兑车,黑方集结车马炮攻击红方空虚的左翼,红方有顾虑。

15.车八平四 车2进9　16.仕五退六 马4进2
17.车四退二 …………

退车保兵似嫌保守,黑方可从容布置兵力。红方此时可考虑走车四进三,将5平4,车四平二,炮1进4演成对攻局面,红方先得一子,并不吃亏。

17.………… 卒3进1　18.马三进二 马8进9
19.马一进三 卒3进1　20.仕四进五 马2进3
21.相五进七 …………

如改走车四进五，将 5 平 4，炮三进七，将 4 进 1，马三进四，马 9 进 7，炮三退二，炮 1 进 4 黑方有攻势。

21. ………… 卒 5 进 1　　22. 车四进五 将 5 平 4

23. 马二退四 象 5 进 7　　24. 马三退五(图) 车 2 退 6

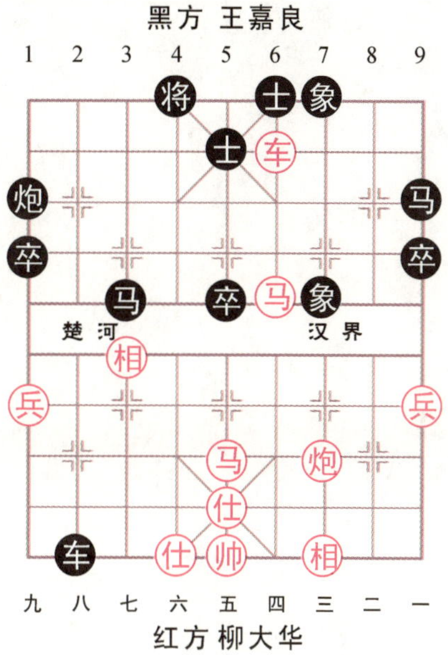

如图，黑方算准红方攻势有惊无险，退车扼守要道，由此黑方渐入佳境。

25. 炮三进七 将 4 进 1

26. 马四进三 将 4 进 1

上将好棋，彻底瓦解了红方的攻势，由此转入反攻。

27. 马三退二 车 2 平 7

28. 炮三平一 炮 1 进 4

29. 相七退九 炮 1 平 5

30. 车四退三 马 3 进 4

31. 帅五平四 马 9 退 7

32. 炮一退一 车 7 平 6

33. 车四进一 马 7 进 6

34. 马二进三 卒 5 进 1

进入残局后，兵卒尤其重要。黑方在没有组织好有效的攻势以前，应该走卒 9 进 1，既保存了实力，又可限制红方马的活动范围，纠缠下去黑方取胜机会较多。

35. 马三退一 象 7 退 9　　36. 马一退二 卒 5 平 6

37. 炮一平四 马 6 进 8　　38. 兵一进一 卒 6 平 7

39. 马二退三 炮 5 平 6　　40. 帅四平五 炮 6 退 4

41. 马三进五 卒 7 平 6　　42. 兵一进一 卒 6 平 5

43. 马五进三 马 8 进 6　　44. 马三进四 马 6 退 5

45. 炮四平二 卒 5 进 1　　46. 马五进七 马 4 进 3

47. 马七退六 将 4 平 5　　48. 炮二退七 卒 5 平 4

49. 仕五退四 卒 4 进 1　　50. 炮二平七 卒 4 进 1

51. 炮七平九 将 5 平 4　　52. 仕四进五 将 4 退 1

53. 炮九进五 …………

红方防守严密，并乘机邀兑一马，削弱了黑方的进攻能力。现在再夺回一卒，扳成和局。

53. ………… 马5进6　　54. 炮九平六　马6进8

55. 马四退三　马8进7　　56. 帅五平四　炮6退1

57. 炮六平三　士5进6　　58. 仕五进四　马7退8

59. 帅四平五

第28局　浙江陈孝堃(红先和)湖北柳大华

(1982年5月12日弈于武汉)

中炮横车七路马对屏风马

1982年全国象棋团体赛

1.炮二平五　马8进7　　2.兵七进一　车9平8

3.马二进三　卒7进1　　4.马八进七　马2进3

5.车一进一　象3进5　　6.车一平四　炮8平9

平炮亮车，准备伺机进6压马牵制红方的进攻；并可配合2路炮过河展开攻势。它与士4进5的变化迥然不同。目前这两种走法都是应付中炮横车七路马的常见走法。

7.炮八进二　…………

升炮巡河，既可阻止黑炮过河，又能掩护七路马进攻，一举两用。

7.…………　士4进5　　8.炮五平六　马7进8

9.车四平二　炮2进2　　10.马七进六　炮9平8

11.车二平七　马8进7

红方上一回合跃马封制黑方车，走得正确。如补相七进五，黑方抢先车1平4，红方既无先手。现红方车平七，拟集中力量从黑方3路突破，运子构思极为精巧。

12.相七进五　炮8平7　　13.马六进七　炮2退3

面临红方强渡七兵的威胁，黑方退炮先避一手，其目的是想趁红方兵渡河时，车8进5抢占河沿进行反击。从以后实战情况来看，黑方退炮欠妥。似应改走车1平4抢出右车，红方车九进二，车4进6，兵七进一，炮2退2，以后8路车可视情况进5或进7进行反击，局面并不吃亏。

14.兵七进一　车8进7

此时才发现车8进5捉炮并不理想，因红方可走兵七平六，炮2平3，炮八平五，有炮打中象的威胁，很难应付。所以改走车8进7袭马。

15.兵七平六　炮2平3　　16.炮八平七　炮3进2

进炮打马，迫不得已，否则红方有炮七进三打马，然后马七进五踩象的凶着。

黑方此时也不能马7进5踏相，因红方相三进五，炮7进5，炮六平三，车8平7，车九进二，也是红方占优。

17. 炮七进三　炮7平3　　18. 车七进五　炮3平4
19. 炮六平七　车8进1　　20. 仕六进五　马7进9
21. 炮七退一　卒7进1　　22. 兵五进一　…………

以上通过子力交换，黑方延缓了红方的攻势，乘机跃马卧槽并强渡7卒威胁红方马。现在红方进中兵开通马路，瓦解了黑方最后的反扑。

22. …………　马9进7　　23. 炮七平三　车8平7
24. 马三进五　卒7平6　　25. 马五进七　车7退2
26. 兵六进一　炮4退1　　27. 兵六平五　卒6平5
28. 车九平六　车1平4　　29. 兵一进一　车7平3
30. 兵五进一　象7进5　　31. 车七平五　炮4平2
32. 车五退二　车4进9　　33. 帅五平六　炮2平1
34. 车五进二　…………

又经过一番大的拼兑，红方终于以赢得一象的微弱优势而进入残局，现进车捉卒不如走车五进三吃象，以下黑方车3平4，帅六平五，炮1进5，车五退一，扫去边卒后，以车马兵全仕相对黑方车炮的绝对优势，黑方是难以守和的。

34. …………　炮1进5　　35. 车五平九　…………

过稳，当车五平一扫卒胜望颇大。

35. …………　车3平4

36. 帅六平五　炮1平3

37. 车九退三(图)　车4退1

黑方柳大华

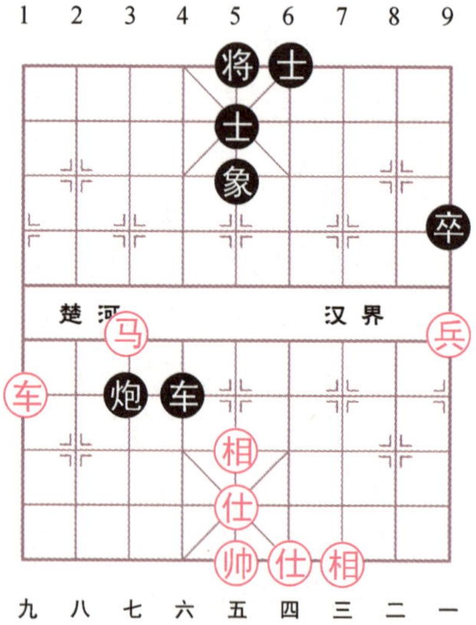

红方陈孝堃

黑方退车弃炮取兵是求和的佳着。如走象5进3，则马七进五，车4退2，马五退三，黑方败势立现。

38. 车九平七　车4平9

39. 车七平五　象5进3

40. 仕五进四　车9平4

41. 车五进二　象3退1

42. 马七进八　将5平4

43. 车五平九　车4进4

44. 帅五进一　车4退1

45. 帅五退一　车 4 进 1　　46. 帅五进一　车 4 退 6
47. 马八进七　车 4 进 5　　48. 帅五退一　车 4 进 1
49. 帅五进一　象 1 退 3　　50. 车九平七　…………

红方如走车九进四捉象,黑方可走车 4 退 1,帅五退一,车 4 平 3,仍是和局。

50. …………　车 4 退 7　　51. 马七退八　车 4 进 6
52. 帅五退一　车 4 进 1　　53. 帅五进一　象 3 进 1
54. 车七平九　车 4 退 1　　55. 帅五退一　车 4 进 1
56. 帅五进一　车 4 退 6　　57. 马八进七　车 4 进 5
58. 帅五退一　车 4 进 1　　59. 帅五进一　象 1 退 3
60. 车九平七　车 4 退 7

黑方防守得法,红方无隙可乘,终成和局。

第 29 局　北京傅光明（红先负）湖北柳大华

（1982 年 7 月 23 日弈于承德）

顺炮横车对直车

第一届“避暑山庄杯”中国象棋邀请赛

每一个优秀的棋手都有自己的拿手布局，但仅限于拿手布局是远远不够的，要争取做到十八般武艺样样精通，这样在面对不同的对手时，可以针对性地选择布局。

1. 炮二平五　炮 8 平 5　　2. 马二进三　马 8 进 7
3. 车一进一　车 9 平 8　　4. 车一平六　车 8 进 4
5. 车六进七　…………

以上形成顺手炮横车对直车的布局阵势。红方进车塞象眼展开攻势，看似凶狠。但由于其他子力接应不上，容易失先。此时一般多走马八进七。

5. …………　马 2 进 3　　6. 车六平七　炮 2 进 2
7. 炮八平七　马 7 退 5　　8. 车九进一　车 1 进 1
9. 车七平九　马 3 退 1　　10. 车九平六　…………

红方行走了四步的车被邀兑之后，先行之利即已消失。现平车占据要道，必走之着。如改走炮五进四，马 1 进 3，炮五退二，马 3 进 5，黑方子力灵活，稍占优势。

10. …………　马 5 进 3　　11. 车六进七　士 6 进 5
12. 兵七进一　炮 5 平 7　　13. 炮五平六　…………

平炮仕角调整阵形，仍是正确的选择。如改走炮七进四，炮 2 平 7，马三退五，车 8 进 1，兵七进一，车 8 平 6，黑方有攻势。

13. …………　炮 7 退 1　　14. 车六退四　象 3 进 5
15. 炮七进四　…………

进炮取卒，势在必行。否则黑方卒 3 进 1 兑兵，黑方子力活跃，阵形将占优。

15. …………　炮 2 进 1　　16. 车六进二　卒 7 进 1
17. 车六退一　车 8 进 4　　18. 马八进七　炮 2 进 1
19. 相三进五　炮 2 平 3　　20. 兵七进一　车 8 平 7

黑方通过进炮打车的巧着，取得了一定的先手。但由于红方防守较为稳固，黑棋先手不易扩大。现平车捉马，准备赚取一相，和红方一决胜负。此时走车 8 平 4，仕六进五，炮 3 进 3，兵三进一，卒 7 进 1，车六退一，炮 3 退 5，车六平三，炮 3 平 7，车三平五，卒 9 进 1，黑方占优。

21. 车六退一　炮 3 进 3　　22. 相五退七　车 7 退 1

23. 炮六平五　…………

红方平中炮软着，应炮七平六，为七路兵让出道路。

23. …………　象 5 进 3　　24. 炮七平一　…………

红方平炮打卒，错着。应改走车六平二抢占要道，使黑方一时无法组织有效的攻势。这样，红方虽少一相，但各子灵活，纠缠下去红方仍有可为。

24. …………　车 7 平 8

立即平 8 抢占战略要点，不但可以回防，还为 7 路炮让出了进攻的道路。

25. 车六平四　…………

平车任由黑炮发出抢占先机，应炮一平三。

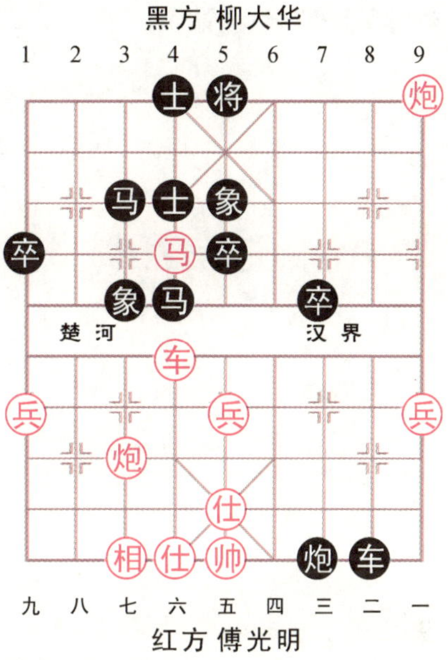

25. …………　炮 7 进 5

26. 马七进六　象 7 进 5

27. 马六进四　炮 7 进 3

28. 仕四进五　车 8 进 2

29. 炮一进三　马 3 进 4

30. 车四平六　马 1 进 3

31. 马四进六　士 5 进 4

32. 炮五平七(图)　将 5 平 6

如图形势黑方弃马出将，精妙之着。由此取得决定性的胜势。

33. 炮七平四　…………

红方平炮仕角，无可奈何。如果改走炮七进五吃掉弃马，黑方炮 7 平 4，仕五退四，车 8 平 6，帅五进一，马 4 进 6，车六退二，卒 7 进 1，车六平二，卒 7 进 1，炮一平六，炮 4 退 5，兵五进一(如车二进七，将 6 进 1，兵五进一，马 6 进 7，帅五平六，马 7 退 5，帅六平五，象 3 退 1，黑方胜)，马 6 进 8，兵五进一，卒 5 进 1，炮六平九，车 6 退

1，帅五退一，车6退2，帅五进一，卒5进1，黑方胜定。

33. ………… 炮7平4　　34. 仕五退四　炮4平6

35. 相七进五　车8退2

退车捉炮，极为刁钻。

36. 炮四退一　炮6平8　　37. 帅五平六　车8平5

38. 车六平二　车5平2　　39. 帅六平五　马4进5

40. 车二进五　将6进1

以上一段，黑方利用沉底炮摧毁了红方的防线。黑方现在马炮已经构成杀势，红方无法解救，遂认负。

第 30 局　湖北柳大华(红先负)河北李来群

(1982 年 7 月 25 日弈于承德)

飞相对中炮

第一届"避暑山庄杯"中国象棋邀请赛

1. 相三进五　炮 8 平 5　　2. 马二进三　马 8 进 7
3. 马八进七　马 2 进 1　　4. 兵三进一　车 9 平 8
5. 炮二进二　…………

升巡河炮,其目的是通过八路炮的右移,在河头构成一个"桥头堡",然后稳步进取。如改走车一平二,则另有不同变化。

5. …………　车 8 进 4　　6. 炮八退一　车 1 进 1
7. 炮八平三　车 8 平 6　　8. 马三进四　…………

跃马顶车,正着。如改走车九平八捉炮,黑方走车 6 进 4 反捉炮,红方无便宜。

8. …………　卒 1 进 1　　9. 兵七进一　马 1 进 2
10. 仕四进五　炮 5 平 4

红方实现了自己的布局计划,河头堡垒已经形成。当务之急是尽快出车,抢占战略要道。黑方见中炮已无多大威力,故卸炮士角,监视红方车通道,并调整阵形做好持久战的准备,弈来颇见功力。

11. 车九进一　炮 4 进 1　　12. 车九平六　炮 2 平 4
13. 车六平八　炮 4 平 2　　14. 车八平六　炮 2 平 4
15. 车六平八　象 7 进 5

补象嫌软,应改走车 1 平 8 捉炮较好,以下红方炮三平四,车 6 平 5,炮二退四,象 7 进 5,炮二平三,红方稍好。

16. 炮三平四　车 6 平 8　　17. 车一平二　炮 4 平 2
18. 车八平六　炮 2 平 4　　19. 车六平八　车 1 平 8
20. 炮二进四　车 8 进 5　　21. 炮四退一　车 8 退 8

黑方由于补象软手,局势逐渐不利。现在退车吃炮乃必然之着。如误走马 2 进 1,马七进九,车 8 退 8,马九进八,车 8 平 2,炮四进一,卒 3 进 1,兵七进一,红方大占优势。

22. 车八进四　士 6 进 5　　23. 车八平九　车 8 进 4

24. 仕五进四　车 8 进 1　　25. 兵一进一　…………

使黑方多费一步棋吃边兵，着法细腻。如改走兵三进一，车 8 进 1，兵三进一，车 8 平 6，兵三进一，车 6 退 2，兵三进一，炮 4 退 1，红方兵被打死，优势地位受到威胁，红方当然不愿意。

25. …………　车 8 平 9　　26. 仕六进五　车 9 退 1(图)

27. 兵九进一　…………

缓着。红方错失了一次极好的进攻机会。如图形势，红方应改走兵七进一，卒 3 进 1，车九进一，炮 4 进 5，车九平六，前炮平 2，马四进三，象 5 退 7，车六平八，炮 2 平 4，马七进六，以下红方有马六进四踩马的棋，黑方较难应付。

黑方 李来群

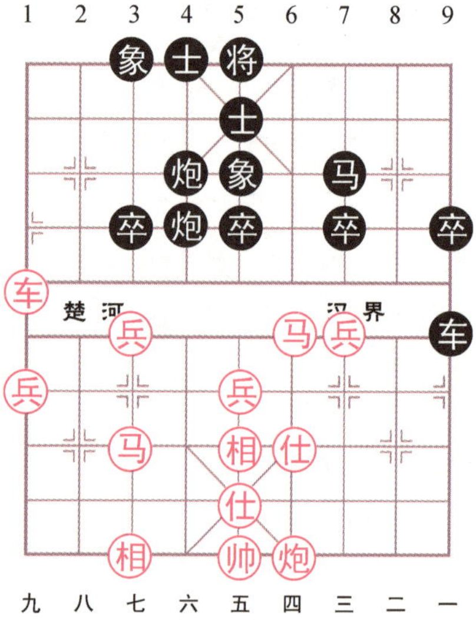

红方 柳大华

27. …………　车 9 进 1

28. 车九平八　车 9 平 7

29. 兵九进一　卒 7 进 1

30. 兵三进一　车 7 退 2

31. 马七进八　…………

进马软着，漏算黑方挺卒避兑的棋，红方所得的优势局面从此丧失。红方此时应改走车八平三兑车，仍占多兵优势。

31. …………　卒 5 进 1　　32. 炮四平三　炮 4 平 8

33. 炮三进七　…………

打马不及车八平六好，以下黑方炮 8 进 6，炮三进四，红方局势不差。

33. …………　炮 4 平 7　　34. 马四进五　炮 8 平 6

35. 车八平六　车 7 平 8　　36. 相五退三　车 8 平 7

37. 相七进五　炮 7 平 8　　38. 车六退一　炮 8 进 1

39. 马五进七　炮 8 进 6　　40. 仕五退四　炮 6 进 6

41. 车六平二　炮 8 平 9　　42. 车二平一　…………

平车跟炮不好，应改走马八进七踩卒，红方仍有力量与黑方抗衡。

42. …………　卒 9 进 1　　43. 车一退三　车 7 平 8

44. 马七进九　卒5进1

红方进马败着。应改走马八进七，局势虽差，仍可周旋。现在黑方乘机强渡中卒，如虎添翼，红方已无力抵挡黑方的攻势，败局已定。

45. 马八进七　卒5进1　　46. 相五进三　炮9平8
47. 马九退八　将5平6　　48. 马八进七　卒5平6
49. 仕四退五　炮6退1　　50. 相三进一　炮6平8
51. 帅五平四　前炮平7　　52. 后马退六　炮8进1
53. 帅四进一　炮7平3

第31局　湖北柳大华(红先胜)北京臧如意

(1982年10月12日弈于上海)

中炮过河车对屏风马高车保马

"上海杯"中国象棋大师邀请赛

1982年10月在上海举行的"上海杯"中国象棋大师邀请赛,集中了当时全国排位在前十六名的棋手进行单循环比赛,历时半个多月,分别在黄海体育馆、普陀工人文化宫等多个文化场所进行比赛,有力地推动了上海象棋运动的发展。

1. 炮二平五　马8进7　　2. 马二进三　车9平8
3. 车一平二　马2进3　　4. 兵七进一　卒7进1
5. 马八进七　象3进5　　6. 车二进六　炮8平9
7. 车二平三　车8进2

屏风马高车保马对中炮七路马过河车,具有复杂变化,反弹力强的特点,许多棋手都乐于采用这种阵势。1974年我首次参加全国比赛,曾用此种布局战胜过上海的陈奇。

8. 车九进一　…………

起横车,准备抢占六路要道,配合过河车展开攻势。此时另有马七进六,炮八平九,炮五平四等三种走法,可根据自己的棋风进行选择。

8. …………　士4进5　　9. 车九平六　炮2进1
10. 兵五进一　车1平4　　11. 车六进八　将5平4
12. 马七进六　卒3进1　　13. 马六进七　卒3进1
14. 马三进五　卒3平4

红方为了保持过河车的压力,跃马弃兵,促使局面向复杂对攻的方向发展。现在黑方平卒控制红方马出路,看似必然,但仔细分析,红方车处于险地,黑方可针对红方车发起反击,此时卒5进1,马七进五,马7进5,马五退七,马5进3,炮五平六,将4平5,车三进三,卒4进1,兵五平六,马3进2,炮八进四,炮9进4,马五退六,卒4进1,马六进八,卒4平3,仕六进五,卒3平2,炮八平一,卒2平3,车三退三,将5平4,炮一进三,将4进1,马七退五,马3进4,车三平六,士5进4,车六退一，炮 9 退 2。

15. 炮五平七　象 5 进 3

飞象解打，必然之着，如误走卒 5 进 1，红方炮七进五打马，黑方速败。

16. 车三退一　象 7 进 5　　17. 车三平六　将 4 平 5

18. 马五进三　卒 4 平 3　　19. 车六退二　…………

比赛当时，我考虑了马三进四的变化，发现黑方可走车 8 退 1，炮七平三，车 8 平 6，炮三进五，车 6 进 2，车六平七，车 6 平 7，马七进五，炮 9 平 5，炮三平七，红方无便宜。我又另外考虑了一些进攻方案，都觉得一时无法得手，所以走了车六退二等待战机。

19. …………　马 7 进 8

20. 兵五进一　卒 5 进 1

21. 马三进五　马 8 进 6

22. 车六平四　马 6 退 5

23. 兵三进一　卒 3 平 4

24. 炮七平一　炮 2 进 1

25. 车四平五　车 8 进 1

26. 炮一平三　炮 9 平 7

27. 相七进五　炮 7 进 5

28. 炮八平三　炮 2 退 4

29. 马五进三　炮 2 平 3

30. 马七退五　马 3 进 4

31. 仕六进五　象 3 退 1(图)

黑方 臧如意

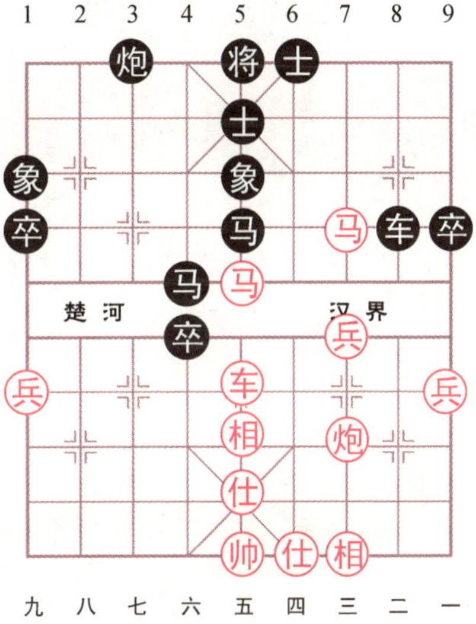

红方 柳大华

以上一段，双方纠缠甚紧，弈来颇见功力。黑方退象，漏算红方弃马踩象的凶着，是造成败局的根源。此时应改走炮 3 平 4，仍是互缠局势。

32. 马三进五　…………

如图形势，红方弃马踩象是入局的精妙之着！

32. …………　马 4 退 5　　33. 马五进三　后马进 3

无可奈何。如改走后马进 7，车五进三，炮 3 进 2，炮三进四，炮 3 平 7，车五平九，黑方缺象少卒，也难谋和。

34. 车五进三　马 3 进 2　　35. 相五进七　马 2 进 3

36. 兵三进一　炮 3 进 2　　37. 车五进一　炮 3 进 1

38.相七退五　马3退2　　　　　　39.马三退五　将5平4

40.兵三进一　车8进1　　　　　　41.兵三平四　炮3退3

红方第35回合飞相，既可阻止黑马进卧槽，又可平中炮展开攻击，黑方现在如不退炮，改走车8平7，红方有相五进三的凶着。

42.炮三进七　将4进1　　　　　　43.炮三退一　将4退1

44.车五平九　车8平5　　　　　　45.车九平七　士5进4

46.车七进二　将4进1　　　　　　47.兵四进一　将4平5

48.炮三进一

第32局　上海胡荣华(红先胜)湖北柳大华

(1982年10月20日弈于上海)

中炮两头蛇对反宫马

"上海杯"中国象棋大师邀请赛

1. 炮二平五　马2进3　　2. 马二进三　炮8平6
3. 兵三进一　马8进7　　4. 兵七进一　车9平8
5. 炮八平七　车8进4

双方弈成中炮两头蛇对反宫马的布局阵势。黑方升巡河车虽可防红方七兵渡河,但给红方留下车一平二邀兑的先手,黑方略为吃亏。此时黑方应走象3进5较好。

6. 马八进九　车1平2　　7. 车九平八　炮2进4
8. 车一平二　车8平4　　9. 车二进六　炮6平4
10. 仕六进五　…………

红方补仕,着法稳健。如果改走车二平三压马,炮4进7打仕,车八进一,马7退5,红方缺仕有顾虑。

10. …………　象3进5　　11. 车二平三　炮2退3

黑方退炮,给对方有机可乘,应改走士4进5,红方一时无进攻手段。试演一例如下:炮五进四,炮4进1,车三进一,马3进5,车三平二,卒3进1,黑方少兵有先手,局势不差。

12. 车三平四　…………

平车错失良机。应改走车八进三,黑方有两种应法,红方均可占优,试演如下:①士4进5,兵七进一,车4平3,马九进七,炮4进4,马七进六,黑方难以应付。②卒3进1,炮五进四,马7进5,车三平五,炮4进1,车五退二,红方多兵占优。

12. …………　士4进5　　13. 炮五平四　卒1进1
14. 车四退二　炮2平1　　15. 车八进九　马3退2
16. 兵五进一　车4平2　　17. 相三进五　炮4平1
18. 炮七进四　炮1进3　　19. 炮七平六　马2进4

20. 炮六退六　马 4 进 2　　　　21. 仕五进六　前炮退 1(图)

以上阶段黑方弈来井井有条，取得了稍优的局势。现在退炮打中兵，实属软着。应改走卒 1 进 1 较有利。

黑方 柳大华

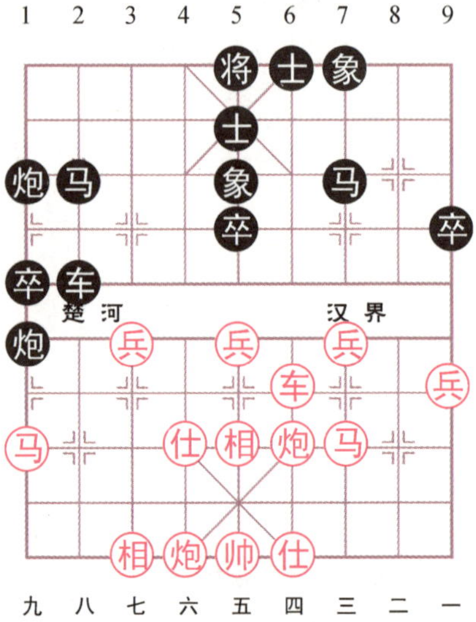

红方 胡荣华

22. 车四平五　后炮进 1

23. 仕四进五　炮 1 平 3

空着。应改走马 7 进 6，马三进四，马 6 退 4，双方仍属均势。

24. 马三进四　炮 3 平 4

25. 炮六进六　马 2 进 4

26. 炮四平三　马 7 进 6

进马败着。应改走车 2 平 6，炮三进五，车 6 进 1，兵五进一，卒 5 进 1，车五进二，炮 1 进 1 红方多兵较优，但黑方有不少谋和机会，可惜没有抓住。

27. 兵三进一　马 6 进 4　　　　28. 兵三进一　前马退 3

29. 马四进五　马 4 进 5

马踩中兵，造成速败。应改走炮 1 平 5 尚能多支撑一会。

30. 兵七进一　马 5 退 3　　　　31. 马九进七

第 30 回合红方送兵绝妙。现在进马捉车，黑方必然失子，遂认负。

第 33 局　湖北柳大华(红先胜)广东蔡福如

(1982 年 10 月 21 日弈于上海)

飞相局对左中炮

"上海杯"中国象棋大师邀请赛

1. 相三进五　炮 8 平 5　　2. 马二进三　马 8 进 7
3. 马八进七　车 9 平 8　　4. 车一平二　马 2 进 1
5. 兵三进一　炮 2 平 4　　6. 车九平八　车 1 平 2
7. 仕四进五　车 2 进 4

左中炮应飞相局的布局阵势，近年来经过各地棋手的不断实践，又有了新的发展。此时升巡河车是改进后的走法，目前极为流行。以往这步棋多走车 2 进 6，炮二进一，卒 1 进 1，兵七进一，车 2 退 2，炮八平九，车 2 平 6，马七进六，车 6 平 4，马六退四结果红方先手。

8. 炮八平九　车 2 平 4

平车避兑，保存子力，以求在复杂局势中进行较量。如果改走车 2 进 5 兑车则变化较为平淡。

9. 车八进四　车 8 进 6

10. 兵九进一　…………

以下变化车 8 进 4，炮二平一，车 8 进 5，马三退二，形成无车残棋。

10. …………　车 8 平 7

11. 马三退四　车 4 平 8

12. 车二平三　车 7 平 6

避兑软着。应改走车 7 进 3，相五退三，炮 4 平 3，炮二平四，炮 3 进 4，相七进五，炮 3 平 9，马四进三，炮 9 进 3，仕五退四，红方稍优。

13. 炮二平三　炮 5 进 4

黑方 蔡福如

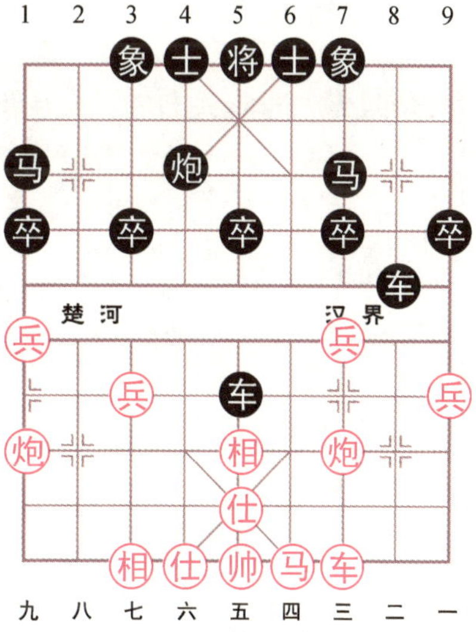

红方 柳大华

贪得中兵，招来无穷后患。应改走士 6 进 5 静观其变。

14. 马七进五　车 6 平 5(图)

15. 兵九进一　…………

如图，粗看双方局势平稳，仔细分析，可以发现黑方双马呆滞，且 7 路马脱根。现在，红方巧渡边兵，击中要害，由此夺得优势。

15. …………　马 1 退 3

退马，无可奈何之着。如改走卒 1 进 1(车 8 平 1，兵三进一，红方优)。炮三进四，象 7 进 5，兵三进一，车 8 平 7，车三进五，象 5 进 7，车八进四，红方得子占优。

16. 炮三进四　象 7 进 9

逼走之着。如果改走象 7 进 5，车八进三，然后车八平七红方得子。

17. 车八进三　车 8 平 4　　18. 车八平七　马 3 进 5

19. 炮三平七　马 7 退 5　　20. 炮七进三　马 5 退 3

21. 车七进二　…………

改走炮九平八更好，以下马 3 进 2，炮八进一，车 5 退 2，车七平八，卒 1 进 1，车八平七，红方大优。

21. …………　卒 1 进 1　　22. 马四进三　车 5 退 1

23. 车七退五　卒 5 进 1　　24. 车三平四　车 5 平 3

25. 兵七进一　卒 5 进 1　　26. 车四进六　车 4 平 5

27. 炮九平八　炮 4 平 2　　28. 车四平一　…………

以上一段，红方弈来紧凑，多吃一象占优。现在平车吃卒，似软弱。应改走炮八进四，卒 9 进 1，兵七进一红方稳占优势。

28. …………　象 9 退 7　　29. 炮八进四　卒 1 进 1

30. 炮八平九　炮 2 平 1　　31. 车一平八　马 5 进 6

32. 车八平四　士 4 进 5

上士软着。应改走马 6 进 5 兑马，则谋和机会较多。

33. 车四平七　马 6 进 7

如改走象 7 进 5，车七进一，炮 1 退 1，炮九平一，红方大占优势。

34. 车七进三　士 5 退 4　　35. 炮九平三　…………

平炮打马，由此奠定胜局。

35. …………　马 7 进 9　　36. 马三进二　马 9 进 8

37. 车七退二　炮 1 退 1　　38. 车七进一　炮 1 进 1

39. 车七退一　炮 1 退 1　　40. 车七进一　炮 1 进 1

41. 车七退三　车5退1　　42. 车七进二　炮1退1
43. 兵三进一　卒5进1　　44. 相五退三　象7进5
45. 马二进四　…………

进马踩象,加快入局速度,好棋!

45. …………　象5进7　　46. 炮三进三　士6进5
47. 车七平二　炮1平3　　48. 相七进九　车5平6

如改走车5平7,炮三平一,马8退7,车二进二,士5退6,马四进六,炮3平4,车二退三,车7退3,车二平五,也是红方胜。

49. 马四退五　士5进4　　50. 车二退七　炮3平5
51. 车二进九　炮5进1　　52. 炮三平六　将5进1
53. 相三进五　炮5进5　　54. 仕五进四　车6进4
55. 车二退三　车6退1　　56. 马五进六　炮5退5
57. 车二平四

第 34 局　黑龙江王嘉良(红先和)湖北柳大华

(1982 年 10 月 23 日弈于上海)

仕角炮对进卒局

"上海杯"中国象棋大师邀请赛

1. 炮二平四　卒 7 进 1　　2. 马二进一　马 8 进 7
3. 车一平二　车 9 平 8　　4. 车二进六　炮 8 平 9
5. 车二平三　象 7 进 5　　6. 炮八平五　马 2 进 1
7. 马八进七　车 1 平 2　　8. 车九平八　卒 3 进 1
9. 兵一进一　炮 2 平 3

平炮兑车，虽然在步数上损失一步，但达到了控制红方炮打中卒的目的，黑棋并不吃亏。如果走士 6 进 5，炮五进四，马 7 进 5，车三平五，红方打通黑方卒行线，并多一中兵占优。

10. 车八进九　马 1 退 2　　11. 兵五进一　士 6 进 5
12. 马七进五　炮 9 进 3

在"北方杯"中国象棋团体赛中，王嘉良曾与吕钦弈成同一形势。当时吕钦走车 8 平 6 捉炮，炮四进四。最后，王嘉良走了软手，吕钦取得了这局棋的胜利。但我觉得炮四进四后的形势属红方好，所以此着我改走炮 9 进 3。

13. 兵五进一　卒 5 进 1　　14. 马五进四　炮 9 平 5
15. 仕六进五　马 7 退 9

退边马暗伏车 8 进 3 邀兑的棋。

16. 车三平六　马 9 进 8　　17. 帅五平六　…………

平帅是寻求复杂变化的着法，表现了老王敢拼敢杀的风格，如改走车六退一则局面较为平淡。

17. …………　炮 3 平 4　　18. 车六平三　马 8 退 9
19. 车三进二　马 9 进 8　　20. 车三退二　马 2 进 3

黑方也不甘成和，进马求变。

21. 炮五进三　马 8 退 9　　22. 车三平七　…………

平车压马，似狠实软。应改走车三平四控制黑方为好。

22. ………… 车 8 进 3

23. 炮五进一(图) 炮 4 进 2

黑方 柳大华

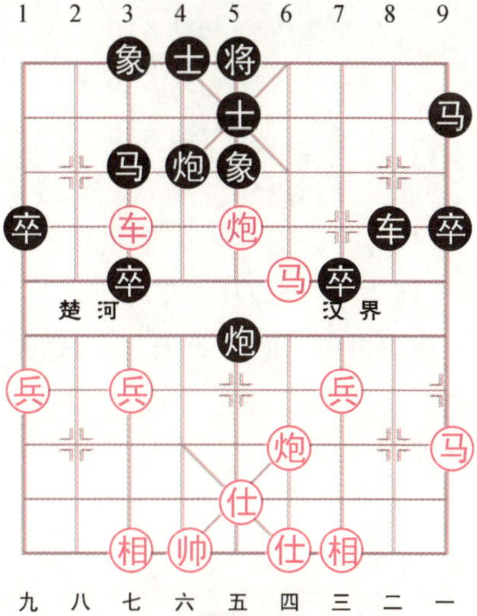

红方 王嘉良

如图形势，黑方升炮好棋，由此夺得优势。

24. 炮五平三　炮 5 退 1

25. 马四退五　炮 5 进 1

26. 炮四平五　炮 4 平 5

27. 炮五进二　炮 5 进 2

28. 兵九进一　马 9 进 7

29. 炮三平四　马 7 进 6

30. 炮五进一　将 5 平 6

31. 炮四平三　马 3 进 5

32. 炮三进二　马 6 退 7

33. 车七平六　炮 5 平 6

此时亦可改走车 8 平 6，炮三平二，车 6 进 1，炮五退一，车 6 进 1，炮五进一，车 6 平 1，黑方多卒占优。

34. 车六退二　车 8 平 6　　35. 马一进二　车 6 退 2

36. 炮三平二　炮 6 平 5　　37. 炮二退二　车 6 进 2

38. 炮二平五　车 6 平 5　　39. 炮五退一　将 6 平 5

经过以上兑子，红方虽仅比黑方少一兵，但由于黑方各子占位良好。红方此时已很难行棋。

40. 炮五平四　炮 5 退 1　　41. 马二退三　…………

同样退马，应改走马二退一。

41. …………　卒 7 进 1　　42. 炮四退二　马 7 进 6

华而不实。应改走卒 7 进 1，炮四平五，马 7 进 6，然后车 5 平 4 兑车，红方难以谋和。

43. 车六进一　马 6 进 7　　44. 车六退二　马 7 退 9

45. 炮四平五　车 5 平 7　　46. 车六进五　卒 7 进 1

冲卒太急。应改走马 9 退 7，红方马无法冲出，黑方较易取胜。

47. 马三进五　车 7 平 5　　48. 马五进三　炮 5 平 2

49. 马三进四　马 9 退 8　　50. 马四退二　马 8 进 6

51. 车六退五　炮 2 平 4

再失良机，应走炮2平8，下步有车5平4兑车的棋，红方仍难谋和。

52. 帅六平五　炮4平7　　53. 相三进一　炮7平8
54. 车六进二　马6进5　　55. 车六退二　马5退6
56. 车六进二　马6进5　　57. 车六退二　马5退6
58. 车六进二　炮8进4　　59. 相一退三　马6进8
60. 马二进一　卒7平6　　61. 车六退一　马8退7
62. 马一退三　车5平7　　63. 车六平二　卒6平5
64. 车二退四　卒5进1

黑方由于时间紧张，几度错失获胜良机，被红方逼成和局。

第 35 局　湖北柳大华(红先胜)广东杨官璘

(1982 年 10 月 26 日弈于上海)

中炮对三步虎

“上海杯”中国象棋大师邀请赛

这是我与杨官璘在“上海杯”中国象棋大师邀请赛最后一轮的比赛。当时我积分排在中游,已无法进入前六名,但下好每一盘是一个职业棋手必备的品质,战胜本届亚军杨官璘也是实力的体现。

1. 炮八平五　马 2 进 3　　2. 马八进七　车 1 平 2

3. 兵七进一　炮 2 平 1　　4. 马二进三　象 7 进 5

三步虎应中炮缓开车是杨官璘常用的一种布局阵势。在第四轮的比赛中,杨曾以马 8 进 7 的走法战胜了臧如意。现在杨方改用飞象的变着。可能有如下两个原因:①恐落入对方的准备之中,难讨便宜;②避开熟套,寻求新的变化。从实战的情况看,飞象的变化中路压力较大,似不及马 8 进 7 的变化来得稳健。

5. 炮二平一　车 2 进 4　　6. 车一平二　马 8 进 6

7. 车九进一　士 6 进 5　　8. 车九平四　炮 1 退 1

9. 兵五进一　车 9 平 8

红方挺中兵,从中路展开攻势。黑方平车,准备进炮兵行线封制红方。如改走卒 3 进 1,则马三进五,马 3 进 4,兵五进一,马 4 进 5,马七进五,红方有攻势。

10. 车二进四　炮 8 平 9　　11. 车二进五　马 6 退 8

12. 马三进五　车 2 平 8

红方中路进攻的准备工作已经完成。黑方当务之急是削弱红方中路攻势。现在平车虽可掩护自己空虚的左翼,但于中路防守无补,使红方的攻势得以顺利开展。此时,黑方应走炮 9 进 4,兵五进一,炮 9 平 5,马七进五,卒 5 进 1,黑方可以坚持。

13. 兵五进一　卒 5 进 1　　14. 马五进六　卒 3 进 1

15. 马六进五　象 3 进 5　　16. 炮五进五　士 5 退 6

17. 炮一平五　…………

平中炮不如兵七进一，卒 5 进 1，兵二进一，车 8 进 3，马七平八，马 3 进 5，炮五退三，炮 1 平 5，车四进五。

17. ………… 卒 3 进 1　　18. 马七进五　卒 3 平 4

19. 马五进三　炮 1 平 3　　20. 车四进六　炮 9 退 1

21. 车四退一　…………

应先补仕六进五。

21. ………… 炮 9 平 7　　22. 车四平五　…………

黑方第 14 回合挺卒邀兑红方马，不如马 8 进 6 坚守为好。第 15 回合红方弃马换象展开攻势，着法凶悍有力。现在车入马口发动总攻，非常精妙。

22. ………… 炮 7 进 4　　23. 兵三进一　车 8 平 6

24. 仕六进五　…………

补仕正着。如改走炮五退二，士 6 进 5，车五进二，将 5 平 6，车五平七，车 6 进 5，帅五进一，卒 4 进 1，黑方反占优势。

24. ………… 将 5 进 1

25. 前炮平六　将 5 平 6(图)

26. 炮五平四　…………

黑方 杨官璘

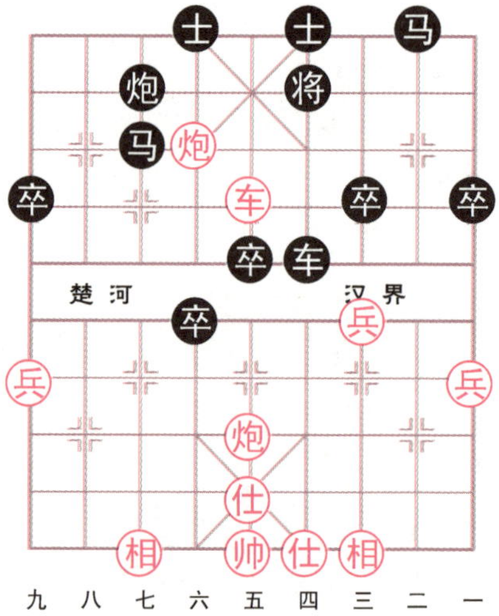

红方 柳大华

如图形势，红方平炮叫将，错失良机。应改走兵三进一，车 6 进 2，炮五平四，车 6 平 3，兵三平四，车 3 平 6，兵四平五，车 6 平 3，兵五平四，车 3 平 6，车五退三，车 6 退 1，炮六进一，马 3 进 4，车五进二，然后红方兵四进一即胜。

26. ………… 车 6 平 8

27. 车五平三　车 8 退 2

28. 车三平四　将 6 平 5

29. 炮四平五　卒 4 平 5

30. 炮六退五　车 8 平 5

31. 炮五进三　车 5 进 2　　32. 炮六平五　车 5 退 2

33. 炮五进五　将 5 进 1　　34. 兵三进一　…………

黑方将位不好，被迫以车换双炮化解红方的攻势。进入残局，仍属红方优势。此时，红方进兵非常及时，稍有迟缓黑马结成连环，红方反而不利。

34. ………… 马 8 进 7　　35. 兵三平四　马 7 进 5

36. 兵四平五　马 5 进 3　　37. 车四进三　炮 3 退 1
38. 车四退三　士 4 进 5　　39. 仕五进六　…………

红方第 37 回合可改走车四平八，然后可走车八进三得子。现在撑仕，预防黑方进卧槽马，好棋。

39. …………　前马进 2　　40. 仕四进五　士 5 进 6
41. 车四平八　马 2 进 3　　42. 帅五平四　炮 3 平 6
43. 仕五进四　士 6 退 5　　44. 仕四退五　卒 5 平 6
45. 兵五平四　马 3 进 4　　46. 车八平五　将 5 平 6
47. 兵四平三　…………

以上一段，红方利用黑方子力涣散、将位差的弱点，充分发挥车兵的威力，把优势逐步扩大为胜势。现在平兵，尤其精妙，使黑方六路底炮无从发挥作用，红方由此奠定胜局。

47. …………　将 6 退 1　　48. 车五退一　马 4 进 2
49. 兵三进一　马 2 进 4　　50. 车五平二　炮 6 平 3

必走之着。如改走士 5 进 4，车二进三，将 6 进 1，车二进一，将 6 退 1，兵三进一，红方胜。

51. 车二平四　士 5 进 6　　52. 兵三进一　将 6 平 5
53. 兵三平四　马 3 退 2

如改走炮 3 进 4，则车四进一，然后帅四进一，红方胜。

54. 车四平八　炮 3 进 4　　55. 车八进三　将 5 退 1
56. 兵四平五　炮 3 平 6　　57. 帅四平五　马 2 进 3
58. 帅五平六

附参考局(一则)

北京臧如意(红先负)广东杨官璘

(1982年10月21日弈于上海)

中炮对三步虎

“上海杯”中国象棋大师邀请赛

炮二平五	马8进7	兵三进一	车9平8	马二进三	炮8平9
马八进七	马2进3	兵七进一	车1进1	车九进一	车1平4
车一进一	车8进4	车九平六	车4进7	车一平六	卒3进1
兵五进一	卒3进1	马七进五	卒3进1	兵五进一	士6进5
兵五平四	马3进2	炮八进五	炮9平2	兵四进一	炮2平5
兵四平三	马7退6	马五进六	炮5进5	相三进五	马6进5
马六进五	象3进5	马三进四	卒5进1	马四进六	车8平6
马六进八	将5平6	仕六进五	卒5进1	车六进四	车6平4
马八退六	卒1进1	兵一进一	卒5平4	兵三平二	马2进1
兵二平一	卒3进1	兵一平二	卒3进1	兵二平三	卒3平4
兵三平四	马1进2	相五退三	马2退3	马六退八	卒1进1
马八进七	卒4平5	兵三进一	卒5进1	马七退五	马3退5
马五退七	卒5平6	兵三平四	马5进3	马七进五	卒6平7
马五退六	卒1平2	后兵平五	卒2平3	马六进四	马3退5
兵一进一	卒3进1	相三进五	卒3平4	兵一平二	卒4平5
兵二进一	卒5平6	兵二平三	卒6进1	相五退三	卒6进1
马四退五	卒6进1				

第 36 局　湖北柳大华(红先和)河北刘殿中

(1982 年 12 月 8 日弈于成都)

飞　相　局

1982 年全国象棋个人联赛

1. 相三进五　炮 2 平 6　　2. 兵七进一　马 2 进 3
3. 炮八平六　车 1 平 2　　4. 马八进七　马 8 进 9

进边马容易陷入被动。应改走马 8 进 7 较好。

5. 马二进三　士 6 进 5　　6. 车九平八　…………

平车邀兑虽失一先，但达到了控制局势的目的，好棋。

6. …………　车 2 进 9　　7. 马七退八　象 7 进 5
8. 马八进七　…………

此时进马似可不必，应改走兵一进一较好。

8. …………　卒 7 进 1　　9. 炮二平一　车 9 平 8
10. 炮一进四　卒 3 进 1
11. 兵七进一　象 5 进 3
12. 炮一平二　炮 8 平 7
13. 车一平二　马 3 进 4
14. 马七进六　炮 6 平 4
15. 炮六进三　炮 4 进 3(图)
16. 炮二平九　…………

应改走仕四进五保存子力，局面仍属红方优。

黑方 刘殿中

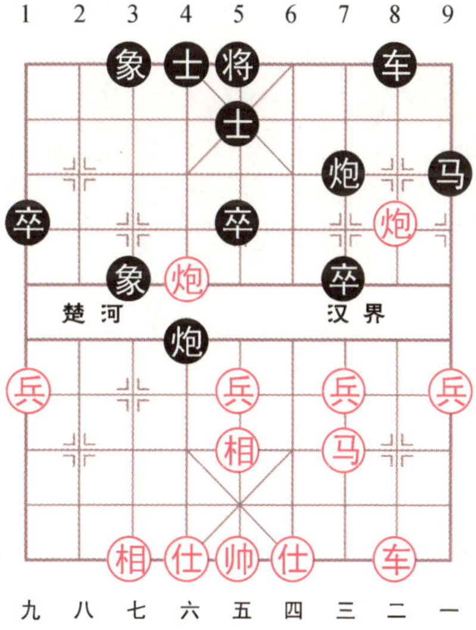

红方 柳大华

16. …………　车 8 进 9
17. 马三退二　炮 7 进 4
18. 兵九进一　象 3 退 5
19. 马二进四　炮 7 平 6
20. 马四进二　炮 6 平 8

21. 兵九进一　卒 7 进 1

弃卒好棋。由此黑方反占小先手。以下双方无错着，终于成和。

22. 相五进三　马 9 进 8
23. 兵九平八　马 8 进 7
24. 仕六进五　炮 8 平 5
25. 相七进五　炮 5 平 9
26. 炮六进一　马 7 退 5
27. 炮六平七　马 5 退 7
28. 炮九退一　马 7 退 6
29. 马二进四　炮 4 平 6
30. 炮七进一　象 5 进 7
31. 马四进六　卒 5 进 1
32. 炮七退五　象 7 退 5
33. 马六进七

第 37 局　四川蒋全胜(红先胜)湖北柳大华

(1982 年 12 月 11 日弈于成都)

五八炮对屏风马

1982 年全国象棋个人联赛

1. 炮二平五　马 8 进 7　　2. 马二进三　车 9 平 8

3. 车一平二　卒 3 进 1　　4. 兵三进一　马 2 进 3

5. 炮八进四　象 3 进 5　　6. 炮八平三　车 1 平 2

7. 马八进九　炮 2 进 5　　8. 车九进一　…………

进车软着。应改走车九平八较好。

8. …………　车 2 进 5

进车好棋。黑方由此反先。

9. 兵三进一　炮 2 平 7　　10. 炮三退四　车 2 平 7

11. 兵三进一　炮 8 平 9　　12. 车二进九　马 7 退 8

13. 车九平三(图)　车 7 进 1

故弄玄虚。应改走车 7 退 3 吃兵，炮三进二，炮 9 进 4，黑方多卒占优。

黑方 柳大华

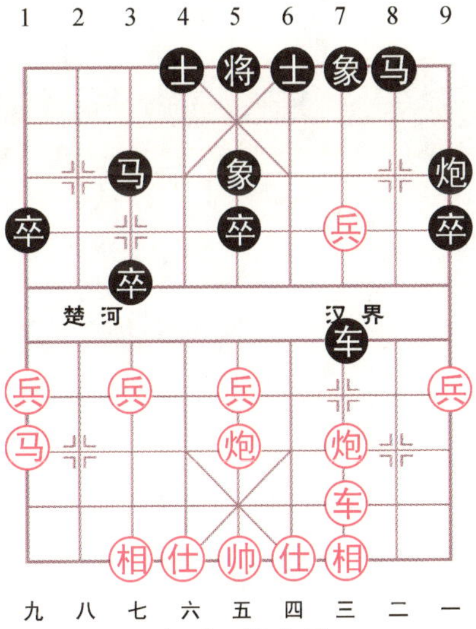

红方 蒋全胜

14. 兵五进一　士 4 进 5

15. 相三进一　车 7 退 3

16. 炮三进二　车 7 平 8

17. 车三进二　卒 9 进 1

18. 马九退七　马 3 进 4

19. 兵七进一　马 4 退 6

20. 兵七进一　马 6 进 5

21. 车三平五　马 5 退 3

22. 马七进八　马 3 退 4

23. 炮五进四　卒 9 进 1

24. 炮三退四　卒 9 进 1

25. 相一进三　将 5 平 4

26. 马八进六　卒 9 平 8　　27. 车五平八　炮 9 进 7

28. 帅五进一　…………

挺帅做杀，看似凶狠，实属坏棋。应改炮五退四，双方局势差不多。

28. …………　卒 8 平 7　　29. 相三退一　象 7 进 9

30. 车八平三　车 8 进 5

进车叫将，然后平车均系漏着。应改走马 4 进 3 捉炮，然后再车 8 进 5 叫将，车 8 平 4 捉马，红方很难应付。

31. 帅五退一　车 8 平 4　　32. 炮五平六

第 38 局　湖北柳大华(红先胜)江苏李国勋

(1982 年 12 月 13 日弈于成都)

仙人指路对卒底炮

1982 年全国象棋个人联赛

1982 年全国象棋个人赛在成都进行。在这次比赛中，由于我在对蒋全胜时，在局势优势的情况走了一步漏着，白丢一车而输棋。

1. 兵三进一　炮 8 平 7　　2. 炮八平五　象 7 进 5
3. 马八进七　卒 7 进 1　　4. 马二进一　卒 7 进 1
5. 车九平八　马 8 进 6

仙人指路对卒底炮、红方弃兵抢先的变化此时刚刚兴起，进拐角马可以支持 7 路过河卒，但右车及右翼子力出动较缓，是黑方的问题，后来针对这些问题，黑方不走拐角马，而起 1 路横车。

6. 车八进四　马 6 进 7　　7. 炮五进四　士 6 进 5
8. 相三进五　卒 3 进 1

挺 3 路卒不如走卒 7 平 8，保留黑卒，红方兵一进一，马 2 进 3，炮五平六，卒 8 进 1，马一进二，卒 8 进 1，马二进三，马 3 进 5，黑方可抗衡。

9. 相五进三　马 2 进 3　　10. 炮五退二　马 3 进 5

进马不好。改走车 1 平 2 较好。以下红方如炮二平三，则炮 7 进 3，然后马 7 进 6 邀兑，黑方反占先手。

11. 相七进五　车 1 进 1　　12. 车八进二　马 7 进 6
13. 炮二进六　车 1 退 1

软着。应改走士 5 退 6，炮二退四，士 6 进 5，虽落后手，尚无大碍。

14. 车一平二　炮 2 平 3　　15. 炮五平九　炮 3 平 1
16. 兵五进一　炮 1 进 3　　17. 兵九进一　炮 7 进 1

进炮打车，不如改走马 5 进 7 较好。

18. 车八退二　马 6 进 7　　19. 车二进六　马 5 进 6
20. 马一退二　车 9 平 8　　21. 车八进二　马 7 进 8

22. 车二退六　车 1 进 2　　23. 车八平四　车 8 平 6(图)

24. 炮二平四　…………

平炮避兑，妙！由此红方必得一子，胜局已定。

黑方 李国勋

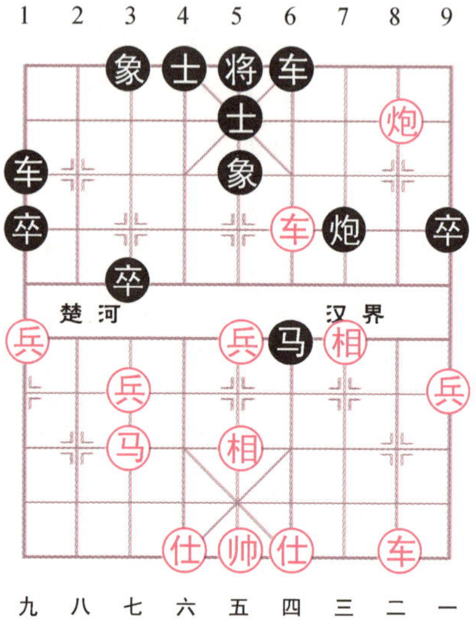

红方 柳大华

24. …………　马 6 进 7

25. 车二进二　炮 7 退 2

26. 相三退一　士 5 进 6

27. 炮四平七　车 1 平 3

28. 炮七平九　车 3 平 1

29. 炮九平七　车 1 平 3

30. 炮七平九　车 3 退 1

31. 炮九平三　车 3 平 7

32. 相五进三　马 7 进 6

33. 车四退六　车 7 平 4

34. 车四进三　车 4 进 4

35. 车二平五　车 4 平 1

36. 兵五进一　卒 3 进 1　　37. 兵七进一　车 1 平 3

38. 马七退五　士 6 退 5　　39. 车四进六　士 5 退 6

40. 马五进三　卒 1 进 1　　41. 兵五进一　车 3 退 1

42. 车五进二　士 4 进 5　　43. 相三退五　车 3 平 6

44. 马三进二　车 6 平 9　　45. 马二退三　车 9 平 6

46. 相一退二　卒 9 进 1　　47. 马三进四　士 5 进 4

48. 车五平六　士 6 进 5　　49. 仕六进五　车 6 平 5

50. 兵五平六　车 5 进 2　　51. 车六退一　车 5 退 1

52. 马四进三

黑方如卒 9 进 1，则马三进一，黑方卒必失，认负。

第39局　湖北柳大华(红先和)广东杨官璘

(1982年12月16日弈于成都)

中炮过河车对屏风马平炮兑车

1982年全国象棋个人联赛

这盘棋被评为1982年全国象棋个人联赛最佳对局，记得当时奖励了一条蜀绣被面。

1. 炮八平五　马2进3　　2. 马八进七　车1平2
3. 车九平八　马8进7　　4. 兵三进一　卒3进1
5. 车八进六　炮2平1　　6. 车八平七　炮1退1
7. 马二进三　士6进5　　8. 炮二平一　炮1平3
9. 车七平六　马3进2　　10. 车一平二　车9平8

11. 马七退五　…………

以上形成五九炮过河车对屏风马的阵式，退马是这次比赛弈出的新变化。此时车二进六是常见变化。

11. …………　卒3进1　　12. 车六退一　炮3进5
13. 车二进六　马2进4　　14. 炮五平七　车2进2

进车白丢过河卒，损失不小，应炮3平2。若车六平八，卒3平2，黑方不吃亏。

15. 炮七进二　车2平4　　16. 马三进四　炮8平9

17. 车二平三　…………

平车压马看似凶狠，实则丧失了扩大先手的机会，应车二进三，马7退8，炮一进四，马8进7，炮一退二，车4进2，马五进六，马4进6，马五进四，炮3平6，炮一平二，炮6平1，兵一进一，虽然子力相等，红方棋子占位极好，前景乐观。

17. …………　车8进7(图)

进车弃马，含蓄有力，如车八进六，马5进7，马四进三，炮7退2，炮三进三，是目前的最好应着。

18. 兵三进一　…………

正着。如改走车六进二，炮9平4，车三进一，象7进5，车三进一，炮3平2，以下黑方有车 8 平 4 的凶着，红方难以应付。

18. ………… 炮 3 平 2

19. 兵三平四 …………

同样平兵，应改走兵三平二较优。

19. ………… 炮 2 进 3

20. 马五进三 马 4 退 6

21. 仕四进五 车 8 退 4

22. 车六平七 象 3 进 1

23. 车三平二 象 1 进 3

24. 车二退三 …………

应车二进一较好。

24. ………… 炮 2 退 3

25. 兵五进一 炮 2 退 1

26. 相三进五 炮 2 平 5

27. 炮一退一 炮 9 退 1

黑方 杨官璘

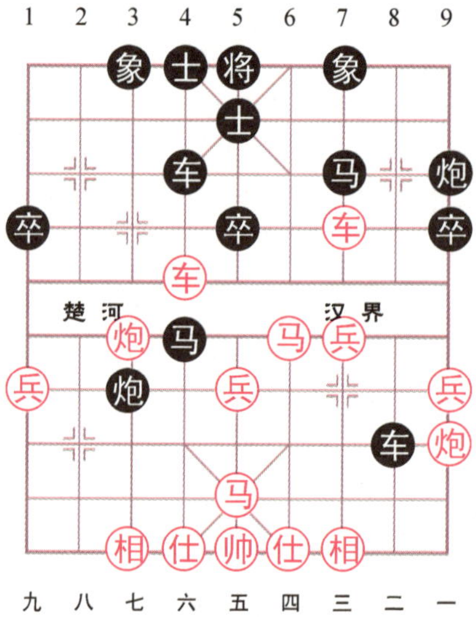

红方 柳大华

28. 炮一平三 炮 9 平 7

29. 炮七退二 车 4 平 6

30. 炮七平八 象 3 退 1

31. 车二平七 车 6 平 2

32. 炮八平七 车 2 平 6

33. 炮七平八 车 6 平 2

34. 炮八平九 车 2 平 6

35. 炮九进四 马 6 进 8

36. 炮九平八 象 7 进 5

软着。应改走象 1 退 3，红方将无隙可乘。

37. 炮三平四 马 8 进 6

38. 炮八退三 马 6 进 7

39. 帅五平四 马 7 进 6

40. 车七平五 卒 5 进 1

41. 炮八退二 车 6 进 1

42. 车五平三 炮 7 平 6

43. 炮四进一 马 7 进 9

44. 车三平二 炮 6 退 1

45. 炮八进四 马 9 退 7

46. 车二进二 象 1 进 3

47. 炮八平五 炮 5 平 2

48. 兵九进一 炮 2 进 1

49. 炮四进一 炮 2 进 1

50. 仕五进六 …………

应改走相五退三，红方可望获胜。

50. ………… 炮 2 进 2

51. 帅四进一 炮 2 平 4

52. 兵九进一 炮 4 平 7

53. 帅四平五 炮 7 退 2

54.炮四进二　炮6进4　　55.马四退三　车6平2
56.帅五平四　炮6退4　　57.车二退四　车2平5
58.炮五平六　士5进6　　59.帅四平五　车5平2
60.兵九平八　车2平1　　61.兵八平九

第40局　江苏言穆江(红先负)湖北柳大华

(1982年12月17日弈于成都)

中炮对三步虎

1982年全国象棋个人联赛

1. 炮二平五　马8进7
2. 马二进三　车9平8
3. 兵七进一　炮8平9
4. 马八进七　炮2平5
5. 车九平八　马2进3
6. 车一进一　车1平2
7. 炮八进四　卒7进1

进卒势所必然。否则红方挺起三兵,黑方将陷入被动。

8.车一平八　…………

看似凶狠,实不如车一平四较好。

8.…………　炮5退1
9.仕六进五　象7进5
10.炮五平六　马7进6
11.相七进五　炮9平7
12.车八进四　马6进7
13.马七进六　卒3进1
14.马六进七　卒3进1

进卒,给红方以进攻机会,软着。应改走车2进2较好。

15.炮八进二　车2平1
16.炮八平六　车1进1
17.车八平六　炮5平6
18.车八平七　车8进5
19.相五进七　炮6进1
20.相七退五　士6进5
21.炮六平七　车8退1
22.车七平八　象5进3
23.炮六平八　象3进5
24.炮八进一　马3退2
25.车八进九　车1平3
26.马七退九　车3平1
27.马九退八　象3退1(图)

28.马八退六　…………

坏棋。从此落入被动。应走车八退三,红方势不弱。

28.…………　炮7进1
29.车八退五　炮6平7
30.马六进七　象1进3
31.车八进五　后炮退2

黑方 柳大华

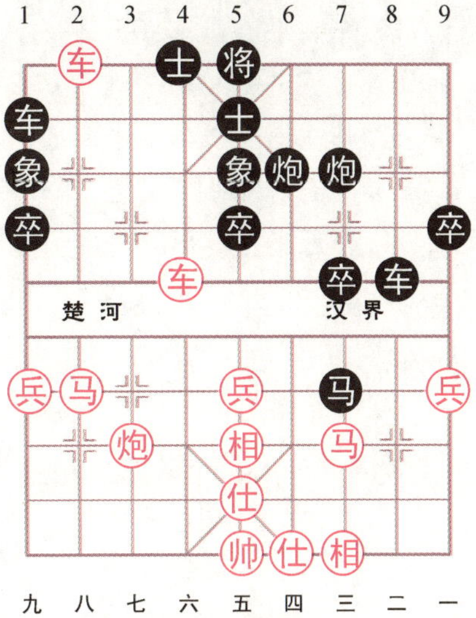

红方 言穆江

32. 帅五平六　车 8 进 4
33. 炮七平八　车 8 平 6
34. 炮八退一　车 6 退 4
35. 车六退一　卒 1 进 1
36. 炮八进四　车 6 进 4
37. 炮八退四　车 6 退 4
38. 炮八进四　车 6 退 2
39. 炮八进二　车 6 进 6
40. 炮八退六　车 6 退 4
41. 炮八进四　车 6 退 2
42. 马七退六　车 1 进 2
43. 车八退二　前炮退 1
44. 车八进一　前炮退 1
45. 车八进一　象 3 退 1
46. 马六进七　象 1 进 3
47. 马七退六　象 3 退 1
48. 马六进七　象 1 进 3
49. 马七退六　车 6 进 6
50. 炮八退四　车 6 退 5
51. 炮八进四　车 1 平 3
52. 马六进七　象 3 退 1
53. 车六进一　车 6 进 5
54. 车八退三　车 3 退 1
55. 炮八退四　车 6 退 4
56. 车六退一　马 7 进 5
57. 相三进五　炮 7 进 6
58. 炮八进二　象 1 退 3
59. 炮八平七　车 3 平 4
60. 车六进三　士 5 进 4
61. 车八平五　车 6 平 4
62. 仕五进六　车 4 进 3
63. 帅六平五　车 4 平 5
64. 仕四进五　士 4 进 5
65. 马七进八　后炮进 1
66. 炮七进一　车 5 平 2
67. 车五平一　车 2 进 2
68. 仕五退六　车 2 退 5

退车河头，正着。如改走车 2 退 3，帅五平四，黑方反而麻烦。

69. 车一进三　炮 7 退 1
70. 马八进七　将 5 平 6
71. 车一退五　炮 7 退 2
72. 车一进二　后炮进 3
73. 车一进三　炮 7 退 3
74. 车一退三　炮 7 进 3
75. 兵五进一　车 2 平 6
76. 炮七平三　炮 7 进 2

77.仕六进五　炮 7 进 4
78.帅五平六　士 5 进 6
79.车一平五　车 6 平 3
80.马七退八　士 4 退 5
81.兵五进一　车 3 进 5
82.帅六进一　车 3 退 1
83.帅六退一　车 3 平 5
84.马八退七　卒 7 进 1
85.马七进九　卒 7 进 1
86.马九进七　卒 7 进 1
87.车五平六　车 5 平 3

第 41 局　甘肃钱洪发(红先负)湖北柳大华

(1983 年 6 月 14 日弈于哈尔滨)

中炮过河车对屏风马平炮兑车

1983 年全国象棋团体赛

1. 炮二平五　马 8 进 7　　2. 马二进三　卒 7 进 1
3. 车一平二　车 9 平 8　　4. 车二进六　马 2 进 3
5. 兵七进一　…………

此时如走马八进七,卒 3 进 1,车九进一,炮 2 进 1,车二退二,象 3 进 5,车九平六将形成直横车的流行走法。

5. …………　炮 8 平 9　　6. 车二平三　炮 9 退 1
7. 马八进七　士 4 进 5　　8. 马七进六　…………

进马河头配合过河车展开攻势,这是钱洪发喜用的一种战术。此时的另一种选择是炮八平九。

8. …………　炮 9 平 7　　9. 车三平四　象 7 进 5

飞左象是较为新颖的走法,1982 年全国象棋个人赛时,胡荣华曾以此变化迎战吕钦,取得了较好的布局效果。飞左象的优点是右边防守较为巩固,但右车的出路略显不畅。

10. 炮五平六　…………

卸炮是稳健走法。除此以外,亦可考虑走马六进七或车九进一。

10. …………　炮 2 进 4　　11. 相三进五　炮 2 平 7
12. 车九平八　车 1 平 2

黑方出右车看似欠考虑,实则是步正着。此时红方若车四进二捉炮,待炮 7 退 1 后,红方炮八进六,接着炮 7 平 8,马六进七,以后马七进九,红方占优。但为何不敢走车四进二呢,因黑方不退炮有车 2 进 3 的巧着。以下变化车四平三,马 7 进 6,车三平四,马 6 进 4,车四退四,马 4 进 3,车八退一,炮 7 平 1,车八平七,马 3 退 4。

13. 炮八进五　…………

黑方平车欠细，应改走卒 7 进 1，待红方炮八进五后再走车 1 平 2。红方未察觉黑方这一微小的错误，随手进炮让黑方构成了较为理想的阵形。红方此时应改走车四进二，后炮平 8，炮八进六，炮 8 进 2，炮六平七，红方占优。

13. ………… 卒 7 进 1　　14. 车四进二　后炮平 8

15. 马六进七　炮 8 进 6　　16. 炮八进一　炮 7 平 1

红方进炮压车，似凶实软。应改走兵九进一，炮 8 平 9，炮八进一，炮 9 进 2，帅五进一，车 2 平 1，车八进七，双方形成对攻，鹿死谁手，尚难预料。

17. 炮六进六　车 8 进 4　　18. 相五进三　…………

飞相去卒，无可奈何。如改走马七进五，车 8 平 4，马五进七，将 5 平 4，兵七进一，车 4 退 3，炮八平六，车 2 进 9，炮六退四，车 2 退 4，炮六退一，车 2 进 1，炮六退一，车 2 退 5，红方失子。

18. ………… 车 8 平 4　　19. 炮六平七　车 4 进 3

20. 相三退五　车 4 进 1　　21. 马三进四　…………

应该马三进二，可防红方重炮杀棋。

21. ………… 炮 8 进 2

22. 仕四进五　…………

应该相五退三，虽居下风，还可坚持。

22. ………… 炮 1 平 9

23. 帅五平四(图)　车 4 平 5

黑方 柳大华

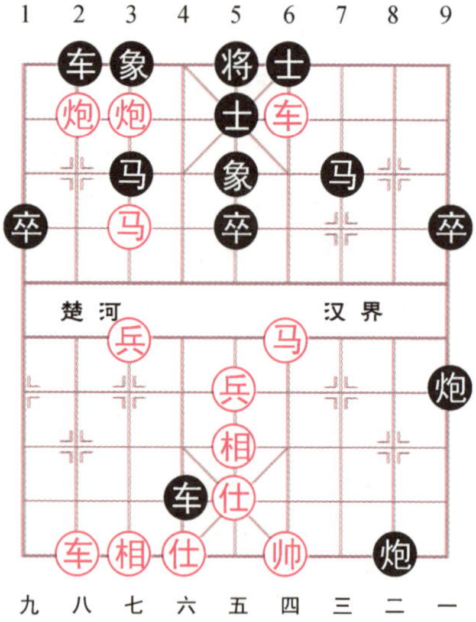

红方 钱洪发

黑方从第 19 回合开始发动攻势，步步紧逼，攻势颇为强盛。红方补仕造成速败，应走相五退三，虽然被动，尚可支撑。如图形势黑方平车杀中仕，精妙之着。以下红方局势土崩瓦解，败局已定。

24. 仕六进五　炮 9 进 3

25. 帅四进一　炮 8 平 2

26. 炮八退四　炮 2 退 1

27. 仕五进六　车 2 进 4

28. 马四进三　炮 2 平 3

29. 帅四退一　卒 1 进 1　　30. 车四退七　炮 3 退 5

31. 炮七退二　车 2 进 1　　32. 车四平一　炮 9 平 7

弃炮换取双相，胜来干净利索。如改走炮9平8，车一平二，炮8平9，车二进六，黑方获胜要多费周折。

33. 相五退三　车2平3　　34. 炮七平八　车3进4
35. 帅四进一　车3平7　　36. 车一进三　车7退5
37. 炮八平七　卒5进1　　38. 马三进一　马7进8

第 42 局　上海朱永康（红先和）湖北柳大华

（1983 年 7 月 21 日弈于武汉）

中炮巡河炮对屏风马

第二届“三楚杯”中国象棋名手邀请赛

20 世纪 80 年代初期，武汉《长江日报》社举办了“三楚杯”邀请赛，“三楚杯”赛邀请的是全国冠亚军获得者参加比赛。

1. 炮二平五　马 8 进 7　　2. 马二进三　卒 7 进 1

3. 兵七进一　车 9 平 8　　4. 马八进七　炮 8 平 9

平炮亮车，准备随时进骑河车骚扰红方。此种布局灵活多变，可根据情况演成屏风马或列手炮等阵势。

5. 炮八进二　…………

升炮巡河，稳步进取。如改走车一进一，车 8 进 5，相七进九，炮 2 平 5，演成列手炮的阵势，其变化较为复杂。

5. …………　象 3 进 5　　6. 马七进六　马 2 进 3

7. 炮五平六　士 4 进 5

鉴于黑方中防巩固，红方卸仕角炮调整阵形，着法灵活。

8. 相七进五　卒 1 进 1

进边卒作用不大。应改走车 8 进 3，车一进一，卒 5 进 1，车九进一，炮 9 平 8，黑方阵形严整，红方无隙可乘。

9. 车一进一　车 1 进 3　　10. 车九进一　卒 5 进 1

至此，双方虽未损一兵一卒，但红方马雄踞河头，较为占优。黑方进中卒，非但于防务无补，反而为红方提供了进攻点。黑方此时应改走卒 9 进 1，车一平四，车 8 进 3 坚守为好。

11. 炮六平七　卒 3 进 1　　12. 兵七进一　马 3 进 5

如改走象 5 进 3，马六进七，黑方中卒必失，红方占优。

13. 马六进五　马 7 进 5

应走车 1 平 5。

14. 兵七平六　卒 5 进 1　　15. 兵五进一　马 5 进 4

16. 马三进五　车 8 进 6　　17. 炮七进一　马 4 进 2

18. 车九平六　…………

应车九进一,车 8 进 1,马五进七,车 8 平 7,车七退一,车 7 退 1,炮七平五,红方优。车 7 平 6 后,黑方可以从边路进攻。

18. …………　卒 1 进 1　　19. 兵九进一　车 1 进 2

20. 炮八平七　…………

由于本次比赛积分所迫,黑方弃卒出马,铤而走险。黑方第 13 回合走车 1 平 5 吃马较稳妥。红方平七路炮,错失良机。应改走炮八平六,炮 2 平 4,马五进七,车 8 平 7,炮六平九,炮 4 进 6,炮七平五,炮 4 退 3,炮九退一,马 2 进 4,马七退六,车 7 平 5,马六进七,车 5 退 1,车一平八,红方大占优势。

20. …………　炮 9 平 7

21. 前炮平六　炮 7 进 4(图)

22. 马五退七　…………

黑方 柳大华

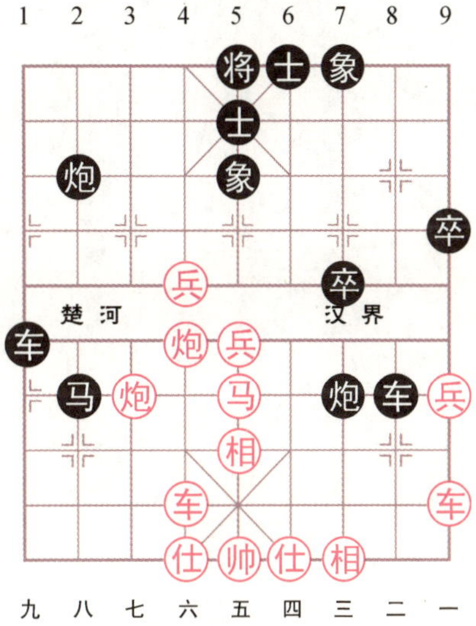

红方 朱永康

黑方进炮打兵,算度深远,形成如图形势,红方退马正着。如马五进七打双车,则黑方炮 7 平 5,仕四进五,车 1 平 3,炮七平二,马 2 进 3,帅五平四,炮 2 进 7,帅四进一,炮 2 退 1,车六进一,车 3 退 2,炮二平四,车 3 平 6,炮四进一,马 3 退 2,车六退一,马 2 退 4,车六平八,车 6 进 2,仕五进四,马 4 进 5,黑方大优。

22. …………　炮 7 进 1　　23. 炮六退一　炮 7 平 3

24. 炮七平二　炮 3 进 2　　25. 帅五进一　炮 3 退 1

26. 帅五退一　炮 3 平 9　　27. 炮二平八　车 1 平 4

28. 车六平一　…………

第 23 回合弃车抢攻,异常精妙。第 25 回合进帅是必然之着。如改走仕六进五,马 2 进 3,炮六平八,马 3 退 2,黑方四子归边,红方将难以应付。红方此时如不平车吃炮,改走兵五进一,炮 2 平 4,车六平一,车 4 进 1,车一平八,炮 4 平 2,也是和局。

28. …………　车 4 进 1　　29. 炮八进三　车 4 退 2

30. 车一平七　车 4 退 1　　31. 炮八退一　车 4 进 3
32. 车七进五　车 4 平 9　　33. 兵五进一　车 9 平 2
34. 炮八进一　卒 9 进 1　　35. 兵五平四　卒 9 进 1
36. 兵四平三　象 5 进 7　　37. 仕四进五　象 7 退 5
38. 炮八平九

两难进取，同意和棋。

第 43 局　湖北柳大华(红先和)广东吕　钦

(1983 年 8 月 13 日弈于兰州)

中炮进七兵对屏风马进 7 卒

“敦煌杯”中国象棋大师邀请赛

1. 炮八平五　马 2 进 3　　2. 马八进七　车 1 平 2
3. 兵七进一　卒 7 进 1　　4. 车九平八　马 8 进 7
5. 马二进一　象 3 进 5

以上形成中炮进七兵对屏风马进 7 卒的阵势(因红方炮八平五,所以实质上是中炮进三兵对屏风马进 3 卒的阵势)。此时黑方补右象是吕钦喜用的一种变例,另一常见走法是卒 9 进 1。

6. 车一进一　车 9 进 1

在 1982 年举行的“北方杯”中国象棋团体赛中,吕钦曾以炮 2 进 4 的走法迎战陈孝堃,结果不利,当时的实战着法是车一平四,炮 2 平 3,车八进九,马 3 退 2,相七进九,马 2 进 3,兵五进一,炮 3 平 9,车四进五,炮 8 进 3,车四平三,车 9 进 2,炮五进一兑子后,红方子力活跃,大占优势。现在吕钦把进炮改为起横车,显然是对这一局面又有了新的认识。

7. 车一平四　炮 2 进 4　　8. 炮二进四　车 9 平 4

黑方第 7 回合进炮封车,势在必行。否则红方车八进六后,黑方将很被动。黑方现在平车占肋,不如改走车 9 平 2 较有反弹力。

9. 炮二平三　炮 8 平 9

黑方平炮先避一手,正着。如改走炮 8 进 5,马七退九,炮 2 进 1,兵五进一红方先手。

10. 兵一进一　炮 2 平 3　　11. 车八进九　马 3 退 2
12. 仕六进五　马 2 进 3　　13. 相七进九　炮 9 进 3

弈至此时,红方子力活跃,且 3 路炮窥视黑方底象,牵制了黑方车的行动,黑方颇为难走。现进炮打兵,不甘苦守,准备弃象与红方搏斗。黑方如此时改走车 4 平 8,红方可兵五进一,车 8 进 2,炮三进三,象 5 退 7,车四进二红方先弃后取,多相占优。

14.炮三进三　象 5 退 7

弃炮打象，容易使局势趋于简化。应改走兵五进一保持复杂，黑方难以兼顾 3 路炮和底象，红方取胜机会较多。

15.车四进六　马 7 进 8(图)

16.车四平七　…………

如图形势，红方平车吃马，错失扩先机会。应改走车四平二较占优势。

黑方 吕　钦

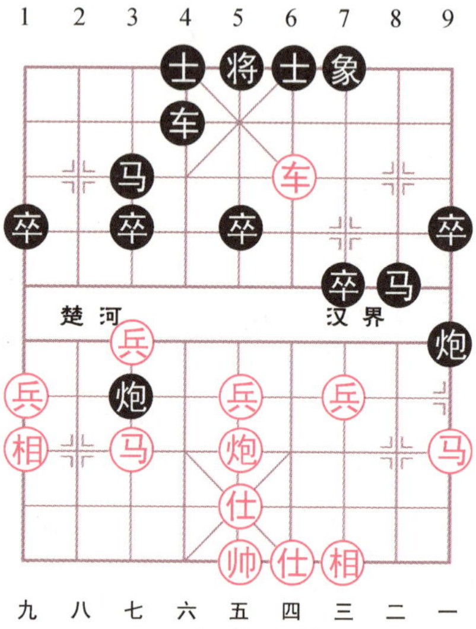

红方 柳大华

16.…………　卒 7 进 1

17.炮五进四　车 4 进 2

18.车七平五　士 4 进 5

19.车五平二　车 4 平 5

20.车二退二　卒 7 进 1

21.马一进二　卒 7 平 6

22.车二平六　炮 9 退 1

23.兵五进一　车 5 进 2

24.马二退四　车 5 平 7

25.车六平三　车 7 退 1

26.马四进三　卒 3 进 1

黑方第 16 回合弃卒活马，好棋。红方第 17 回合如不炮击中卒，改走兵三进一，黑方马 8 进 6，结果黑方少象，但子力活跃，红方无便宜。通过以上兑子，已呈和势。以下续弈几个回合，聊尽人事而已。

27.马七进五　炮 3 平 4　　　28.马三进一　卒 3 进 1

29.相九进七

附参考局(一则)

浙江陈孝堃(红先胜)广东吕　钦

(1982 年 10 月 1 日弈于哈尔滨)

中炮进三兵对屏风马

“北方杯”中国象棋团体赛

炮二平五	马 2 进 3	马二进三	马 8 进 7	车一平二	车 9 平 8
兵三进一	卒 3 进 1	马八进九	象 7 进 5	车九进一	炮 8 进 4
车九平六	炮 8 平 7	车二进九	马 7 退 8	相三进一	马 8 进 7
兵五进一	炮 7 平 1	车六进五	炮 2 进 3	车六平七	车 1 进 2
炮五进一	炮 1 平 5	马九进八	炮 5 平 6	马八进六	马 3 退 5
马三进四	车 1 平 2	炮八平五	车 2 平 4	兵五进一	卒 5 进 1
炮五平六	车 4 平 2	马四进三	车 2 进 3	马三进一	车 2 平 6
马一进三	车 6 退 4	车七进二	炮 6 平 4	马六进五	炮 4 平 5
马五退六	车 6 平 7	车七平六	马 5 进 6	车六进一	将 5 进 1
马六退五	卒 5 进 1	车六退三	车 7 平 6	马五退三	将 5 退 1
炮六平五	马 6 退 5	仕六进五	马 7 进 6	车六退一	象 3 进 5
马三进四	车 6 进 2	车六平五	卒 5 平 6	兵三进一	车 6 平 4
兵三平四	将 5 平 4	车五进二	车 4 进 3	兵四进一	马 5 退 7
车五平三	马 7 进 9	车三平七	车 4 平 3	车七平六	将 4 平 5
帅五平六	车 3 进 3	帅六进一	车 3 退 2	兵四进一	

第44局　湖北柳大华(红先胜)河北李来群

(1983年8月24日弈于兰州)

顺炮横车对直车

"敦煌杯"中国象棋大师邀请赛

1.炮八平五　炮2平5　　2.车九进一　马2进3
3.车九平四　车1平2　　4.马八进七　车2进4
5.马二进三　士4进5　　6.车四进七　马8进7

以往此时多走马8进9,其变化较为平稳。由于棋赛已接近尾声,黑方可能出于积分低的缘故,所以上正马寻求复杂变化。

7.炮二进二　…………

进炮巡河,可随时平炮攻击黑方马,有力之着。如改走车四平三,平三捉马,黑方炮8进2,红方无便宜。

7.…………　炮5平4

8.炮二平三　…………

平炮攻马不如冲中兵较为有力。

8.…………　象3进5　　9.车一平二　炮8进2
10.兵七进一　车9平8　　11.车二进四　卒7进1
12.炮三进三　…………

兑马正着。如改走炮三平五,马7进6,红方四路车位不好,黑方反占优。

12.…………　炮4平7　　13.马三退五　…………

退马预防黑方冲卒的凶着。此时亦可考虑走马七进六,卒7进1,兵三进一,炮7进5,车四退三,车2平6,马六进四,红方虽失一子,但有先手。

13.…………　卒7进1　　14.兵三进一　炮7平8
15.车二平一　后炮平6　　16.车一平二　炮6平8
17.车二平一　后炮平6　　18.车一平二　炮6平8
19.车二平一　卒9进1　　20.车一进一　后炮平6
21.马七进六　车2平4(图)

22. 炮五平三　…………

如图形势，红方平炮瞄象是解围的唯一妙手。如改走马五进七，炮 6 平 7 攻相，红方很难应付。

黑方 李来群

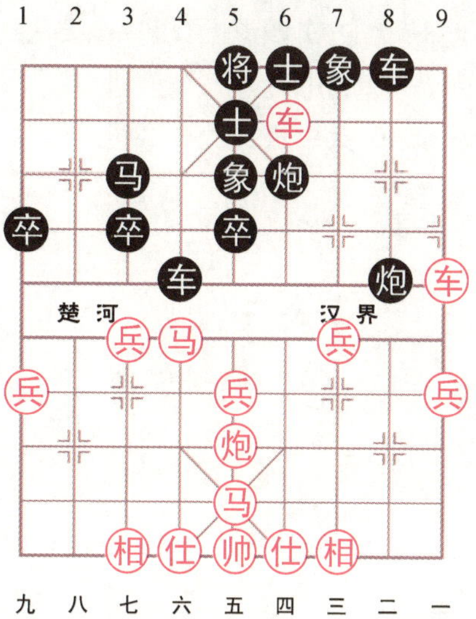

红方 柳大华

22. …………　象 7 进 9

飞象先避一手，针锋相对之着。如改走车 4 进 1，车一平二，将 5 平 4，马五进七，红方多兵占优。

23. 马五进七　炮 8 平 5

24. 相三进五　…………

由于当时黑方用时非常紧张，故飞相保持复杂变化。如改走炮三平五，易成和局。

24. …………　车 8 进 7

25. 炮三退二　卒 3 进 1

26. 马六退四　车 8 退 4　　27. 马四进五　卒 3 进 1

28. 兵三进一　…………

冲兵过河，头脑发热，一味追求攻杀，导致黑方反攻。应相五进七，卒 5 进 1，仕六进五，红方多二兵占优。

28. …………　卒 5 进 1　　29. 兵三平四　卒 3 进 1

30. 马七退八　车 4 进 4

进车企图捉死红方马，软着。应改走马 3 进 5，车一进二，将 5 平 4，仕六进五，车 8 平 7，双方对攻，鹿死谁手，尚难预料。

31. 车一进二　车 4 平 7

在对杀的关键时刻，黑方平车捉炮使己方攻势毁于一旦，应象 5 进 7，兵四平三，卒 5 进 1，兵五进一，将 5 平 4，仕四进五，马 3 进 5，车四平三，马 5 进 6，黑方大优。

32. 仕六进五　马 3 进 4

急于进马造成后防空虚的局面。应改走车 8 平 2，马八进九，卒 3 进 1，局势仍属均势。

33. 车一退三　马 4 进 5　　34. 兵四平五　车 8 平 3

35. 车一平五　马 5 进 3　　36. 兵五进一　象 5 退 3

37. 马八进七　炮 6 平 2

红方先冲兵，再兑马，次序严整。黑方此时平炮实属无可奈何，如改走卒 3 进 1 吃马，红方车四退一，黑方也要失子。以下红方多子多兵，胜局已定。

38. 马七退六　卒 3 进 1　　39. 兵五平六　车 3 进 3

40. 兵六进一　卒 3 进 1　　41. 兵六进一

第 45 局　湖北柳大华(红先胜)黑龙江王嘉良

(1983 年 11 月 23 日弈于昆明)

飞相局对边马

1983 年全国象棋个人赛

1983 年全国象棋个人赛，我以七胜三和三负的成绩获得了第四名。赛后总结，我对第 8 轮战胜王嘉良这局棋最为满意。这盘棋我针对王擅长攻杀的特点，以飞相开局，通过运马控制了全局。

1. 相七进五　马 2 进 1　　2. 马八进七　炮 2 平 3
3. 车九平八　车 1 平 2　　4. 兵三进一　车 2 进 4
5. 炮八平九　车 2 平 6　　6. 马二进三　马 8 进 7
7. 车八进四　卒 7 进 1

象棋开局发展至今，计划性特别强。子力如何部署。控制、争夺什么要点都要有明确的计划和针对性。布局至此，黑方关键是要控制住红方三路马，那么就可以保持均势局面。挺卒兑兵使得红方马顺利雄踞河头，是黑方一个失误。应走卒 1 进 1。

8. 兵三进一　车 6 平 7　　9. 马三进四　卒 1 进 1
10. 车一进一　象 7 进 5　　11. 车一平六　…………

迅速平车六路，准备车六进四兑掉黑方活车，更好地发挥河头马的作用。若走马四退二，车 7 平 2，车八进一，马 1 进 2，炮二进五，车 9 平 8，兵七进一，车 8 进 2，马二进四，黑方局势满意。

11. …………　士 6 进 5　　12. 车六进四　炮 8 进 3

此时黑方巡河车势必被兑，尽快开出九路车乃当务之急。黑方进炮打车兑子，华而不实。应走车 9 平 6，车六平三，象 5 进 7，炮二平四，炮 8 进 3，马四进六，车 6 进 7，车八平二，炮 3 平 4，炮九进三，象 7 退 5，这样虽仍属红方优，对黑方来说要比炮 8 进 3 好得多。

13. 车六平三　炮 8 平 2　　14. 车三平九　炮 2 退 1
15. 车九退一　…………

把车退到通畅的巡河线，使车的威力得到充分的发挥。如急于走马四进六，车

9 平 8，炮二平三，炮 3 平 4，红方无所获。

15. ………… 车 9 平 8　　16. 炮二平四 炮 2 平 6

17. 马四进六 炮 3 平 4　　18. 车九平三 马 1 退 3

如走马 1 进 2，兵七进一，卒 5 进 1，马六进八，炮 6 退 3，车三进二，红方优势明显。

19. 马六进四 车 8 进 1　　20. 兵七进一 炮 6 平 4

21. 炮九退一 前炮退 1　　22. 车三平二 车 8 平 9

23. 马四退三 …………

自车吃边卒后，红方经过一段极其巧妙的运子，抢占了战略要点，还将黑方车赶回了边隅，扩大了优势。

23. ………… 象 5 进 7　　24. 炮九平三 象 3 进 5

25. 车二退一 车 9 退 1　　26. 兵五进一 车 9 平 6

27. 仕六进五 车 6 平 8　　28. 车二平八 车 8 进 8

29. 炮三进一 车 8 平 7

为了挽救 3 路马，黑方明知平车捉炮，车要低头，但不得不为之。否则丢马或者丢象，那样损失更大。如走炮 4 进 5，炮四进四黑方仍很难走。

30. 炮三平二 象 5 退 3　　31. 炮二进六 马 3 进 5

32. 车八平二 后炮平 3　　33. 兵五进一 卒 5 进 1

34. 马三进五 象 7 退 9

35. 炮二平三 …………

经过一番调兵遣将，红方完成了进攻前的准备工作。现见时机成熟，平炮打车，发动攻击。

35. ………… 马 7 进 8

36. 炮三退四 马 8 退 6

37. 车二进六 士 5 退 6(图)

38. 炮四进七 …………

黑方 王嘉良

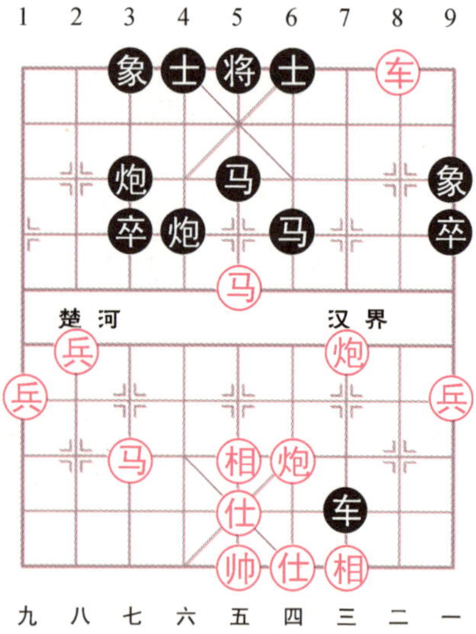

红方 柳大华

如图形势，红方进炮打士是致命的一击。这也是平炮打车时预见到的。以后被摧毁的黑方防线已无力抵挡红方强大的攻势。

38. ………… 炮 4 平 5

39. 炮四平六 将 5 进 1

40. 车二退一　马5退7　　41. 炮六平三　车7平6
42. 前炮平四　车6平7　　43. 炮四平三　车7平6
44. 前炮平四　车6平7　　45. 炮四退二　炮3退1
46. 炮四平八　炮3平2　　47. 马七进六　将5进1
48. 马六进七　将5平6　　49. 马七进八　马6进7
50. 马八退六　象3进5　　51. 车二退一　将6退1
52. 车二平五

第 46 局　湖北柳大华(红先胜)安徽邹立武

(1983 年 11 月 24 日弈于昆明)

半途列炮

1983 年全国象棋个人赛

1. 炮八平五　马 2 进 3　　2. 马八进七　车 1 平 2

3. 兵七进一　炮 2 平 1　　4. 马二进三　炮 8 平 5

后补列炮具有反弹力强的特点，很多棋手都乐于采用这种布局。除此之外，此时亦可改走马 8 进 7 或卒 7 进 1，将另有复杂变化。

5. 车一平二　马 8 进 7　　6. 马七进六　…………

跃马盘河，窥视黑方 3 路卒是不落俗套的走法。目前流行的变化是：兵三进一，车 9 进 1，炮二平一，车 9 平 6，车二进六，车 6 进 5，马三进二，车 6 平 8 成为优劣难分的局面。

6. …………　车 9 进 1　　7. 炮二平一　车 9 平 6

8. 车二进四　车 6 进 7　　9. 仕六进五　车 2 进 8

黑方双车进驻上二路，来势汹汹。但由于其他子力接应不上，易为红方所算。因此第 7 回合改走卒 7 进 1 为好。

10. 炮五平七　卒 5 进 1　　11. 相七进五　马 3 进 5

黑方进马准备从中路展开攻势。如急冲中卒，马六进七，马 3 进 5，兵五进一，马 5 进 6，马七进五，象 3 进 5，兵三进一，马 7 进 5，车二退一，红方阵形稳固，多兵占优。

12. 马六进七　卒 5 进 1　　13. 马七进五　象 3 进 5

14. 车二平五　象 5 进 7

红方马换掉黑方中炮后，取得了多二兵的局面。由于黑方子力较活跃，所以对比之下应属红方略优。黑方飞象急于发动攻势，显得有些急躁，带来了严重的后果。应改走卒 7 进 1 逐步活跃子力为好。

15. 炮一进四　车 2 退 5

红方飞炮打卒是化解攻势的好棋。黑方退车保马正确。如改走炮 1 平 5，车五进二，马7进5，炮一平五，士6进5，兵三进一，红方一车换双后，阵形严整，多兵大占优势。

16. 炮七退一　车6退2　　17. 炮一平五　马7进5

18. 兵七进一　车6平7

败着。应走炮1平5，车五平七，马5进6，仍有很多战斗。

19. 兵七平八　车2平3(图)

20. 相五进七　…………

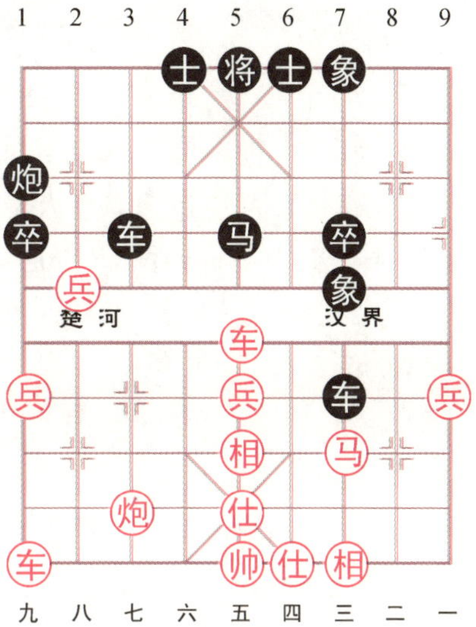

如图形势，红方飞相打车可达强迫兑车的目的，好棋。兑车后，红方多兵占优，胜利在望。

20. …………　车3平4

21. 车九平六　车4进6

22. 仕五退六　车7进1

23. 车五进二　炮1平5

24. 相七退五　象7退9

25. 兵八进一　士4进5

26. 仕六进五　车7退1

27. 炮七进二　车7退2

28. 炮七进六　车7平9

29. 兵八进一　…………

利用黑方吃兵的机会，及时进兵构成杀势，弈来紧凑。以下黑方很难应付。

29. …………　炮5进4　　30. 兵八进一　炮5平4

31. 车五平六　士5进6　　32. 车六进二

第47局　广东杨官璘(红先和)湖北柳大华

(1983年11月28日弈于昆明)

顺炮横车对直车

1983年全国象棋个人赛

这是1983年全国象棋个人赛第12轮的一盘比赛。当时,我积14分与河北黄勇并列第四位;杨官璘积13分居第七位。由于还剩下一轮比赛,所以这盘棋的胜负对于谁能进入前六名,就显得尤其重要了。

1.炮二平五　炮8平5　　2.马二进三　马8进7

3.车一进一　车9平8　　4.车一平六　车8进4

5.马八进七　马2进3

在第4轮比赛中,我曾以士6进5的走法迎战广东蔡福如,并取得了布局的优势,由于考虑到对手会进行针对性的准备,所以采用进正马的变着抗衡。

6.车六进五　炮2进2

升炮巡河,针锋相对之着。如果走象3进1,炮八进二,卒3进1,炮八平五,马3进4,炮五进三,象7进5,车九平八,红方占优。

7.车六平七　…………

有趣的是在同一轮比赛中,赵国荣与林宏敏弈成同一局势。此时,赵走兵七进一,其后的变化是炮2平7,马七进八,卒3进1,兵七进一,炮7进3,炮八平三,车8平3,黑方亦可满意。

7.…………　车1进2　　8.兵七进一　炮2退3

9.马七进六　…………

如改走车七退一,卒7进1,炮八进四,炮2平3,炮八平七,炮3进2,车七进一,炮5平6黑方阵形严整,红方也无便宜。

9.…………　炮2平3　　10.车七平六　马3进2

11.车六进二　马2进4　　12.车六退四　车1平2

13.炮八平六　士6进5　　14.相七进九　车2进4

15.仕六进五　车8平2

兑掉一马后，红方多一兵，黑方车位较好，局势仍属均势。此时黑方平车欠细，应走炮 3 进 1 较好。

16. 车六进四　炮 3 进 1　　17. 车六平七　炮 3 平 4
18. 车七进一　卒 7 进 1　　19. 车九平七　炮 4 进 4
20. 兵七进一　后车进 1　　21. 兵七进一　炮 4 平 7
22. 相三进一　后车平 4　　23. 兵七平六　…………

黑方失象后，积极组织攻势，现对红方已构成一定的威胁。红方送兵，极为明智。如误走车七进五，炮 5 进 4，马三进五，象 7 进 5，红方要失子。

23. …………　车 4 退 2　　24. 前车退四　炮 5 进 4
25. 炮六平七　…………

红方平炮，力图保持复杂局势争取胜利。如果走马三进五，车 2 平 5，前车平三，车 5 进 1，车三退二，车 4 进 4，车三进四将立成和局。

25. …………　象 7 进 5　　26. 车七平三　炮 5 退 2
27. 车三进二　车 4 进 4
28. 车三平五　车 2 平 3(图)
29. 炮五进一　…………

黑方 柳大华

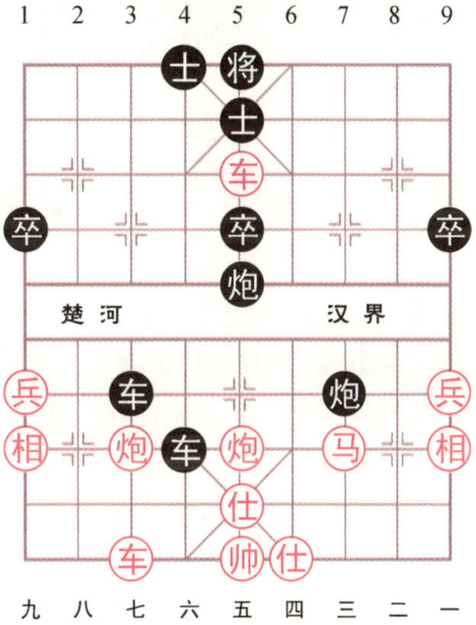

红方 杨官璘

以上几个回合的激战，紧张而又精彩，稍有差错，就将造成败局。如图红方进炮，胆识俱全。同时，也符合红方求胜的意图。如果走炮七平八，车 3 平 2，炮八平七，车 2 平 3，双方不变作和。

29. …………　车 4 平 7
30. 车五退一　车 7 平 9
31. 车五平三　炮 7 平 6

平炮解杀，正着。如贸然走将 5 平 6，车三退三，车 9 平 6，炮七平五，红方得子胜定。

32. 车三退一　炮 5 进 1
33. 车三退一　炮 5 退 1
34. 车三平五　炮 5 进 2　　35. 车五退一　车 3 进 1

由于双方功力悉敌，激战中各无所获。至此，双方均无法取胜，乃握手言和。

附参考局(一则)

黑龙江赵国荣(红先胜)上海林宏敏

(1983年11月28日弈于昆明)

顺炮横车对直车

1983年全国象棋个人赛

炮二平五	炮8平5	车一进一	马8进7	马二进三	车9平8
车一平六	车8进4	马八进七	马2进3	车六进五	炮2进2
兵七进一	炮2平7	马七进八	卒3进1	兵七进一	炮7进3
炮八平三	车8平3	车九进二	车1平2	车九平七	车2进4
炮五退一	卒7进1	炮五平七	车3进3	马八退七	马7进6
车六平七	马3退5	炮七平五	马6进5	相七进五	车2进2
炮三平二	卒5进1	马七进六	车2退1	马六进五	前马进7
相五进七	马7进5	仕四进五	炮5平1	炮二进三	卒5进1
马五退三	象7进5	马三退五	马5进7	马五进四	车2退4
炮二平五	士6进5	车七平九	将5平6	炮五退三	车2进3
炮五平四	士5进6	马四退五	士6退5	马五进六	车2平3
马六退四	将6平5	马四进二	马7退8	马二进三	马8进6
车九平一	士5退6	车一平四	炮1退1	车四进二	士4进5
炮四平二					

第 48 局　湖北柳大华(红先胜)广东杨官璘

(1984 年 1 月 11 日弈于广州)

仕角炮对挺卒转中炮对屏风马

第四届"五羊杯"象棋冠军赛

1. 炮二平四　卒 7 进 1

挺 7 卒应仕角炮是较为常见的一种走法。另有炮 2 平 5 和车 9 进 1 两种应法也颇为流行。棋手可根据自己的特点进行选择。

2. 马二进一　马 8 进 7　　3. 炮八平五　车 9 平 8

黑方车 9 平 8 看似正常出子,但欠精确,这着平车给布阵带来了不小的麻烦,应炮 2 进 2 封车,然后马 2 进 3 形成堂堂正正的屏风马,将无懈可击。

4. 马八进七　马 2 进 3　　5. 车九平八　车 1 平 2

6. 车一平二　…………

布局至此,红方双直车顺利开出,随时进车过河展开攻势,黑方布局亏了。

以上由仕角炮对挺卒转成五四炮(即五六炮)对屏风马的布局阵势。在五四炮布局中,黑方通常采用炮 2 进 2 封红方右车。而在以上演变过程中,黑方这步棋走车 9 平 8,使得红方右车顺利开出,黑方布局吃亏。

6. …………　炮 2 进 4

进炮封车后,黑方 7 路马脱根易受攻击。黑方此时不如改走卒 3 进 1 较好。

7. 车二进六　象 7 进 5

补象后局势显得呆滞,应走卒 3 进 1。

8. 兵七进一　炮 8 平 9

平炮兑车使局面完全陷入被动。此时应改走士 6 进 5,马七进六,炮 2 进 2,黑方局势虽差,但可坚守。

9. 车二平三　车 8 平 7　　10. 炮四平三　…………

红方此时正确的走法是仕六进五,士 6 进 5,炮四进四,卒 3 进 1,兵七进一,象 5 进 3,兵三进一,卒 7 进 1,炮五平三,红方优。

10. …………　炮 9 进 4

针对黑方7路马的弱点，红方平炮拟挺三兵进攻，但忽略了黑方炮2退3的反击手段。以下变化：车三进三，马7退8，车八进一，炮2进3，马七进六，炮9进4，炮二退三，车3平2，车七平八。

11. 兵三进一　炮9平7　　12. 马一进三　炮2平7

13. 车八进九　马3退2

黑方如改走炮7进3打相，仕四进五，马3退2，兵三进一，红方多兵占优。

14. 相三进一　马2进3

15. 马七进六　士6进5

16. 炮五平七　马3退1(图)

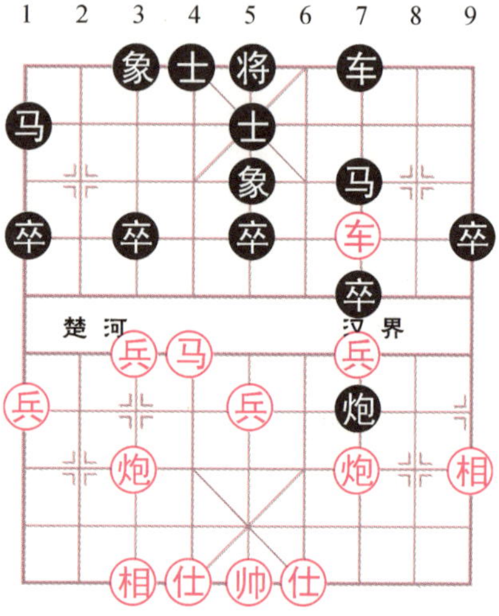

17. 马六退五　…………

红方卸炮瞄住黑方3路线，着法灵活。黑方退马迫于无奈，否则红方有强渡七兵的凶着。如图形势，红方退马是以退为进的佳着。以下黑方子力涣散，很难抵挡红方的攻势。

17. …………　炮7平1

18. 兵三进一　马7退6

19. 车三进三　象5退7

20. 炮三进七　马6进5

21. 兵五进一　马1进2

22. 兵七进一　马2进3　　23. 炮七进一　马5退7

红方进炮顶马，好棋。黑方退马，正着。如误走卒3进1，相七进九，炮1平2，马五退七，黑方要失子。

24. 相七进九　马3进5　　25. 兵三进一　象3进5

26. 炮七进三　士5进4　　27. 炮三平二　象5进3

28. 兵三进一　马7进9　　29. 炮二退一　象3退5

30. 兵三平二　马9退8　　31. 炮二平八　卒5进1

冲中卒是无可奈何之着。如改走马8进6，兵二平三，马6退8，兵三平二，黑方长捉违例，否则要丢马。

32. 兵五进一　马5进7　　33. 炮七进二　马7退8

34. 马五进七　马8退7　　35. 兵五平四

第49局　广东吕　钦(红先负)湖北柳大华

(1984年2月17日弈于昆山)

仙人指路对卒底炮

"昆化杯"中国象棋大师邀请赛

由昆山化工厂举办的"昆化杯"象棋大师邀请赛,有胡荣华、王嘉良、徐天利、吕钦、臧如意、林宏敏、陈孝堃、蒋志梁、于幼华、赵国荣、言穆江和我共12位大师参加。经过11轮激烈角逐,胡荣华、柳大华、吕钦获得了前三名。

1.兵七进一　炮2平3　　2.炮二平五　象3进5
3.马二进三　卒3进1　　4.车一平二　卒3进1
5.马八进九　马2进4　　6.车二进四　马4进3
7.炮五进四　士4进5　　8.相七进五　…………

红方通过弃兵的手段,达到了尽快出子的目的,黑方出子速度虽然慢了一点,但有一过河卒作为补偿,双方各有所得。

8.…………　卒3平4

黑方卒平4路有限制当头炮和巡河车的作用,是当时的流行走法。此外另有卒7进1和卒3平2的选择。

9.车九平八　马8进7　　10.炮五平四　炮8平9
11.炮八进五　车9平8　　12.车二进五　马7退8
13.车八进六　…………

红方进车捉马急了一些,可改走炮四平六捌马,黑方如接走车1平4,炮六平一,马3进5,炮八进二,红方稍优。

13.…………　马3进5　　14.兵五进一　卒4平5
15.车八平五　车1平2　　16.炮八平九　…………

红方躲炮正着。如走炮八平五,象7进5,车五退一,车2进7,车五进二,炮3进5,车五退三,炮3平7红方弃子后无攻势,黑方多子占优。

16.…………　炮3进5　　17.炮九平一　炮3平7

黑方平炮打马,力求保留变化,如走马8进9,车五退一,车2进7,车五退一,炮3平1，马三进五，局势平稳。

18.炮一进二　…………

红方执先更不甘寂寞，沉底炮寻求攻势。如走马九进七，马8进9，车五退一，车2进3，炮四平一，卒7进1局势平稳。这是两相情愿的结果。

18.…………　炮7平1　　19.车五退一　车2进9

面对红方炮四平五和炮四进二的威胁，黑方进底车准备随时与边炮配合，构成抽将之势，牵制红方的进攻。确是明智而又巧妙的选择。

20.炮四平五　马8进7　　21.炮五退二　炮1进2

22.炮五进三　将5平4　　23.车五平六　士5进4

24.车六进二　将4平5　　25.相五退七　…………

忍痛弃相解除黑方抽将的威胁，正确。如走车六平七，马7进5，车七进二，将5进1，炮五平二，马5进4，炮二进一，车2退7，仕六进五，马4进6。黑方攻势强大，红方颇难应付。

25.…………　车2平3　　26.帅五进一　车3退1

27.帅五进一　将5进1

从第20回合红方平中炮强攻，到现在互进将帅，双方对攻激烈，十分精彩。黑方此时若不上将，改走车3退2，帅五平六，车3平5，炮五平四，红方有炮四退六的凶着，黑棋不利。

28.帅五平六　马7进5　　29.车六退一　马5进7

30.炮五退四　车3退2　　31.车六平五　将5平6

32.车五退一　炮1平6

33.帅六平五　…………

红方帅平中保持复杂局面，可能是对形势过于乐观，低估了黑方的反击能力，由此埋下了祸根。此时应走兵三进一，炮6平5，车五平六，车3平5，兵三进一，卒7进1，车六平三。局势简化后，红方谋和机会较多。

33.…………　马7进6

34.帅五平四(图)　士6进5

如图，马受牵制，炮被围，黑方似乎山穷水尽，怎料一着平淡无奇的上士，竟有回天之力。

35.炮一平二　…………

黑方 柳大华

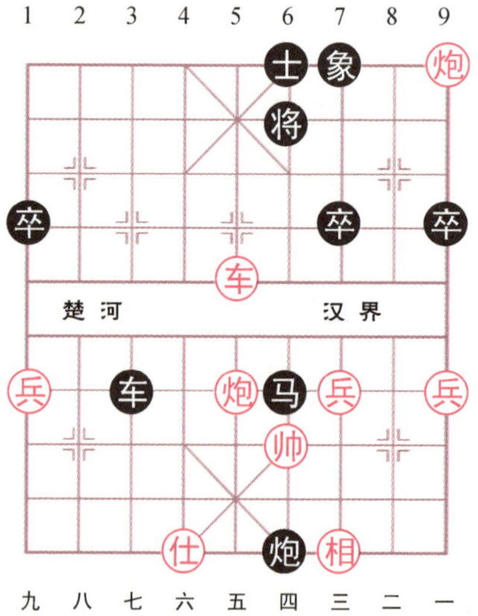

红方 吕钦

看似必然，实则错失良机。应该走炮五进一，车 3 退 1，车五平四，士 5 进 6，炮五进二，将 6 平 5，炮五平四，车 3 进 1，炮四退三，车 3 平 6，双方大量兑子，基本成和。

调回闲置无用的边炮，以增强防守力量。此外另有两种颇有威胁的变化，终因黑方有妙着解围而不能成立。两种变化演变如下：①炮五进五，车 3 退 1！炮五进一，象 7 进 9，车五平四，将 6 平 5，炮五平四。②若炮五退三，车 3 退 3！车五平四，士 5 进 6，帅四退一，马 6 退 4，车四平六，车 3 平 6，帅四平五，马 4 进 6，帅五平六，车 6 平 2，黑方胜定。

35. ………… 士 5 进 6　　36. 车五进一　马 6 退 7

37. 车五平三　象 7 进 9　　38. 炮二退六　车 3 退 1

39. 帅四退一　车 3 平 6　　40. 帅四平五　炮 6 退 3

退炮邀兑，削弱红方的防守力量，为进攻开辟道路。

41. 炮二进三　马 7 进 8　　42. 炮二平九　马 8 进 7

马 8 进 9 更好。

43. 车三平一　炮 6 平 1　　44. 车一进一　马 7 退 6

45. 帅五平四　车 6 退 2　　46. 炮五退一　…………

退炮无可奈何。如逃九路炮，黑方马 6 退 5，帅四平五，马 5 进 4 抽炮胜。

46. ………… 马 6 进 4　　47. 帅四平五　炮 1 平 5

48. 帅五平六　马 4 进 2　　49. 车一进一　将 6 退 1

50. 车一平六　车 6 进 5　　51. 炮五退一　炮 5 平 1

52. 炮九平七　马 2 退 3　　53. 帅六进一　车 6 进 1

最后一段，黑方放弃两次得子机会。抓住战机，步步催杀，漂亮而又干脆地结束了战斗。

第50局 河南马迎选(红先负)湖北柳大华

(1984年4月24日弈于合肥)

仕角炮对挺卒转中炮对单提马

1984年全国象棋团体赛

1. 炮二平四 卒7进1　　2. 马二进一 马8进7
3. 车一平二 车9平8　　4. 车二进六 炮8平9
5. 车二平三 象7进5　　6. 炮八平五 马2进1

此时,黑方还可选择走车1进1,马八进七,车1平6,车九平八,炮2平4,仕六进五,马2进1,也可与红方抗衡。

7. 马八进七 车1平2　　8. 车九平八 卒3进1
9. 兵一进一 炮2平3

红方挺边兵,活通马路;并可防止黑方车骑河强占战略要点。黑方平炮兑车,虽失一先,但防止了红方炮打中卒,亦不吃亏。

10. 车八进九 马1退2　　11. 仕六进五 士6进5
12. 兵五进一 炮9退1　　13. 马七进五 炮9平7
14. 车三平四 炮3进1　　15. 车四进二 炮3退2
16. 车四退二 炮3进2　　17. 车四进二 炮7退1

黑方退炮底线,目的是不让红方车占据兵线。而黑方3路卒线炮可以起到很好的防守作用。

18. 兵五进一 卒5进1　　19. 炮五进三 马2进3

黑方算准红方如进肋马有惊无险,故从容跳马。如改走炮3平5,马五进六,黑方子力涣散,车无好路,红方占优。

20. 马五进四 马3进5　　21. 炮五进二 …………

红方弃炮强攻,冒险的败着。改走马四进三,马5退7,炮四平八,卒7进1,相七进五,卒7平6,车四退四,车8进4,炮八进三,车8退1,均势。

21. ………… 象3进5　　22. 马四进五 士5进4
23. 车四平七 炮3进3　　24. 马五进三 将5平6

25. 车七平八　炮 3 平 5　　26. 帅五平六　车 8 进 1
27. 马一退三　士 4 进 5　　28. 马三进四　马 5 退 6
29. 马四进五　将 6 平 5　　30. 车八退五　…………

由于黑方防守严密,红方弃子后,未能构成有效的攻势。红方退车捉炮是正确的选择。如改走马五进六,士 5 进 4,车八平四,炮 5 退 5,红方又失一子。

30. …………　车 8 平 7　　31. 车八平五　马 6 进 5
32. 炮四平五　车 7 平 6　　33. 马五进七　车 6 进 2
34. 马七进九　卒 3 进 1　　35. 车五进二　将 5 平 4
36. 马九退七　马 5 退 3　　37. 车五平七　车 6 平 4
38. 炮五平六　卒 3 平 2

黑方得子后防守得相当严密,红方无机可乘,此时黑方贪恋过河车,给了红方机会,但红方未能察觉,错失良机,应马七进九,马 7 进 5,车七进一,炮 7 进 3,帅六平五,车 4 进 4,车七平五,红方得回失子,可成和局。错此机会,红方就无可挽回了。

39. 车七退二　卒 2 进 1　　40. 车七平八　马 7 进 5
41. 马七进九　卒 7 进 1(图)

黑方 柳大华

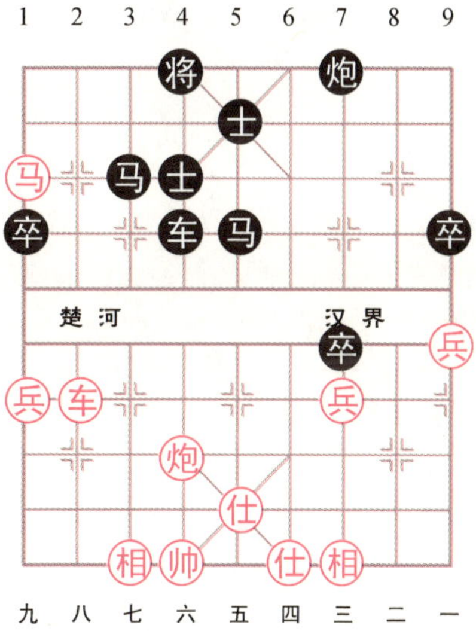

红方 马迎选

如图,黑方强渡 7 卒发动攻势,好棋。

42. 兵三进一　炮 7 进 9
43. 帅六进一　马 5 进 6
44. 马九进八　…………

如改走车八平四,黑方马 3 进 2,马九进七,车 4 进 3 红方难以应付。

44. …………　马 3 退 2
45. 车八进六　将 4 进 1
46. 车八退五　马 6 进 5
47. 车八进四　将 4 退 1
48. 车八平五　炮 7 退 1
49. 仕五进四　马 5 进 6
50. 车五退八　炮 7 退 1
51. 车五平四　炮 7 平 4
52. 仕四退五　炮 4 平 2
53. 仕五进六　士 4 退 5　　54. 车四进五　车 4 进 4

55. 帅六平五　车 4 进 1　　56. 帅五退一　炮 2 平 8
57. 车四平二　炮 8 平 6　　58. 车二平四　炮 6 平 8
59. 车四平三　车 4 退 5　　60. 相七进五　车 4 平 5
61. 帅五进一　炮 8 退 5　　62. 车三平六　…………

如果车三进二捉炮，黑方炮 8 进 4，车三平八，炮 8 平 5，相五退七，炮 5 平 6，相七进五，炮 6 退 6，黑方炮归家胜定。

62. …………　将 4 平 5　　63. 兵三进一　炮 8 平 9
64. 车六退一　炮 9 平 5　　65. 兵三平四　炮 5 进 5
66. 兵四进一　车 5 进 3　　67. 帅五平六　炮 5 平 8
68. 车六平二　炮 8 平 7　　69. 车二平七　炮 7 退 7
70. 车七平三　炮 7 平 6　　71. 车三平六　车 5 平 1
72. 车六进二　…………

红方如改走车六平五，车 1 平 4，帅六平五，车 4 退 5，兵四进一，将 5 平 4，兵四平五，炮 6 平 5，也是黑方胜。

72. …………　车 1 平 5　　73. 车五平九　车 5 平 4
74. 帅六平五　将 5 平 4　　75. 兵四进一　车 4 平 5

第 51 局　湖北柳大华(红先胜)广东蔡福如

(1984 年 5 月 18 日弈于武汉)

仕角炮对中炮

第三届"三楚杯"中国象棋名手邀请赛

武汉《长江日报》社从 1982 年开始连续举办了三届"三楚杯"象棋名手邀请赛，邀请对象是全国冠亚军获得者。

1. 炮八平六　炮 8 平 5　　2. 马二进三　马 8 进 7
3. 车一平二　马 2 进 1　　4. 马八进七　车 9 平 8
5. 车九平八　车 1 平 2　　6. 炮二进四　卒 7 进 1
7. 车八进五　卒 3 进 1

红方进河车捉卒，积极有力。如改走车八进四，炮 2 平 3，车八平二，炮 3 进 4，黑方抢先出击，红方无便宜。黑方挺卒拦车，推动红方车吃卒，策划在红方左翼展开攻势。如直接走炮 2 平 3，车八平三，车 2 进 6，炮五平四，红方优势。

8. 车八平七　炮 2 进 5

红方车势必吃卒，否则黑方左马盘河，红方失去先手。

9. 炮六平五　炮 5 平 4
10. 兵五进一　象 7 进 5
11. 车七平六　炮 4 平 3
12. 马三进五　车 2 进 6
13. 炮五平八　车 2 进 1
14. 马七退五　士 6 进 5

以上一段，双方纠缠甚紧，红方并未得到扩先机会。但此时补士有些软，应改走车 2 平 6，黑方可以满意。

15. 兵三进一　炮 3 进 1

进炮邀兑，不如卒 1 进 1，兵三进一，车 2 退 3，车六平八，马 1 进 2。

黑方 蔡福如

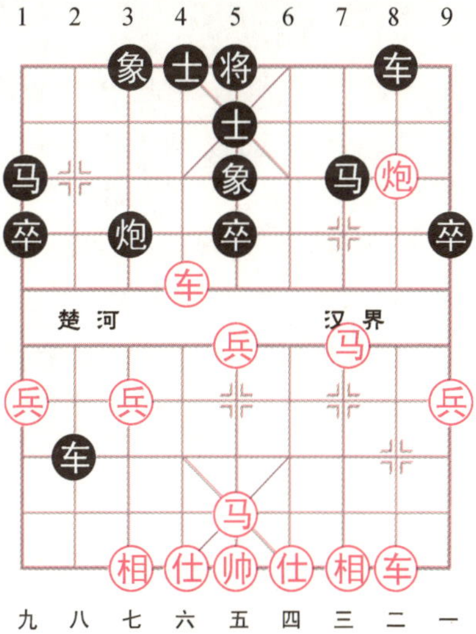

红方 柳大华

16. 炮二进一　卒 7 进 1

17. 前马进三(图)　车 2 退 2

如图形势,黑方退车捉中兵,似强实弱。吃兵后车并无好的出路,反而影响战局的发展。应走车 8 平 6,则相七进五,车 6 进 8,车二进二,卒 1 进 1,黑方可以抗衡。

18. 相七进五　车 2 平 5

19. 马五进三　车 5 平 2

20. 兵七进一　卒 1 进 1

21. 兵七进一　炮 3 平 1

22. 车二进三　…………

黑方吃中兵,落了后手。红方子力占位好。七路兵过河,已占明显优势。

22. …………　炮 1 进 3　　23. 炮二平五　…………

炮打中象赚得一象,已成胜势,若改为马三进四更为凶悍。

23. …………　象 3 进 5　　24. 车二平九　卒 1 进 1

25. 车九平七　车 8 平 6　　26. 前马进二　车 6 进 3

27. 车七平二　车 6 退 2

通过兑子,红方多吃一象。现在红马奔袭,黑方必退车防守,否则,红方前马进三,车 6 退 2,车二进六,士 5 退 6,车二平四,成绝杀。

28. 车二平三　马 7 退 6　　29. 车六进一　车 2 平 5

30. 车三进三　车 5 退 1　　31. 兵七平六　车 5 平 7

32. 车三退一　象 5 进 7　　33. 车六平九　马 1 退 3

34. 车九平五　…………

红方车先压马,再吃中卒,可削弱黑方反扑能力。

34. …………　马 3 进 5　　35. 马三进二　马 6 进 8

36. 兵六平五　车 6 进 4　　37. 后马进四　马 8 退 6

38. 车五平四　马 6 进 7　　39. 兵五进一　马 7 进 6

40. 兵五进一

红方步步紧逼,黑方无法解救认负。

第52局　湖北柳大华(红先胜)上海徐天利

(1984年5月22日弈于武汉)

仕角炮对中炮

第三届"三楚杯"中国象棋名手邀请赛

1. 炮八平六　炮8平5　　2. 马二进三　马8进7
3. 车一平二　车9平8　　4. 马八进七　马2进1
5. 车九平八　车1平2　　6. 炮二进四　卒7进1
7. 车八进五　…………

进车捉卒,积极有力。如果走车八进四,炮2平3,车八平二,炮3进4黑方抢先发动攻势,红方不便宜。

7. …………　卒3进1

弃卒拦车,诱红车吃卒,然后进炮兑炮,展开攻击。此时走炮2平3,车八平三,炮5平4,局势较为稳健。

8. 车八平七　炮2进5

红车吃卒,势在必行,否则黑方马7进6后,红方先手即行消失。

9. 炮六平五　炮2平5

兑中炮不妥。应改走炮5平4,兵五进一,象7进5,车七平六,炮4平3,马三进五,车2进6,成为互缠局势。

10. 相三进五　车2进7　　11. 马七退五　卒5进1
12. 马五退三　车2退4　　13. 炮二进二　马7进5

应走车2平6,车七进四,马1进3,炮二平九,车8进9,马三退二,炮5进4,仕六进五,象7进5,车七平八,卒5进1,黑方形势不弱。

14. 车七进四　卒5进1　　15. 兵五进一　车2平3

平车邀兑是明智的选择,如改走炮5进3(马5进6,炮二平九,红方优),仕四进五,马5进6,车七退五,车2平5,炮二平五,红方大优。

16. 车七退三　炮5进3　　17. 仕四进五　马1进3
18. 马三进四　炮5平6　　19. 马四进五　马3进4

20. 兵七进一　炮 6 退 3

21. 兵一进一　士 4 进 5

22. 炮二退二　炮 6 平 5

23. 马五进四　将 5 平 4

24. 马四进三　马 4 进 6

25. 马三退五　象 7 进 5

26. 炮二进二　马 5 进 6(图)

27. 帅五平四　…………

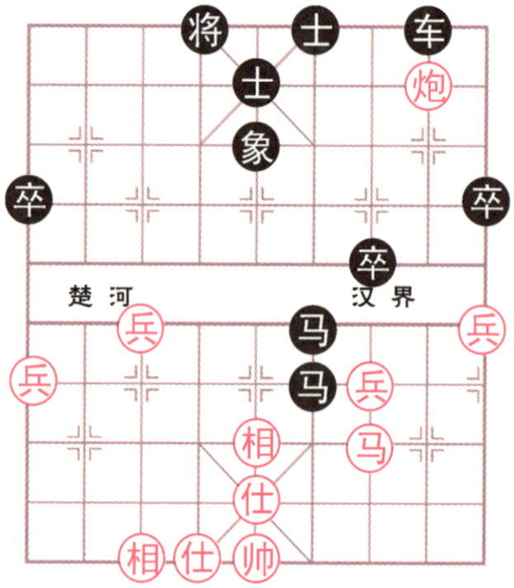

如图形势红方出帅，应着正确。如贸然走马三进五，马 6 进 8，红方立即失子。

27. …………　马 6 进 7

28. 马三进五　马 6 进 8

29. 炮二平四　士 5 进 6

30. 炮四平八　车 8 进 3

31. 马五进六　车 8 平 4

32. 兵七进一　车 4 平 2

33. 马六进五　士 6 进 5

34. 马五退七　车 2 进 3

35. 车二进二　车 2 平 7

36. 炮八退七　…………

退炮打马，好棋。如改走马七退五，马 7 退 6，马五退四，车 7 平 6，帅四平五，卒 7 进 1，红方取胜要多费周折。

36. …………　车 7 平 6

37. 仕五进四　车 6 平 3

如改走车 6 进 1，车二平四，马 8 进 6，仕六进五，马 6 退 8，炮八平九，红方多兵占优。

38. 仕六进五　车 3 进 2

39. 马七进八　将 4 平 5

40. 炮八进五　车 3 平 2

41. 炮八平五　将 5 平 6

42. 炮五平三　…………

改走马八退七胜来更快。

42. …………　车 2 退 7

43. 炮三退五　车 2 进 5

44. 炮三平二　马 8 退 6

45. 车二进七　将 6 进 1

46. 帅四平五　车 2 平 1

如果走车 2 平 8 邀兑，红方炮二平四，马 6 退 8，仕五退六红方胜势。

47. 炮二平四　马 6 进 4

48. 兵七平六　车 1 退 1

49. 车二退六　车 1 平 4

50. 兵六平五　士 5 进 4

51. 兵五进一　将 6 平 5　　52. 兵五进一　将 5 平 4
53. 兵五平四　马 4 退 2　　54. 车二进五　将 4 退 1
55. 兵四进一　车 4 平 9　　56. 仕五退四　车 9 平 4
57. 炮四平二　将 4 进 1　　58. 车二进一　马 2 进 4
59. 炮二平六　马 4 退 6

平炮打车,尤为精妙。黑方如走马 4 进 3,车二退八,再飞中相即胜。

60. 炮六退一　马 6 退 4　　61. 车二平五　车 4 进 3
62. 相五进七

第 53 局　湖北柳大华(红先胜)河北黄　勇

(1984 年 7 月 31 日弈于承德)

仙人指路对卒底炮转顺炮

第二届“避暑山庄杯”中国象棋邀请赛

1. 兵七进一　炮 2 平 3　　2. 炮二平五　炮 8 平 5
3. 马二进三　马 8 进 7　　4. 车一平二　马 2 进 1
5. 马八进七　车 1 平 2　　6. 车九平八　车 9 进 1

以上由仙人指路对卒底炮转演成顺手炮的布局阵势。黑方起横车,准备迅速右移控制红方七路马。此时亦可改走车 2 进 4 巡河,阻止红炮封车,然后再出横车。

7. 炮八进四　车 9 平 4　　8. 车二进四　车 4 进 5
9. 马七进六　士 4 进 5　　10. 兵七进一　…………

弃兵使局势朝着复杂对攻的方向发展,我觉得这样有利于发挥自己长于攻杀的特点。如果改走相七进九,车 4 平 1,车八进二,炮 3 平 4,仕四进五,车 1 退 2,成为互缠局势。

10. …………　卒 3 进 1　　11. 炮八平三　马 7 退 8

黑方马 7 退 8 是改进后的走法,也是一步正确的选择。在以往的比赛中,曾出现过象 7 进 9 和马 7 退 9 两种走法,均遭败绩。兹将两种走法简单摘录如下,供研究参考:①象 7 进 9,车八进九,马 1 退 2,仕六进五,卒 1 进 1,马六进四,红方优;②马 7 退 9,车八进九,炮 3 进 7,仕六进五,马 1 退 2,马六进四,马 2 进 3,马四进三,红方得子占优。

12. 车八进九　炮 3 进 7　　13. 仕六进五　马 1 退 2
14. 马六进五　马 8 进 9　　15. 炮三平九　车 4 平 1

平车吃兵跟住红炮情理之中,另一种选择走象 3 进 1,挡住红炮沉底并保留 3 路卒也不错。平车吃兵是造成被动的根源。应改走象 3 进 1,仍是各有顾忌的局面。

16. 马五退七　车 1 平 3

平车捉马,让红方借机调整子力位置,赢得沉底炮,黑方局势立即下风。应炮 5 平 5,相三进五,马 2 进 3,炮九平六,炮 3 退 2。

17. 马七退九　车 3 退 3　　18. 炮九进三　士 5 退 4

19. 马九退八　…………

退马衔炮，准备随时兑车，削弱黑方的进攻力量，以求保持多兵的优势。

19. …………　马9进7　　20. 车二平八　马2进3
21. 兵三进一　车3进5　　22. 兵三进一　炮3平2
23. 马八退六　马7进9　　24. 兵　进　马9进7
25. 车八退四　车3平4　　26. 车八进四　…………

兑掉了颇具威胁的黑方沉底炮，红方优势更加明朗。现在升车捉马，黑方难应付。

26. …………　马7进8

黑方进马，迫于无奈。如改走车4平1，炮九平六，红方得士占优。

27. 炮五平二　车4平1　　28. 炮九平六　将5平4
29. 车八平六　将4平5　　30. 相三进五　车1进1
31. 仕五退六　车1退5　　32. 兵三进一　马3进5
33. 车六平三　马5进3　　34. 车三平七　象3进1

如走炮5平3打车，红方可走炮二进三，这样势必兑子，红方多兵胜势。

35. 炮二进一　车1退1　　36. 马三进四　车1平4
37. 车七平八　士6进5　　38. 炮二进四　炮5进2
39. 兵三进一　马3进4　　40. 马四退六　车4进3(图)

黑方 黄　勇

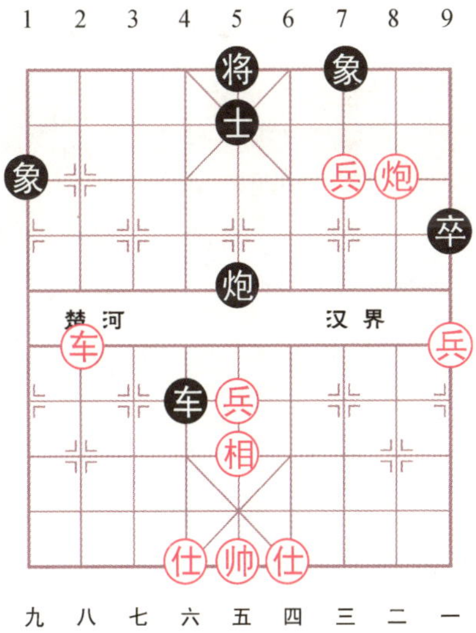

红方 柳大华

红方平车捉炮是速胜的着法，以下黑方土崩瓦解。

41. 车八平五　炮5进2
42. 相五退三　…………

退相是平车时的既定方案，暗伏炮三退四，可得子。

42. …………　将5平4
43. 车五进四　象1退3
44. 兵三进一　象7进5
45. 车五平四　象5进7
46. 车四进一　将4进1
47. 炮二进一　炮5退5
48. 车四退一

以下黑方必然丢炮，遂认负。

第 54 局　黑龙江赵国荣（红先负）湖北柳大华

（1984 年 11 月 29 日弈于广州）

中炮过河车急进中兵对屏风马平炮兑车

1984 年全国象棋个人赛

1984 年全国象棋个人赛第 5 轮，我与赵国荣相遇。当时赵二胜二和（包括胜李来群），我三胜一负同积 6 分，都是冠军的有力争夺者。对于这一仗，人们普遍看好赵国荣，因为在此之前我曾多次负于他。经过总结，我找到了失败的原因，所以对此仗虽说没有必胜的信心，但也没有被失败的阴影所笼罩，而是心情平静去迎战。

1. 炮二平五　马 8 进 7　　2. 马二进三　车 9 平 8
3. 车一平二　马 2 进 3　　4. 兵七进一　卒 7 进 1
5. 车二进六　炮 8 平 9　　6. 车二平三　炮 9 退 1
7. 兵五进一　…………

在形成了中炮过河车对屏风马平炮兑车的基本阵势后，红方有马八进七，马八进九等多种攻法，急进中兵是赵喜用的一种走法。

7. …………　士 4 进 5　　8. 兵五进一　炮 9 平 7
9. 车三平四　卒 7 进 1

黑方弃 7 卒有利于 7 路炮控制红方三路线，达到牵制红方中路攻势的目的。

10. 马三进五　…………

弃兵跃马，加强中路攻势。如走兵三进一，象 3 进 5，红方三路马无法盘头，强攻中路的计划难以实现。

10. …………　卒 7 进 1

挺卒吃兵，促使局势向激烈的方向发展。改走卒 7 平 6，车四退二，卒 5 进 1，炮五进三，象 3 进 5 局势要相对平稳一些。

11. 马五进六　车 8 进 8　　12. 马八进七　…………

也可改走马六进七吃马，卒 7 平 6，炮五进四，象 3 进 5，相七进五，马 7 进 5，马七退五，车 8 平 2，车四退三。红方多兵稍优。

12. …………　象 3 进 5

飞象巩固中防，非常必要。如走马 7 进 8，车四平三，马 8 进 6，车三进二，马 6 进 4，仕四进五，马 4 进 3，帅五平四，马 3 进 1，马六进七，卒 5 进 1，前马进五。黑方局势崩溃。

13. 马六进七　车 1 平 3　　14. 前马进五　…………

贪吃中士使局势立即跌于下风。应走前马退五，马 7 进 8，车四平三，马 8 进 6，车三进二，马 6 进 4，仕四进五，马 4 进 3，帅五平四，马 3 进 1，车三退五。红方一车换双后有中兵过河，稍占优势。

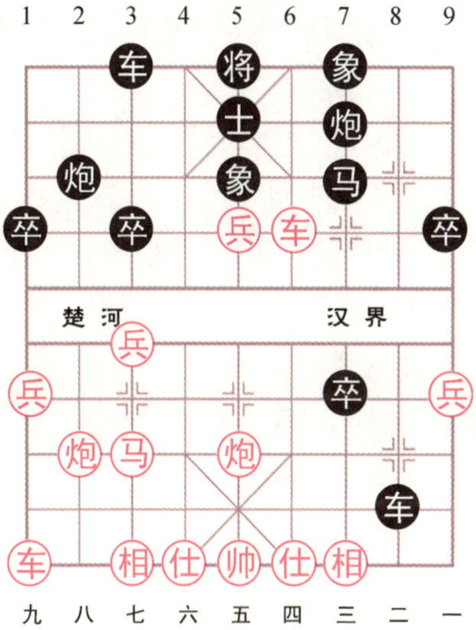

14. …………　士 6 进 5

15. 兵五进一(图)　马 7 进 5

如图形势红方攻势颇为强劲。黑方弃马消灭红方恶兵，不但可以化解红方的攻势，而且抢攻在前，下得有胆有识。

16. 车四平五　…………

红方骑虎难下，被迫吃马。如走车四平三，马 5 退 7，车三平四，卒 7 平 6，马七退五，车 8 平 6，相三进一，车 3 平 4，黑子占位良好，并有炮 7 平 8 和车 4 进 8 的凶着，红方难应。

16. …………　炮 7 进 8　　17. 仕四进五　车 3 平 4

迅速开出右车，增强进攻力量，老练。如急于走车 8 进 1，车九进一，车 3 平 4，车五平四，车 4 进 6，车四进二。红方有反扑机会。

18. 车五平四　车 4 进 6　　19. 兵七进一　…………

弃兵无奈。如走炮五进二，炮 7 平 9，帅五平四，车 4 平 6，车四退三，卒 7 平 6，兵九进一，炮 2 平 4，车九进一，炮 4 进 2，炮五进一，车 8 进 1，帅四进一，车 8 退 5。黑方胜定。

19. …………　车 8 进 1　　20. 车九进一　卒 7 平 6
21. 马七进八　炮 7 平 4　　22. 仕五退四　炮 4 平 6
23. 车四平三　炮 6 平 3　　24. 帅五进一　车 4 平 5
25. 车三退五　炮 2 进 5　　26. 马八进六　车 5 退 2
27. 车九平八　炮 3 退 1

黑方利用沉底炮的攻势，摧毁了红方的防线，并得回了失子，此时已是胜券在握。献炮车口，追求精彩。平淡而实际的胜法是卒 6 进 1，车八进一，卒 6 平 5，车八平五，车 8 退 5！黑方多卒胜。

28. 车八平七　车 8 退 2　　29. 车七进一　炮 2 平 5

30. 车七平八　士 5 退 4　　31. 车八平六　象 5 进 7

32. 马六进七　士 4 进 5　　33. 帅五平六　…………

如改走兵七平六，车 5 进 1，车三进四，炮 5 平 7，帅五平六，车 8 进 1，帅六退一，车 5 进 3，黑方胜。

33. …………　车 5 平 3　　34. 帅六平五　车 8 退 5

35. 马七进五

至此红方超时判负。如不超时，黑方接走车 3 进 4，车六退一，车 3 平 4，帅五平六，将 5 进 1。黑方多子也胜定了。

第 55 局　上海胡荣华(红先和)湖北柳大华

(1985 年 1 月 4 日弈于广州)

中炮横车七路马对屏风马

第五届"五羊杯"中国象棋冠军赛

1. 炮二平五　马 8 进 7　　2. 马二进三　车 9 平 8
3. 兵七进一　卒 7 进 1　　4. 马八进七　马 2 进 3
5. 车一进一　象 3 进 5　　6. 车一平四　炮 8 平 9
7. 炮八进二　马 7 进 8　　8. 车四平二　炮 2 进 2
9. 马七进六　炮 9 平 8　　10. 车二平四　马 8 进 7
11. 车四进五　…………

在以往的对局中,红方此时多采用车四进二或炮五进四两种走法。红方进车卒林,是步新招,其目的是想打通卒线,使河头马、炮更好地发挥作用。

11. …………　炮 8 平 7　　12. 车四平三　炮 7 平 6
13. 炮五进四　士 4 进 5

黑方识破红方的计谋,补士严阵以待。如改走马 3 进 5,车三平五,红方有兵七进一捉炮的先手,黑方不利。

14. 炮五平六　…………

如改走炮五退一,车 1 平 4,马六进七,车 4 进 4,炮五平八,车 4 平 2,黑方各子占位较好,局势不差。

14. …………　炮 2 平 5

平炮叫将是正确的选择。如改走车 8 进 8,仕六进五,车 8 平 7,车九进二,车 7 进 1,马六进七,黑方车位不好,红方占优。

15. 仕六进五　车 8 进 7　　16. 车九进二　车 1 平 2
17. 马六进七　炮 5 退 1　　18. 炮六退三　马 7 退 6(图)
19. 炮六平七　…………

面对黑方马 6 退 4 的凶着,红炮平七防患于未然,机警之着。如果走兵五进一强攻,黑方可走车 8 退 1,兵五进一,车 8 平 4,兵五进一,象 5 进 3,车三退一(炮八退二，马6进4黑方有攻势)，车2进5，车三平四，车2平3，相三进五，马3进5，双方均势。

黑方 柳大华

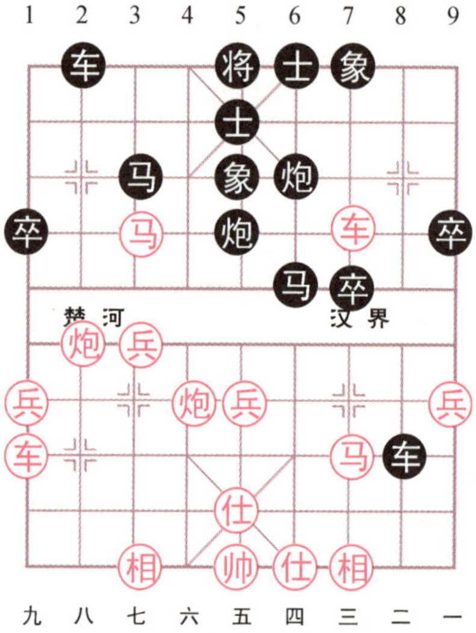

红方 胡荣华

19. ………… 马6退4
20. 马三进四 车8平1
21. 相七进九 炮5平3
22. 炮七进三 马4进3
23. 相九进七 车2进5
24. 相三进五 卒9进1
25. 车三平六 …………

先走马四进六，待黑方走车2退1时，再车三平六有先手。

25. ………… 车2进1
26. 兵五进一 …………

必走之着。如走马四进六，黑方车2平4拴住红方马。

26. ………… 车2平5　　27. 车六退二 炮6平8
28. 马四进三 炮8进7

此时亦可考虑走车5平7。黑方由于时间紧迫，采用了比较简明和稳妥的走法。

29. 相五退三 炮8退4　　30. 兵五进一 炮8平7
31. 马三退一 车5退2

黑方通过腾挪手段，消灭了红方的中兵。至此，局面已趋于平淡，和势基本形成。

32. 相七退五 炮7进1　　33. 车六退一 车5退1
34. 炮七退二 炮7进2　　35. 马一退二 炮7平8
36. 马二退四 炮8退6　　37. 兵一进一 车5平9
38. 马四进五 马3进2　　39. 兵九进一 炮8平9
40. 车六进二 马2退3　　41. 车六平四 车9平5
42. 马五退六 车5平9　　43. 炮七平五 炮9进3
44. 车四平七 马3退4

以下红方车七平三即成和局。

第 56 局　湖北柳大华(红先胜)河北李来群

(1985 年 1 月 12 日弈于广州)

中炮对半途列炮

第五届“五羊杯”中国象棋冠军赛

1. 炮八平五　马 2 进 3　　2. 马八进七　车 1 平 2
3. 马二进三　炮 8 平 5　　4. 车一平二　马 8 进 7
5. 兵三进一　炮 2 平 1　　6. 车九进一　…………

如改走兵七进一，车 9 进 1，另有变化。但由于考虑到李来群在不久前结束的全国象棋个人赛中，曾以此后手布局战胜过四川李艾东，所以我采用起横车的走法避开对手的熟套。

6. …………　车 2 进 5　　7. 相三进一　卒 3 进 1
8. 车九平六　车 9 进 1

黑方此时出横车开直车 9 平 8，炮二进四，士 6 进 5，车六进五，马 3 进 2。

9. 车六进五　…………

直接兵七进一，车 2 平 3，车六进一，炮 1 平 2，车二进一，车 9 平 8，车二平八，车 3 进 1，炮二退一，炮 2 进 5，车八进一，车 8 进 7，车八进四，黑方不弱。

9. …………　马 3 进 2　　10. 兵七进一　…………

明显的失误，应改走车六平七仍属红方先手。

10. …………　卒 3 进 1　　11. 马七进八　…………

进马兑车，是目前形势下的正确选择。如果走车六平七，卒 3 进 1，车七退三，车 2 平 7，相一进三(如车七进二，车 7 进 2，车七平八，车 9 平 3，黑方优)，马 2 进 3，黑方可稳占优势，红方没有反扑的可能。

11. …………　马 2 退 4　　12. 马八进七　炮 1 进 4
13. 炮二进六　炮 5 平 3

平炮顶马，意欲捉死红马，但红方飞边相，黑方目的无法实现，反而控制不了局面，应卒 3 进 1，马七退六，卒 5 进 1，仕四进五，炮 1 平 5，马三进五，炮 5 进 4，车二进三，卒 3 平 4。

14. 相七进九　炮 1 平 3

15. 炮五平七　前炮平 2(图)

16. 马三进四　…………

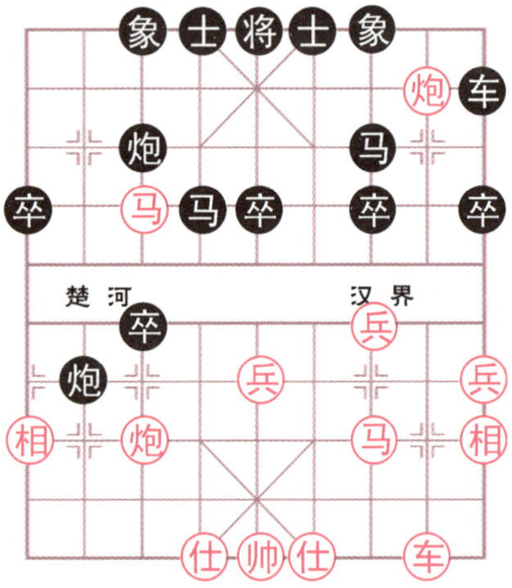

黑方平炮过于强硬，容易遭到红方的反扑。此时可改走炮 3 退 3，炮七进四，炮 3 平 5，黑方多卒占优。如图形势，红方放弃中路跃马河头，是扭转局势的好棋。

16. …………　卒 3 进 1

17. 炮七平三　炮 2 平 5

18. 马四进六　炮 3 平 5

19. 马六退五　炮 5 进 4

打马，虽可得空头之利，但由于其他子力接应不上，黑方反而不利。应改走卒 5 进 1，红方有两种走法，黑方均不会吃亏。①兵三进一，卒 7 进 1，炮三进五，卒 5 进 1，仕六进五，炮 5 进 4，帅五平六，马 4 进 6，黑方不差。②炮三平五，卒 3 平 4，炮五进三，士 4 进 5，车二进七，卒 4 平 5，车二平三，车 9 平 8，车三退一，马 4 进 5，双方各有顾忌。

20. 兵三进一　卒 7 进 1

弃马造成黑方少子不利的局面，应象 7 进 5，兵三进一，马 7 退 8，仍属互缠局面。

21. 炮三进五　马 4 进 5

应车 9 进 1，车二进六，马 4 进 5，炮二退一，车 9 退 1，车二退二，卒 5 进 1，炮三退一，炮 5 平 8，黑方有谋和机会。

22. 车二进四　卒 5 进 1　　23. 马七进六　士 4 进 5

24. 帅五进一　…………

预防黑方炮 5 平 8 谋子。

24. …………　卒 7 进 1　　25. 车二进二　…………

进车要道，紧凑。如相一进三吃卒，黑方马 5 退 7 后，局势将得到改善。

25. …………　马 5 退 3　　26. 相九进七　马 3 退 4

如改走卒 7 平 6，炮三退四，卒 6 进 1，炮三进一，车 9 退 1，车二平七，象 3 进 1，马六进八，黑方难以应付。

27. 相一进三　卒 5 进 1　　28. 炮三退二　将 5 平 4

29. 炮三平六 将4平5 30. 炮六平三 将5平4
31. 炮三平六 将4平5 32. 炮六平八 …………

应改走马六退八胜得更快。

32. ………… 车9进1 33. 炮八进二 马4进5
34. 炮二退一 车9退1 35. 车二平五 将5平4
36. 马六进八 将4平5 37. 马八退七 车9平7
38. 炮二退一 车7进4

速败之着，如改走车7进2兑车，将会多支持一阵。

39. 炮二进三 车7进3 40. 帅五进一 车7退1
41. 帅五退一 车7进1 42. 帅五进一 车7退7
43. 炮八进一 车7进6 44. 帅五退一 车7进1
45. 帅五进一 象3进5 46. 车五进一 马5退4
47. 车五退三 卒3平4 48. 炮八退一 车7退6
49. 车五进二 炮5退2 50. 车五平九 士5退4
51. 炮八进二 士4进5 52. 车九进三 卒4平5
53. 帅五平六 卒5平4 54. 帅六平五 士5进6
55. 炮八平四 将5进1 56. 车九退一 将5退1
57. 炮四退一 象7进9 58. 炮四平一

附参考局(一则)

四川李艾东(红先负)河北李来群

(1984年12月4日弈于广州)

半途列炮

1984年全国象棋个人赛

炮二平五	马8进7	兵三进一	炮2平5	马八进七	马2进3
车九平八	车8平8	马二进三	炮8平9	兵七进一	车1进1
炮八平九	车1平4	车八进六	车4进5	马七进八	车4平3
炮九平七	车8进4	炮五退一	卒7进1	兵三进一	车8平7
相三进五	马7进6	车一平二	马6进4	炮五平三	炮5进4
仕四进五	炮5平7	马三退一	炮7平1	炮七退一	炮9平5
马八退九	车3平9	车八退四	马4进6	车二平三	马6进7
炮七平三	象7进9	炮三进三	车9进2	车八进一	炮1退2
车三平四	炮1平5	炮三平六	车9退3	炮六退一	车9平3
炮六平七	卒3进1	车八进三	马3进4	炮七退二	车3进2
车八平五	士4进5	车四进三	马4退3		

第 57 局　上海胡荣华(红先负)湖北柳大华

(1985 年 4 月 10 日弈于西安)

中炮巡河炮对反宫马

1985 年全国象棋团体赛

1. 炮二平五　马 2 进 3　　2. 马二进三　炮 8 平 6
3. 兵七进一　马 8 进 7　　4. 车一平二　卒 7 进 1
5. 车二进六　车 9 进 2　　6. 炮八进二　…………

升炮巡河是一种新式攻法。它与常见的炮八进四之攻法相比要稳健一些。

6. …………　车 9 平 8

平车邀兑,削弱红方的进攻力量。如果改走象 3 进 5,马八进七,士 4 进 5,马七进六,红方先手容易发展。

7. 车二进一　炮 6 平 8　　8. 马八进七　马 7 进 6
9. 车九进一　马 6 进 7　　10. 马七进六　象 3 进 5
11. 炮五平六　士 4 进 5　　12. 相三进五　炮 2 平 1
13. 炮八退一　马 7 退 8

退马正着。如改走炮 8 平 7,炮八平三,炮 7 进 4,车九平八,车 1 平 2,车八进八,马 3 退 2,马六进五,红方稍占优势。

14. 马六进七　卒 7 进 1　　15. 相五进三　炮 1 退 1
16. 炮八进四　车 1 平 4　　17. 仕四进五　车 4 进 6
18. 车九平八　炮 8 进 1　　19. 马七进九　象 5 退 3
20. 炮八进一　炮 8 退 1　　21. 兵七进一　车 4 平 3
22. 兵七进一　炮 8 平 1　　23. 兵七进一　车 3 进 3

上一段,双方明争暗斗,纠缠甚紧。黑方现在进车吃相,使局势朝着激烈的方向发展,这样有利于发挥自己的特长。但有些勉强,应车 3 退 4 吃兵,炮八进一,象 3 进 5,车八进七,炮 1 进 4,相三退五,马 8 进 7,炮八平九,前炮退 3。

24. 兵七平八　炮 1 进 4　　25. 兵八平九　后炮退 1

平兵捉炮,偏离主战场,应车八进四,虽有多种应法,均要失子。

26. 兵九进一　后炮平2

亦可改走炮1退5打兵，红方炮八进一，士5退4，车八进七，炮1进1，车八平九，炮1平2，车九进一，炮2进7，炮六平八，车3退2，炮八退九，车3平2将成和局。

27. 炮八平六　车3退8　　28. 炮六退二　炮1进3
29. 车八退一　炮2进7　　30. 车八平九　炮2平7
31. 车九进六　马8退7　　32. 前炮平八　士5退4
33. 炮八进三　车3平8　　34. 相三退一　车8进8
35. 仕五退四　车8退3　　36. 车九平六　车8平5
37. 仕六进五　士6进5　　38. 车六平七　…………

不如炮六进七，士5退4，车六进三，帅5进1，兵九平八，车5平3，帅五平六，车3进3，帅六进一，车3退7，炮八平九，将5平6，各有顾忌的局面。

38. …………　车5平2　　39. 车七进三　象7进5
40. 炮六进六　士5进4　　41. 炮八平九　…………

在这一阶段中，黑方巧妙运用腾挪手段，使九路炮逃脱虎口，着法耐人寻味。兑子以后，胡荣华不甘平稳，迅速组织车双炮发动攻势与柳大华决战，这充分体现了胡荣华勇于求胜的棋风。红方此着如改走车七退七，黑方则车2退6，车七平三，双方将成为和局。

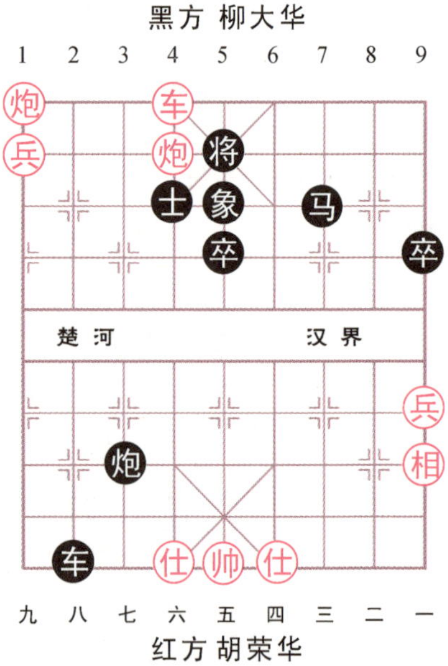

41. …………　将5进1
42. 车七平六　车2进3
43. 仕五退六　炮7平3(图)

红方第42回合吃士系失败的根源。应改走车七退五，局势发展下去仍很复杂。黑方炮7平3是攻守兼备的佳着。由此，黑方进入反攻阶段。

44. 炮六平七　…………

如图，红方炮六平七，无可奈何。如改走炮九平七，炮3退6，红方亦很难下。

44. …………　炮3进2　　45. 仕六进五　炮3平6
46. 仕五退六　炮6平4　　47. 车六平一　…………

逼走之着。如改走车六退二，则炮4退4，帅五进一，马7进6，红方不好应付。

47. ………… 炮4退5　48. 帅五进一 炮4平9
49. 车一平六 炮9平5　50. 车六平一 象5退7

应改走将5平4,车一平七,马7进6,炮七退六,车2退2,黑方速胜。

51. 炮七退一 马7进6　52. 车一退一 将5退1
53. 炮七进二 车2退9　54. 帅五平六 马6进5
55. 帅六退一 士4退5　56. 车一平三 炮5平1

弃炮是解除牵制的好棋。如走象7进5,车三退七,对黑方不利。

57. 车三进一 士5退6　58. 车三退三 马5进6

正着。如错走马5进3,帅六平五,炮1退4,车三平五,士6进5,车五进二,将5平6,兵九平八,车2平3,车五退四,红方单车巧胜黑方车马炮。

59. 帅六平五 马6退4　60. 帅五进一 马4进3
61. 帅五平六 炮1退4　62. 车三平五 士6进5
63. 炮七平九 车2进8　64. 帅六退一 车2进1
65. 帅六进一 车2退3　66. 车五平六 士5进4
67. 炮九平七 …………

红方不能走车六平五,因为一将一杀是违例着法,所以只能平炮进行防守。

67. ………… 马3退2　68. 炮七退七 车2平5
69. 相一进三 马2退3　70. 车六退二 …………

红方如进车吃士,则车5进2,帅六退一,车5进1,帅六进一,马3进5,炮七平五,马5进3,红棋无解。

70. ………… 车5进2　71. 帅六退一 马3进1
72. 车六退二 马1进2

残棋阶段,黑方弈得异常紧凑。现擒获一炮,胜局已定。红方以下坚持了几个回合,终因子力相差悬殊而认负。(对局中的重复着法已删掉)

编者注:以下红方坚持的几个回合是:

73. 炮七退一 车5平3　74. 车六平五 将5平6
75. 帅六平五 车3进1　76. 帅五进一 车3平6
77. 车五平八 车6退3　78. 兵九平八 车6平5
79. 相三退五 车5平9　80. 兵八平七 车9平6
81. 兵七平六 卒9进1

第58局　湖北柳大华(红先胜)山东王秉国

(1985年4月19日弈于西安)

中炮对反宫马

1985年全国象棋团体赛

1. 炮八平五　马8进7　　2. 兵三进一　炮2平4

3. 马二进三　马2进3

跳马是一种常见的走法。如改走炮4进5,车一进二,炮4平7,炮二进二,炮7退1,车一平三,黑方虽得一子,但红方先手甚大,黑方不划算。

4. 马三进四　士6进5　　5. 炮二平三　象7进5

6. 车一平二　车9平8

平车保炮,没有炮8平9来得灵活。

7. 马八进七　车1平2　　8. 车九进一　卒3进1

挺卒虽然达到了活通马路的目的,但由此导致二路车出路不畅。权衡利弊,黑方得不偿失,建议此着改走车2进4较好。

9. 车二进四　车2进5　　10. 马四进三　卒3进1

挺卒兑兵,改善车位,并可对红方七路马造成一定的压力。如改走马3进4,车九平四,炮4平3,车四进四,马4进3,炮五平四,黑方左翼受攻,红方占优。

11. 兵七进一　车2平3　　12. 车九平四　炮8进1

13. 相七进九　车3进1

进车压马于防守无补,应改走车3退1,黑方尚可坚持。

14. 车四进四　…………

红方车占据骑河要道后,黑方3路马无法跳出,左翼子力又不能动弹,红方基本控制了局面。

14. …………　炮4进2　　15. 炮五平四　炮4平3

16. 相三进五　炮3进3　　17. 炮四平七　车3平5

黑方以炮换马,虽谋得了中兵,但黑方除中车外,其他子力完全受困受攻,败势已无法挽回。

18. 相九进七　车5平3　　19. 炮七退二　马3退1

20. 车四进三　…………

红方现在进车，准备随时平三捉马，黑方已难应付。

黑方 王秉国

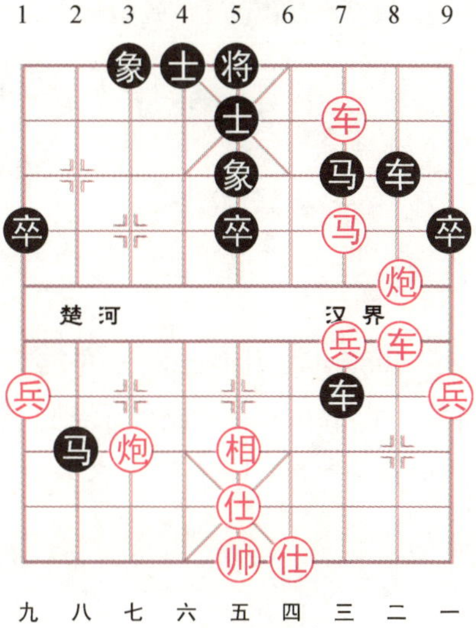

红方 柳大华

20. …………　车3平7

21. 炮七进二　炮8进1

22. 仕六进五　马1进2

23. 车四平三　车8进2

24. 炮三平二　马2进3

25. 炮二进三　马3进2(图)

26. 马三进五　…………

如图形势，红方马踏中象精妙！加快了胜利的步伐。

26. …………　士5进4

如果走象3进5吃马，炮二平五做杀，黑方丢车。

27. 马五退三　士4进5

28. 炮二平八　车8进3

29. 炮八进四　士5退4

30. 车三平七　马7退5

31. 车七平六　马5进7　　32. 马三退二　马2进1

33. 车六退一　马7进6　　34. 马二进三　车7平3

35. 帅五平六

这一段，红方声东击西，使黑方防不胜防。现在平帅构成绝杀，黑方放弃续弈。

第59局　洛阳李金玉(红先负)湖北柳大华

(1985年4月23日弈于洛阳)

中炮过河车对屏风马右横车

一对五盲目车轮战表演赛

1985年4月西安团体赛结束后,我和徐天利等人应邀到牡丹名城洛阳市表演,4月23日我在铁路俱乐部进行了一场盲目一对五的车轮战。这里评选其中杀法精彩的一局,供初、中级水平者学习、参考。

1. 炮二平五　马8进7　　2. 马二进三　车9平8
3. 车一平二　卒7进1　　4. 车二进六　马2进3
5. 兵七进一　车1进1　　6. 马八进九　…………

跳边马后,红方进攻似嫌不足。应改走马八进七或炮八平七较好。

6. …………　马7进6　　7. 车二平四　马6进4
8. 炮八平六　炮2进4　　9. 炮五平四　…………

卸中炮,准备走车四退二捉死黑方马,但由于速度迟缓,红方计划很难实现。应改走炮六进一,红方局势不差。

9. …………　炮2平7　　10. 相三进一　卒7进1

渡7卒,阻止红方退车捉马,针锋相对的好棋。

11. 车九进一　…………

不能走相一进三吃卒,因黑方有炮8进7叫将的凶着。

11. …………　车8进1　　12. 车四进一　炮8进4
13. 炮四退一　象7进5　　14. 炮四平二　炮8平5
15. 马三进五　炮7进3　　16. 仕四进五　车8进7
17. 炮六退一　…………

退炮打车,使局势恶化。应改走马五进三尚可支持。

17. …………　车8退2　　18. 马五进六　…………

跃马进攻,极不明智,让红方车、马炮顺利组织攻势。应改走相一退三兑子,尚不至于速败。

18. …………　炮7平9

19. 帅五平四　马4进6

20. 仕五进四　…………

撑仕让黑方迅速构成妙杀，如改走它着，也难免败北。

20. …………　车8进3

21. 帅四进一　马6进8

22. 帅四平五　车8平5(图)

23日盲目五盘的结果是一胜四和，对手全部是洛阳铁路分局的棋手。

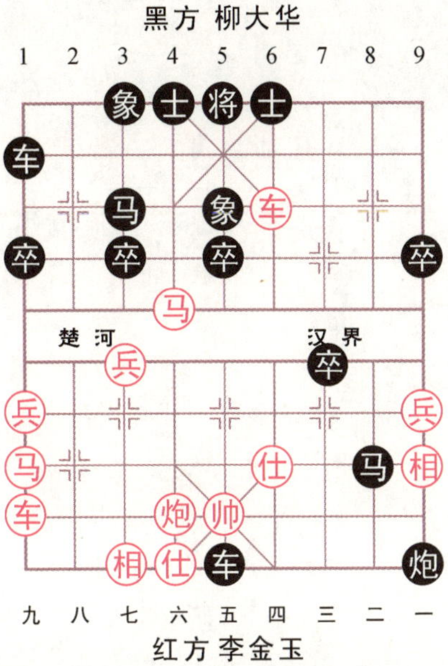

第 60 局　法国张志森(红先负)中国柳大华

(1985 年 6 月 8 日弈于法国巴黎)

中炮对反宫马

第二届欧洲中国象棋锦标赛

1. 炮二平五　马 2 进 3　　　　2. 马二进三　炮 8 平 6
3. 车一平二　马 8 进 7　　　　4. 兵七进一　卒 7 进 1
5. 车二进六　车 9 进 2　　　　6. 兵五进一　炮 6 平 5

红方冲中兵,强攻中路,并企图打通卒行线,使过河车充分发挥威力。黑方还架中炮,阻止红方计划的实现。

7. 车二平三　炮 2 退 1　　　　8. 马八进七　车 1 进 1
9. 马七进五　炮 2 平 7　　　　10. 车三平二　马 7 进 6
11. 兵五进一　马 6 进 5　　　　12. 兵五进一　炮 5 退 1

红方弃子抢攻,可能是漏算了黑方炮 5 退 1 之着。应改走马三进五,车 1 平 4,仕六进五,双方大体均势。

黑方 柳大华

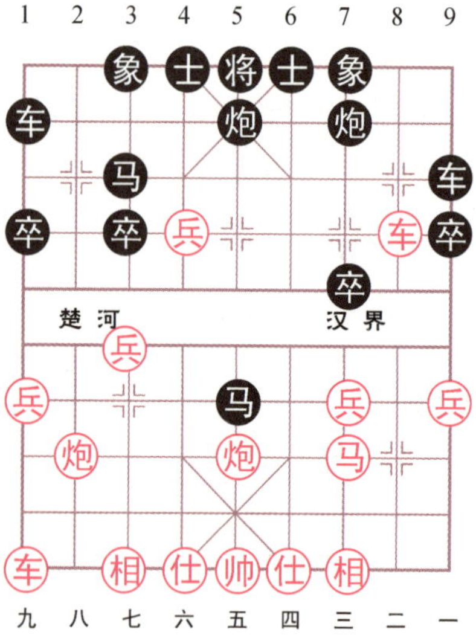

红方 张志森

13. 兵五平六(图)　…………

红方平兵,使得黑方较为舒服地赚得了一马。此时应改走炮八进五打车,黑方有三种走法,试演如下:①炮 7 进 1,兵五进一,象 3 进 5,炮八平五,象 7 进 5,炮五进五,炮 5 平 9,马三进五,红方弃子有攻势。②马 3 进 5,炮五进四,车 9 平 5,马三进五,呈和棋趋势。③马 5 进 7,炮八平一,象 7 进 9,车二平三,红方虽少一子,但由于黑方子力位置较差,红方尚可周旋。

13. …………　炮 5 进 6

14. 相七进五　…………

应改走马三进五，车 1 平 2，相七进五，车 2 进 6，兵六平七，这样要比实战着法好，黑方取胜难度增大。

14. …………　马 5 退 3
15. 炮八退一　车 1 平 2
16. 炮八平五　炮 7 平 5
17. 车九进二　车 2 进 6
18. 车九退一　车 9 平 6
19. 炮五进七　后马退 5
20. 相五进七　车 2 平 7
21. 相三进五　车 7 退 1
22. 车九平六　车 6 进 1
23. 车二进一　车 6 平 4
24. 车六平四　车 4 平 6
25. 车四平六　象 3 进 5
26. 车六进七　车 7 平 1
27. 兵一进一　卒 3 进 1
28. 车二退三　马 5 进 7
29. 车二平六　士 6 进 5
30. 前车退二　车 6 平 4
31. 车六进二　卒 3 进 1
32. 车六平三　车 1 平 5
33. 车三进一　车 5 进 1
34. 仕四进五　车 5 退 2
35. 车三退一　车 5 平 9

红方认输。

第61局　法国许　明(红先负)中国柳大华

(1985年6月9日弈于法国巴黎)

中炮过河车七路炮对屏风马横车

第二届欧洲中国象棋锦标赛

1985年6月9日，第二届欧洲中国象棋锦标赛进入第3轮，我的对手是法籍华人许明先生。许布局熟练，防守严密，攻杀凌厉。开局时，他抓住我一步软着，扩大了优势。只是在中局时错失得子良机，使局势转变，最终因超时作负，殊为可惜。这盘棋许先生执红棋先行。

1. 炮二平五　马8进7　　2. 马二进三　车9平8
3. 车一平二　卒7进1　　4. 车二进六　马2进3
5. 兵七进一　车1进1　　6. 炮八平七　象7进5
7. 兵七进一　象5进3　　8. 马八进九　…………

红方采用过河车五七炮进攻黑方的屏风马横车，弈来很有章法。此时进边马嫌软，应改走车二平三压马，可稳持先手。

8. …………　马7进6

大凡五七炮阵势，最怕对方左马盘河(因为黑方马盘河后，有冲7卒和马6进4的双重威胁)，现黑方马盘河，呈反先之势。

9. 车九平八　炮2平1

平炮的目的是想保持复杂局面。从以后的结果看，黑方显然吃亏，此时应改走卒7进1，车二退一，马6进4，车八进七，炮8平2，车二进四，马4进3，兵三进一，车1平7，黑方占先。

10. 车八进四　象3进5　　11. 车八平四　炮8平6
12. 车二平四　士4进5　　13. 炮五平四　卒7进1
14. 兵三进一　马6进8　　15. 车四平六　炮6平7
16. 马三退一　车1平2　　17. 相三进五　车2进5(图)

以上一段，红方走得正确，保持了优势地位，黑方进车犯了次序上的错误，应先走马8进9，然后再进车为好。

18. 炮四平二　…………

如图红方平炮，错失得子良机。应改走炮四进一，车 2 平 5，炮四平二，车 8 平 7，车四平二，红方得子占先。

黑方 柳大华

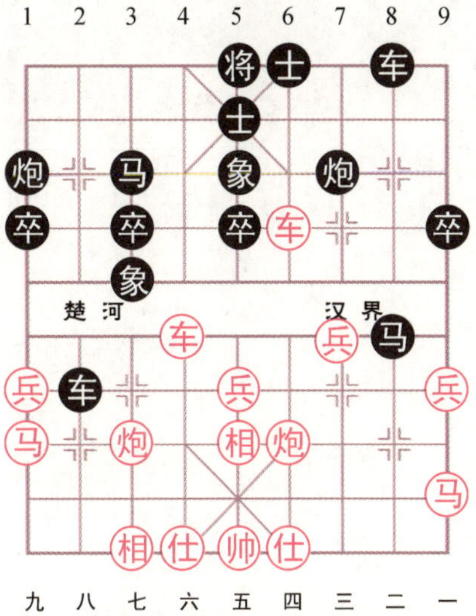

红方 许　明

18. …………　马 8 进 9

19. 兵三进一　炮 1 进 4

20. 兵三进一　炮 7 平 9

21. 兵三平二　车 8 平 7

22. 马一进三　车 7 进 6

23. 车四平三　炮 1 平 5

24. 马三进五　车 2 平 5

红方丢回一子，且子力位置不如黑方活跃，我逐渐掌握主动权。

25. 车三退三　车 5 平 7

26. 兵二平一　炮 9 平 8

27. 车六平二　炮 8 平 6　　28. 马九进八　马 9 进 8

29. 车二平三　车 7 退 1　　30. 相五进三　马 8 退 6

31. 相三退五　马 6 退 5　　32. 后兵进一　卒 1 进 1

33. 马八退六　卒 1 进 1　　34. 兵一平二　炮 6 进 4

35. 炮二进一　马 5 退 6　　36. 马六进四　卒 5 进 1

37. 马四进六　马 3 进 1　　38. 兵二平三　马 6 进 8

39. 兵三平四　炮 6 平 4　　40. 炮七退一　马 1 进 2

最后红方因时间紧张，在残局战斗中吃了些亏，但不至于立即败北。最终因超时判负。

第62局 浙江陈孝堃(红先和)湖北柳大华

(1985年10月12日弈于南京)

中炮过河车对屏风马平炮兑车

1985年全国象棋团体赛

1. 炮二平五 马8进7　　2. 马二进三 车9平8
3. 车一平二 马2进3　　4. 兵七进一 卒7进1
5. 车二进六 炮8平9　　6. 车二平三 炮9退1
7. 马八进七 士4进5　　8. 马七进六 炮9平7
9. 车三平四 车8进5　　10. 炮八进二 车8进3

以上双方轻车熟路很快演成中炮过河车对屏风马平炮兑车的阵势。黑方此时进车是一种较少见的走法。其战略目的是想避开熟套，寻求新的变化。常见的走法是象3进5，炮五平六，双方平稳。

11. 炮八平九 车1平2　　12. 炮五平八 炮2平1
13. 炮九进三 象3进1　　14. 车九平八 …………

平车保炮是一步极具攻击力的着法，如果走车九进二或炮八平六，黑方可走象7进5从容应对。

14. ………… 车8平4

平车捉马，针锋相对。如果走象7进5，马六进七，象1退3，车四进二，炮7退1，炮八进六，红方占优。

15. 马六进七 车2进3　　16. 兵七进一 车4退1
17. 炮八进三 …………

进炮封车是先弃后取的佳着。

17. ………… 车4平7　　18. 相七进五 …………

飞相与进炮紧密相联的好棋。如果走车四进二，车7平3，马七进五，车3退3红方不便宜。

18. ………… 车7退1　　19. 车四进二 马7进6(图)

弃马解围是此时的唯一佳着。如贪恋子力改走炮7平9，马七进五，黑方即难应付。

20. 车四平三　…………

平车吃炮，前功尽废。应改走车四退三吃马，炮 7 平 9，车八平七，炮 9 进 5，车四平三，炮 9 平 5，仕四进五，车 7 退 2，炮八平三，红方占优。

黑方 柳大华

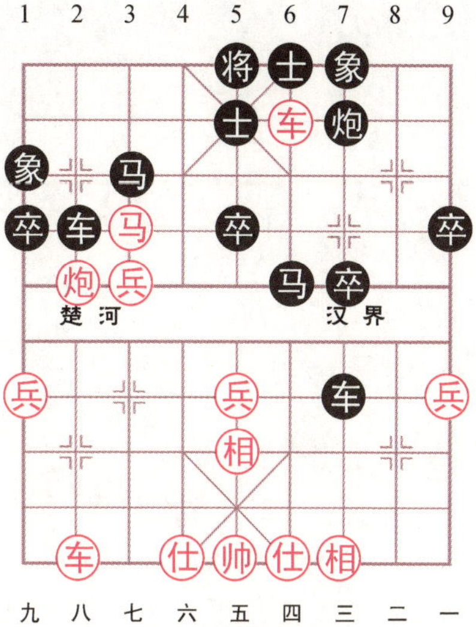

红方 陈孝堃

20. …………　象 7 进 5

21. 车八平七　象 5 进 3

22. 炮八平四　…………

明智之着。如误走车七进五，马 6 进 4，车三退三，马 4 进 2，红方要失子。

22. …………　车 2 平 3

23. 炮四退一　车 3 平 4

24. 炮四平二　车 7 平 8

25. 炮二平七　马 3 进 2

26. 车三退三　车 4 进 2　　27. 车三进一　车 8 平 5

28. 车三平一　卒 1 进 1　　29. 车一退二　象 3 退 5

30. 车七平九　车 4 平 9　　31. 兵一进一　马 2 进 4

如改走马 2 进 1，炮七退三，车 5 平 4，车九进二，卒 1 进 1，炮七平九和定。

32. 仕六进五　车 5 平 2　　33. 兵九进一　马 4 进 6

34. 炮七退三　车 2 平 3　　35. 炮七平六　车 3 平 4

36. 炮六进一　卒 1 进 1　　37. 车九进四　车 4 平 2

38. 车九平七　卒 5 进 1　　39. 相五退七

此时，双方取胜条件均嫌不足，同意作和。

第63局　黑龙江王嘉良（红先负）湖北柳大华

（1985年10月26日弈于上海）

顺炮局

“百岁杯”中国象棋大师邀请赛

1. 炮二平五　炮8平5　　2. 马二进三　马8进7
3. 车一平二　卒7进1　　4. 马八进七　马2进3
5. 车九进一　…………

如改走兵七进一，炮2进4，马七进八，车9进1，车九进一，车9平4，仕四进五，炮2平7，车九平七，象3进1，成为目前流行的变例。

5. …………　炮2平1　　6. 兵七进一　车1平2
7. 炮八平九　车2进6　　8. 车九平六　马7进6
9. 车二进四　…………

红方车巡河，正着。如走车六进四捉马，车2平3，车六平四，车3进1，红方要失相。

黑方 柳大华

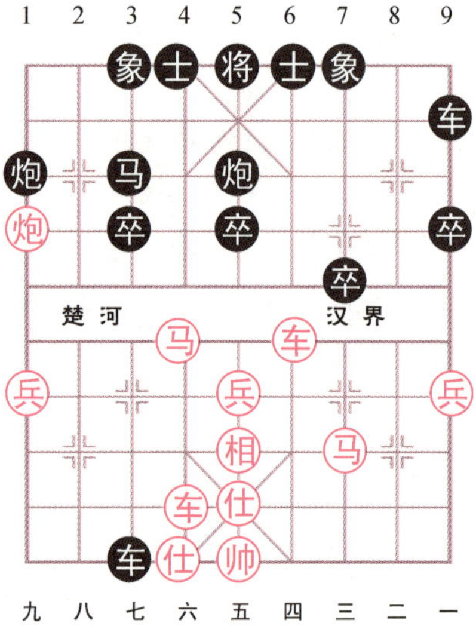

红方 王嘉良

9. …………　马6进7
10. 马七进六　车2平3

黑方平车瞄相，忽略了7路马的安全，红方此时应炮五退一，保持中炮对黑方中路的压力，并埋伏车二退一捉马的棋，红方优势。

11. 仕四进五　车9进1
12. 车二平四　车3退1
13. 炮九进四　马7进5

红方炮打边卒，攻击目标直指中路，异常凶狠。黑方马踏中炮削弱红方进攻力量，正确的选择。此时黑方如走车9平4，炮九平五，马3进5，炮五进四，士4进5，马六进七，车3平6，车六进七，车6退2，马七退六，炮1平4，相七退五，兑子后红方占优。

14. 相三进五　车3进4(图)　　15. 炮九平五　…………

赛后，王嘉良认为此着改走车六平八即可占优。但我觉得黑方可车3退5，马六进五，马3进1，马五退七，马1进3，一车换双后，由于红方缺相，黑方足可满意。

15. …………　马3进5　　16. 马六进五　车3退2
17. 车六进一　车3平4　　18. 仕五进六　车9平7
19. 仕六进五　车7进2　　20. 马五退六　士6进5
21. 车四平五　车7平8　　22. 车五进一　炮5平7
23. 车五平三　象3进5　　24. 车三平六　卒3进1
25. 马六进四　车8进4　　26. 马三进二　炮7平6
27. 车六退一　车8平5

吃相留仕，使炮的力量更易发挥，棋谚有“炮须留他家士”。

28. 马四进六　炮1平4　　29. 马六进四　炮4平6
30. 马二进四　车5平7　　31. 马四进六　炮6退1
32. 车六平四　将5平6　　33. 兵五进一　车7进2
34. 车四退四　车7退6　　35. 马六进八　炮6进1
36. 兵五进一　将6平5　　37. 马八进六　炮6平9

改走车7平4，马六退五，车4进3，局势更佳。

38. 车四进三　炮9退1　　39. 车四平六　炮9平8
40. 马六退八　车7进6　　41. 仕五退四　车7退5
42. 兵五平六　炮8进8　　43. 帅五进一　卒3进1
44. 马八退六　车7进4　　45. 帅五进一　炮8退8
46. 兵六平五　卒3平2　　47. 车六平四　士5进4
48. 车四进五　炮8进1　　49. 车四退四　卒2进1
50. 马六进四　将5进1　　51. 兵五进一　…………

红方若走车四平八，将5平6，车八平四，将6平5，红方一将一杀违反棋例。

51. …………　车7退6　　52. 马四退五　将5退1

让黑方将安然归位，红方显然吃亏。退马应改走兵五进一，象7进5，马四退五，象5进3，帅五平四，这样黑方子力受到牵制。

53. 车四平三　车7平6　　54. 兵五平六　车6进2
55. 马五进六　将5平6　　56. 帅五退一　车6进4
57. 帅五进一　卒2平3　　58. 马六退八　车6退4

退车控制红马退六，细腻之着。

59. 帅五退一　卒 3 平 4　　　　60. 马八退七　车 6 进 4

61. 帅五进一　炮 8 退 1　　　　62. 车三退一　…………

如走车三进四拦炮，车 6 退 3，帅五退一，车 6 平 3，车三平二，卒 4 进 1，也是黑方胜。

62. …………　炮 8 平 5　　　　63. 兵六平五　象 5 进 7

第 64 局　湖北柳大华(红先胜)上海徐天利

(1985 年 10 月 27 日弈于上海)

仙人指路对过宫炮

"百岁杯"中国象棋大师邀请赛

老将徐天利对反宫马布局很有研究,用反宫马抵御中炮,可以说是他的拿手好戏。为了避其所长,此局我没有采用中炮开局,而是选用仙人指路的开局。

1. 兵三进一　炮 2 平 6　　2. 炮八平五　马 2 进 3
3. 马八进七　车 1 平 2　　4. 马二进三　车 2 进 4
5. 车九进一　卒 7 进 1　　6. 车九平四　士 6 进 5

以上由仙人指路转演成中炮对过宫炮的布局阵势。黑方同样补士,似应补士 4 进 5 为宜。

7. 兵五进一　卒 7 进 1　　8. 马三进五　车 2 平 7
9. 兵五进一　卒 5 进 1　　10. 相三进一　…………

红方飞边相,为一路车开通道路,构思精巧。红方此时另有两种走法:①马五进七,卒 3 进 1,车四进六,马 8 进 7,车四进一,卒 3 进 1,黑方稍好;②马五进六,象 7 进 5,马六进八,马 8 进 7,黑方多卒占优。

10. …………　卒 7 进 1　　11. 车四进四　车 7 平 6

兑车不如象 7 进 9,车四平三,象 9 进 7,车一平三,炮 8 平 7,炮五进三,炮 6 平 5,黑方多过河卒略优。

12. 马五进四　象 7 进 5

黑方补象是造成局势被动的根源。此时,黑方应走炮 6 平 5,车一平三,炮 5 进 5,相七进五,象 7 进 5,车三进三,马 8 进 6,黑方局势可以满意。

13. 车一平三,马 8 进 6

必走之着。如走马 8 进 9,车三进三,车 9 平 7,车三进六,象 5 退 7,马四进二,红方得子优势。

14. 车三进三　炮 6 进 1　　15. 仕六进五　车 9 平 6
16. 马七进五　马 6 进 5　　17. 车三进三　马 5 进 3

18. 马五进六　马 3 进 4(图)

19. 炮五进五　…………

如图形势红方弃炮换象，凶狠异常，由此红方完全控制了局势。

黑方 徐天利

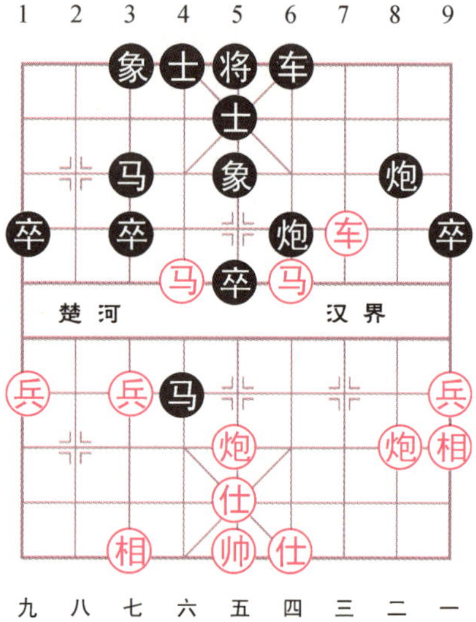

红方 柳大华

19. …………　象 3 进 5

20. 马六进五　炮 6 退 2

21. 炮二平八　炮 8 进 7

22. 相一退三　车 6 平 8

23. 车三进二　士 5 进 4

上士，无可奈何。如改走车 8 平 6，车三平四，车 6 进 1，马五进七，将 5 平 6，炮八进七，红方胜。

24. 车三平四　士 4 进 5

25. 炮八平六　车 8 进 4

此时若走车 8 平 7，车四平二，炮 8 平 9，马五进三，将 5 平 6，炮六平三，车 7 平 9，车二退二，红方胜。

26. 马四进三　车 8 平 7　　　27. 车四平五

弃车杀士，构成精妙杀局。以下黑将 5 平 4，车五平四，将 4 平 5，车四进一，红方胜。

第 65 局　湖北柳大华(红先胜)上海胡荣华

(1985 年 10 月 29 日弈于上海)

飞相局对过宫炮

"百岁杯"中国象棋大师邀请赛

这是"百岁杯"赛最后一轮的一盘对局。当时胡荣华、吕钦和我三人同积 10 分,吕钦的小分较高,形势较为有利。我和胡荣华如下成和局,只能分列二、三名,只有分出胜负,胜者才能获得冠军。下面是我执先取胜的过程。

1. 相七进五　炮 8 平 4　　2. 兵三进一　马 8 进 7
3. 马二进三　车 9 平 8　　4. 马三进四　车 8 进 6
5. 马八进六　车 8 退 2

黑方车进而复退,看似失先,但红方跳了拐角马后,一路车出路不好,所以黑方并不吃亏。

6. 马四进三　马 2 进 3　　7. 车一进一　象 3 进 5
8. 炮二平三　卒 3 进 1　　9. 车九平七　士 4 进 5
10. 马六进四　车 8 平 6　　11. 仕四进五　炮 2 平 1
12. 车一平二　车 1 平 2　　13. 炮八平六　车 2 进 5
14. 兵五进一　车 6 进 2　　15. 炮三退一　车 6 平 7
16. 马三退二　…………

以上一段,双方纠缠甚紧。红方退马,是以退为进的好棋。

16. …………　马 7 进 6　　17. 马二退一　…………

退马正着。如走兵三进一,车 7 退 2,马四进三,马 6 进 7,车二进二,炮 1 进 4,炮六进一,炮 1 平 4,车二平三,炮 4 退 3,黑方多卒占优。

17. …………　车 7 平 4　　18. 炮六进五　士 5 进 4
19. 兵三进一　马 6 退 4　　20. 车二进三　士 4 退 5
21. 兵一进一　炮 1 进 4　　22. 兵三平四　马 4 进 2

进马放弃对红方中兵的牵制,坏棋。此时似可改走炮 1 退 2,兵四进一,卒 5 进 1,兵五进一,车 2 平 8,马一进二,炮 1 平 5,黑方局势不差。

23. 兵四进一　卒 1 进 1　　24. 车二进二　车 4 退 3

25. 马一进二　炮1退1　　26. 马二进三　炮1平5
27. 兵七进一　卒5进1　　28. 马三进四　车2平3
29. 车七进四　卒3进1　　30. 马四进五　卒5进1
31. 车二平三　象7进9　　32. 车三平一　士5进6

此时如走象9退7，车一平三，象7进9，炮三平一，象9退7，炮一平二，车4进1，炮二进八，将5平4，车三进三，将4进1，车三退三，车4平6，相五进七，红方胜势。

红方抓住黑方进马的坏棋，步步紧逼，取得了很大的攻势。黑方此时撑士，造成速败。改走将5平4，尚可支持。

至如图形势时，红方已取得决定性的胜利。

黑方 胡荣华

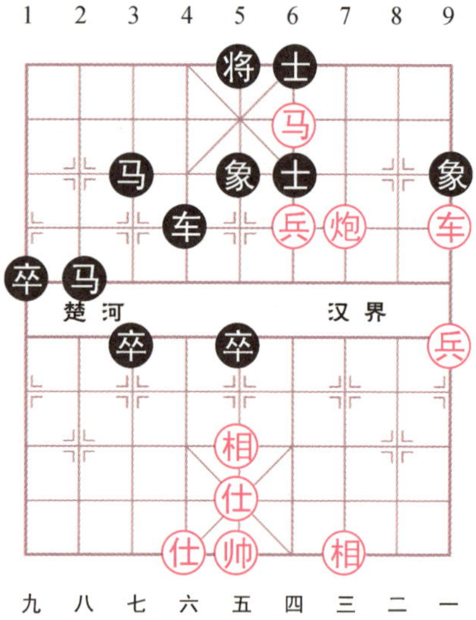

红方 柳大华

33. 炮三进五(图)　车4退2
34. 兵四进一　象5进7
35. 炮三进一　卒3平4
36. 车一平八　马2退4
37. 炮三平七　马4退6
38. 马四退二　车4进1
39. 车八进三　将5进1　　40. 炮七退六　车4平3
41. 炮七平六　车3进6　　42. 车八平四　…………

兑子后，红方有车马兵，黑方又缺双士，无法抵挡红方马的攻势。

42. …………　车3平4　　43. 车四退二　车4平3
44. 车四平九　车3退5　　45. 马二进一　车3平9
46. 马一退三　将5平4　　47. 车九进一　将4退1
48. 车九退三　将4进1　　49. 车九平六　将4平5
50. 车六平五　将5平4　　51. 马三进五　车9进2
52. 马五退四　象7退5　　53. 车五进二　车9平6
54. 车五平七　将4平5　　55. 马四退六　将5平6
56. 车七平一　车6退2　　57. 马六进七　车6退1
58. 车一进一　将6退1　　59. 马七退六　车6进1
60. 马六进八　车6进3　　61. 马八退七　车6退4
62. 车一进一　将6进1　　63. 车一平五

第 66 局　湖北柳大华(红先胜)江苏李国勋

(1985 年 11 月 14 日弈于淄博)

中炮对反宫马

"柳泉杯"中国象棋大师邀请赛

1. 炮八平五　马 8 进 7　　2. 马八进七　炮 2 平 4

3. 兵七进一　马 2 进 3　　4. 马二进一　车 1 进 1

黑方起横车,这是反宫马对中炮缓开车的流行走法。如改走车 1 平 2 亦可。

5. 炮二平三　车 9 平 8　　6. 车一平二　炮 8 进 4

7. 车九平八　…………

在 1985 年 8 月"敦煌杯"赛中,江苏徐天红曾走过车九进一的变着,黑方应以车 1 平 6,车九平六,士 6 进 5,仕六进五,车 6 进 3,车六进五,象 7 进 5,黑方阵形严整,红方无先手。鉴于红方起横车占不到便宜,所以我采用直车的攻法。

7. …………　车 1 平 6　　8. 车八进六　车 6 进 6

9. 炮三进四　象 7 进 5

黑方补象后,3 路马被红车压回原位,黑方较为吃亏。在"百岁杯"赛中,胡荣华与赵国荣曾弈成同一局面,胡方不补象,应以炮 4 平 6,车八平七,象 7 进 5,仕六进五,车 6 退 2 成为大体均势的局面。

10. 车八平七　马 3 退 2　　11. 兵七进一　…………

红方急于冲兵过河,易遭反扑。应改走仕六进五,车 6 退 2,炮五平三,红方多兵占优。

11. …………　车 6 退 3　　12. 马七进六　车 6 平 8

这步棋丧失战机。应改走车 6 平 7,炮五平三,车 7 平 5,黑方取得反击的机会。

13. 兵三进一　马 2 进 1　　14. 车七进一　士 6 进 5

15. 炮三平九　炮 8 平 1　　16. 车二进五　车 8 进 4

17. 兵一进一　炮 1 退 1　　18. 炮九退一　车 8 进 2

19. 兵三进一　车 8 平 5　　20. 兵三进一　车 5 退 1

21. 马六进七　马 7 退 8
22. 马七进九　炮 4 平 1
23. 炮九进一　炮 1 进 4
24. 兵七平八　车 5 平 2(图)
25. 炮五平七　…………

黑方平车捉兵，授人以隙。应改走车 5 退 1 较好。

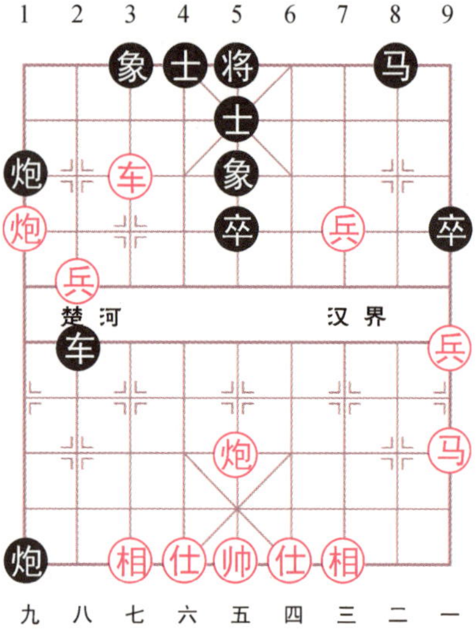

如图形势，红方弃兵平炮，既化解了黑方车沉底的攻势，又可炮九平七攻象，真可谓一举两得的好棋。由此，红方扩大了优势。

25. …………　炮 1 退 3
26. 炮九平七　车 2 平 5
27. 仕六进五　炮 1 平 5
28. 相七进五　士 5 退 6
29. 前炮进三　象 5 退 3　　30. 炮七进七　士 4 进 5
31. 炮七平八　将 5 平 4　　32. 车七平九　车 5 平 4
33. 车九退七　马 8 进 6　　34. 炮八退三　马 6 进 8
35. 兵三平二　马 8 退 7　　36. 兵八平七　马 7 进 6
37. 兵七进一　马 6 进 7

如改走马 6 进 5，兵七进一，车 4 平 3，炮八平六，车 3 退 3，炮六退六，红方优。

38. 兵七进一　车 4 平 3　　39. 炮八平六　车 3 退 3
40. 炮六退六　将 4 平 5　　41. 车九进九　士 5 退 4
42. 车九退六　炮 5 退 2　　43. 车九平五　马 7 进 9

贪吃边兵，造成速败。应改走车 3 平 2，马一进二，车 2 进 3，马二进三，黑方尚可坚持。

44. 兵二平三　车 3 平 2　　45. 马一进二　车 2 进 1
46. 兵三平四　马 9 进 8　　47. 马二进三　马 8 进 9
48. 车五平三　车 2 进 3　　49. 车三退一　炮 5 平 1
50. 马三进一　炮 1 进 5　　51. 相五退七　炮 1 退 8

如改走炮 1 平 4 兑炮，红方可走车三平六，炮 4 退 1，帅五平六，车 2 平 6，马一进三，将 5 进 1，帅六进一，将 5 平 6，车六进七，也是红方胜势。

52. 马一进三　将 5 进 1　　53. 兵四平五　炮 1 平 7

54. 车三进六　将5退1　　55. 炮六进二　马9退8
56. 炮六平五　士4进5　　57. 兵五进一　将5平4
58. 车三退六　马8退9　　59. 车三进二　马9进7
60. 炮五平二

最后一段着法，红方步步紧逼，终于以车炮兵构成杀势。

附参考局(二则)

江苏徐天红(红先胜)上海胡荣华

(1985 年 8 月 22 日弈于兰州)

中炮对反宫马

第二届"敦煌杯"中国象棋大师邀请赛

炮二平五	马 2 进 3	马二进三	炮 8 平 6	兵三进一	马 8 进 7
马八进九	车 9 进 1	炮八平七	车 1 平 2	车九平八	炮 2 进 4
车一进一	车 9 平 4	车一平四	士 4 进 5	仕四进五	车 4 进 3
车四进五	象 3 进 5	炮七进四	炮 2 进 1	马三进四	车 4 退 1
炮五平七	车 4 进 2	马四进三	车 4 平 7	相三进五	车 7 进 1
车四退二	车 7 平 5	车四平七	卒 5 进 1	兵九进一	车 5 退 1
前炮平六	马 3 进 4	车七进二	炮 6 进 4	炮六平九	炮 6 平 5
帅五平四	车 5 平 1	相五进七	卒 5 进 1	炮七平三	象 5 进 7
炮三平五	马 4 进 3	炮九平八	车 1 退 1	车八进二	车 1 平 6
炮五平四	马 3 退 1	车八进二	车 2 进 3	车七平八	马 1 退 2
车八进二	马 7 进 5	马九进七	马 5 进 3	车八退一	炮 5 平 4
马七进九	象 7 进 5	车八进四	士 5 退 4	马九进八	士 6 进 5
马八进七	炮 4 退 5	车八退三	马 3 退 4	车八平七	车 6 进 2
兵一进一	士 5 进 6	帅四平五	士 4 进 5	车七平九	车 6 退 2
相七进九	卒 5 进 1	炮四平六	车 6 平 3	炮六平七	车 3 平 2
马三进二	马 4 进 5	车九平一	士 5 进 4	车一平四	士 6 退 5
车四退一	车 2 进 3	车四平五	车 2 平 3	车五平八	士 5 退 4
马二退四	将 5 进 1	车八平五	车 3 平 2	马四退三	车 2 退 6
马三进一	车 2 平 3	车五平二	象 5 退 7	马一进三	将 5 进 1
帅五平四	士 4 退 5	车二进二	士 5 进 6	马三退四	将 5 退 1
马四进六					

黑龙江赵国荣(红先负)上海胡荣华

(1985 年 10 月 22 日弈于上海)

中炮对反宫马

“百岁杯”中国象棋大师邀请赛

炮二平五	马 2 进 3	马二进三	炮 8 平 6	兵三进一	马 8 进 7
马八进九	车 9 进 1	炮八平七	车 1 平 2	车九平八	炮 2 进 4
车一平二	车 9 平 4	车二进六	车 4 进 6	炮七进四	炮 6 平 4
仕四进五	车 4 退 2	车二平三	象 3 进 5	炮五平七	马 7 退 5
帅五平四	车 2 进 4	相七进五	炮 4 进 1	车三进二	车 2 平 6
帅四平五	炮 2 退 2	兵三进一	象 5 进 7	车三平二	炮 2 平 1
车八进二	象 7 退 5	炮七平八	炮 1 平 3	马三进二	车 6 平 7
炮七进三	车 7 平 3	炮八进一	马 5 退 3	炮八平九	前马进 2
炮九进二	士 6 进 5	兵九进一	炮 4 平 2	车八平七	车 3 平 7
兵七进一	炮 2 平 3	车七平六	车 4 进 2	仕五进六	马 2 退 4
车二平四	马 4 退 3	炮九平六	将 5 平 4	车四平五	马 3 进 2
车五平四	将 4 平 5	马二进四	马 3 进 4	马九进八	象 5 退 3
车四平六	车 7 平 6	车六退一	炮 3 退 2	车六进一	车 6 平 2
兵七进一	车 2 平 3	马八进九	车 3 平 4	车六平三	象 3 进 5
仕六进五	车 4 进 1	马九进八	车 4 平 1	马八退七	车 1 进 4
仕五退六	车 1 退 3	车三平四	车 1 平 5	马七进五	马 2 退 4
车四进一	将 5 进 1	马五退三	车 5 平 9	车四平六	炮 3 平 4
马三退四	马 4 进 3	车六平七	车 9 退 2	相五进七	马 3 进 5
仕六退五	车 9 平 6	马四退二	象 7 进 5	车七平一	车 6 进 2

第 67 局　河北李来群(红先和)湖北柳大华

(1986 年 1 月 12 日弈于广州)

中炮对反宫马

第六届“五羊杯”象棋冠军赛

1. 炮二平五　马 2 进 3　　2. 马二进三　炮 8 平 6
3. 车一平二　马 8 进 7　　4. 炮八平六　车 1 平 2
5. 马八进七　炮 2 平 1　　6. 兵七进一　卒 7 进 1
7. 马七进六　士 4 进 5　　8. 车九进二　…………

红方采用五六炮进攻反宫马,其战略意图可能是想稳步进取,现在高车也是在贯彻这一指导思想。另一选择是车二进六,车 9 平 8,车二平三,炮 6 退 1,马六进七,车 2 进 3,兵七进一,则变化较为激烈。

8. …………　车 9 平 8　　9. 车二进九　马 7 退 8
10. 车九平七　马 8 进 7　　11. 车七进一　象 7 进 5
12. 兵五进一　车 2 进 4　　13. 马六进五　…………

马踏中卒,捞取实利。此时亦可走兵五进一,卒 5 进 1,马六进七,红方有攻势。

13. …………　马 3 进 5　　14. 炮五进四　炮 6 进 1
15. 炮六平五　炮 6 平 7　　16. 相三进一　卒 1 进 1
17. 仕六进五　炮 7 平 8　　18. 前炮退一　车 2 平 4
19. 兵三进一　卒 7 进 1　　20. 相一进三　炮 8 平 5
21. 相三退一　炮 1 进 1

进炮尽可能保持复杂局面。如果走炮 5 进 2,车七平五将立即成和。

22. 马三进五(图)　车 4 进 1

如图进车捉兵,正着。如误走马 7 进 6,前炮进二,黑方立即崩溃。

23. 前炮平八　炮 5 进 3　　24. 炮八进四　象 3 进 1

不能走士 5 退 4,因红方车七平五吃炮后,中路有攻势。

25. 车七平五　车 4 平 3　　26. 车五平八　车 3 平 5
27. 相一退三　车 3 进 1　　28. 炮八平九　…………

平炮邀兑极为明智。如改走车八进三捉炮，黑方车 5 退 2，纠缠下去黑方占优。

黑方 柳大华

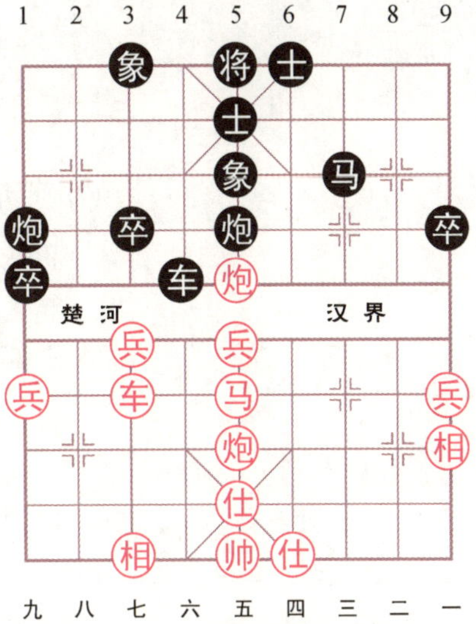

红方 李来群

28. ………… 炮 1 退 3
29. 车八进六 象 5 退 3
30. 车八平九 将 5 平 4
31. 车九平八 车 5 平 3
32. 相七进九 车 3 进 1
33. 车八退三 马 7 进 6
34. 车八平四 马 6 进 7
35. 车四平一 车 3 平 1
36. 车一平六 士 5 进 4
37. 车六进一 将 4 平 5
38. 车六退五 卒 1 进 1
39. 帅五平六 车 1 平 3
40. 车六进七 将 5 进 1
41. 车六退一 将 5 进 1

黑方如果走将 5 退 1，红方车六退三，卒 1 进 1，车六平五，士 6 进 5，车五平七，马 7 进 5，车七退二成为和局。

42. 车六退二 卒 1 进 1　　43. 车六平五 将 5 平 6
44. 炮五平四 将 6 退 1　　45. 帅六平五 马 7 进 6
46. 炮四平六 马 6 退 8　　47. 炮六平四 卒 1 进 1
48. 仕五退六 象 3 进 5　　49. 车五进一 马 8 退 7
50. 车五退五 车 3 平 9

如改走卒 1 进 1，仕四进五，车 3 平 5，车五进一，马 7 进 5，相三进五也是和局。

51. 炮四平九 车 9 平 6　　52. 仕六进五 卒 3 进 1
53. 车五平三 …………

如误走车五进二捉马，车 6 进 3，红方还有输棋的可能。

53. ………… 马 7 退 5　　54. 车三平四 车 6 进 1
55. 仕五进四 马 5 进 4　　56. 相三进五

第68局　湖北柳大华(红先负)广东吕　钦

(1986年1月17日弈于广州)

中炮对反宫马

第六届"五羊杯"象棋冠军赛

1. 炮八平五　马8进7　　2. 马八进七　炮2平4
3. 兵七进一　马2进3　　4. 马二进一　车1进1

采用起横车的走法应中炮缓开车，从以后的局势来看，黑方并不理想。此时可考虑走车1平2，炮二平三，象7进5，车一平二，炮8平9，黑方足可抗衡。

5. 炮二平三　车9平8　　6. 车一平二　车1平6

另一路变化是炮8进4，车九平八，车1平6，车八进六，车6进6，炮三进四，红方取得多兵的优势。

7. 车二进四　士6进5　　8. 车九进一　炮8进2

升炮巡河，未免虚浮。应改走车6进6，炮三进四，象7进5，局面较为稳正。

9. 车九平六　车6进6　　10. 炮三退一　炮4平6
11. 仕六进五　车6平7　　12. 车六进三　炮8平9
13. 车二进五　马7退8　　14. 车六平一　马8进9
15. 马七进六　车7平8　　16. 马六进五　马3进5
17. 炮五进四　象7进5　　18. 相七进五　卒7进1
19. 炮三进四　车8退4　　20. 炮五退二　卒3进1
21. 兵七进一　炮9平3　　22. 炮三平六　马9退7
23. 炮五平七　炮3平2　　24. 炮六进三　马7进6
25. 车一平六　炮2平9(图)　　26. 兵一进一　…………

如图形势红方挺兵捉炮，正中下怀。应改走车六进二，马6进7(如炮9进3，车六平七，象3进1，炮七平八，红方大占优势)，车六平二，马7退8，马一退三，马8进6，兵三进一，马6进5，炮七平五，红方占优。

26. …………　炮9进3　　27. 相三进一　炮6平9
28. 相一退三　马6退4　　29. 车六平五　车8平2

黑方吕 钦

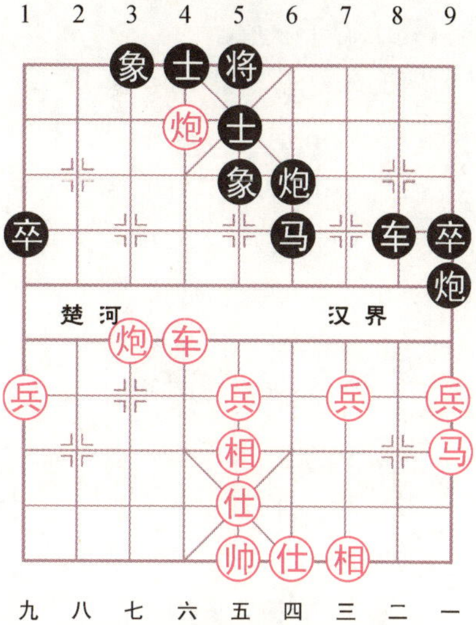

红方 柳大华

30. 炮七退二　炮9平6

31. 车五平七　…………

平车正着。如走车五进三吃象,车2进6,仕五退六,车2退2,炮七退一,炮6退1,黑方得子。

31. …………　象3进1

32. 炮六平九　象1退3

33. 车七退一　…………

退车无作用。应改走兵三进一。

33. …………　车2退2

34. 炮九进一　炮6退1

35. 车七进三　车2退1

36. 车七平四　士5进6

37. 车四平六　…………

平车捉马,易成和局,这与红方积极求胜的指导思想相违背。如要求胜不如走车四进一,炮6平3(将5进1,炮七进二,红方优),炮九平七,将5进1,车四退一,象5退3,车四平六,红方虽少子,但黑方士象残缺并少卒,红方还很有作为。

37. …………　士6退5　　38. 车六平九　马4进3

39. 车九退一　…………

退车边隅是贪胜忘危的败着。正确的走法是车九平四,黑方车2平1,车四进二,车1进6,车四退五,马3进2成和局。

39. …………　马3进2　　40. 车九退一　炮6进7

41. 帅五平六　炮6退4　　42. 炮九退四　炮6平4

43. 炮七进一　车2进3　　44. 车九平七　车2平4

45. 炮九平八　炮4平5　　46. 仕五进六　车4进4

47. 帅六平五　车4退1　　48. 兵五进一　炮5平8

49. 兵三进一　炮8进5　　50. 帅五进一　车4平6

51. 炮八平六　将5平6　　52. 炮六退四　车6进3

53. 相三进一　车6退3　　54. 帅五退一　炮8退4

55. 帅五进一　象3进1　　56. 相五退三　马2进3

57. 炮七退一　炮8进3　　58. 炮七平四　车6进1

59. 车七退三　车6进1　　60. 帅五进一　炮8平4

黑方抓住红方子力位置差的弱点，利用车、马、炮组成强大攻势，使红方防不胜防，终于得子获胜。

61. 车七进五　车 6 退 3　　62. 车七平五　象 1 退 3
63. 帅五退一　炮 4 退 2　　64. 兵九进一　将 6 平 5
65. 兵九进一　炮 4 平 8　　66. 帅五平六　车 6 进 3
67. 帅六进一　车 6 平 5　　68. 车五平一　车 5 退 3
69. 车一平二　炮 8 平 3　　70. 车二平七　炮 3 平 8
71. 车七平二　炮 8 平 3　　72. 帅六退一　炮 3 退 5
73. 车二平六　炮 3 进 1　　74. 车六退四　车 5 退 1
75. 兵九进一　车 5 退 1　　76. 兵一进一　车 5 平 1
77. 兵一平二　车 1 进 1　　78. 车六平二　炮 3 平 4
79. 帅六平五　车 1 平 5　　80. 帅五平四　士 5 进 6
81. 帅四退一　炮 4 退 1　　82. 相三进五　炮 4 平 8
83. 兵二平三　炮 8 平 6　　84. 帅四平五　象 5 进 7
85. 兵三进一　车 5 平 7　　86. 车二进七　炮 6 退 1
87. 帅五平六　士 4 进 5　　88. 相一进三　车 7 平 4
89. 帅六平五　将 5 平 4　　90. 帅五进一　炮 6 平 5
91. 车二退三　将 4 进 1　　92. 车二平七　士 5 退 4
93. 车七平五　炮 5 进 1　　94. 车五退三　车 4 进 1
95. 相三退一　象 3 进 1　　96. 车五进三　象 1 进 3
97. 车五退三　炮 5 进 1　　98. 车五进二　车 4 平 9
99. 相一退三　车 9 进 4　　100. 帅五平四　车 9 平 7
101. 车五平七　车 7 退 3　　102. 车七平六　将 4 平 5
103. 车六平四　车 7 平 5　　104. 相五退七　将 5 退 1
105. 车四进二　士 4 进 5　　106. 车四退五　炮 5 平 6
107. 车四平七　车 5 进 3　　108. 车七进七　士 5 退 4
109. 车七退七　炮 6 退 2　　110. 车七平五　车 5 退 2
111. 相七进五　将 5 进 1

第 69 局　甘肃李家华(红先负)湖北柳大华

(1986 年 8 月 24 日弈于彭泽)

中炮过河车对屏风马平炮兑车

“龙宫杯”中国象棋邀请赛

李家华是甘肃名将钱洪发的嫡传弟子,1987 年在全国象棋个人赛上获得大师称号。这是 1986 年 8 月 24 日江西彭泽县举行的六省二市“龙宫杯”中国象棋邀请赛中,甘肃李家华先行负于我的一局棋。

1. 炮二平五　马 8 进 7　　2. 马二进三　车 9 平 8
3. 车一平二　马 2 进 3　　4. 兵七进一　卒 7 进 1
5. 车二进六　炮 8 平 9　　6. 车二平三　炮 9 退 1
7. 马八进七　士 4 进 5　　8. 马七进六　炮 9 平 7
9. 车三平四　象 7 进 5

飞左象是较为少见的走法,其战略目的是想出其不意,攻其不备。

10. 炮五平六　炮 2 进 4　　11. 相三进五　炮 2 平 7
12. 车九平八　车 1 平 2　　13. 炮八进五　卒 7 进 1
14. 车四进二　后炮平 8

炮平 8 其目的是想集中子力在红方右翼组织攻势,但由于红方在左翼发动的攻势更快,所以黑方平炮是有问题的一手棋。改走马 7 进 8,相五进三(马六进七,炮 7 进 2),卒 3 进 1,兵七进一,象 5 进 3,马六进四,炮 7 进 2,局势稳固。

15. 马六进七　炮 8 进 6　　16. 兵九进一　…………

挺边兵,为炮八进一然后马七进九入卧槽作准备,这是改进后的走法,符合局势发展的正确选择。1983 全国团体赛中,我与钱洪发曾弈成同一局面,当时钱走炮八进一,炮 7 平 1,炮六进六,车 8 进 4 黑方反先。

16. …………　炮 8 平 9　　17. 仕四进五　…………

现在已形成激烈的对攻局面,鹿死谁手取决于进攻速度。红方补仕放弃对攻,失策。此时应改走炮八进一,炮 9 进 2,帅五进一,车 2 平 1,车八进七,红方攻势优于黑方。

17. ………… 炮 9 进 2　　18. 车四退七　车 8 进 9
19. 车四退一　车 8 平 6　　20. 帅五平四　炮 7 平 6
21. 炮六平七　卒 7 进 1
22. 马七退六(图)　炮 6 退 5

黑方 柳大华

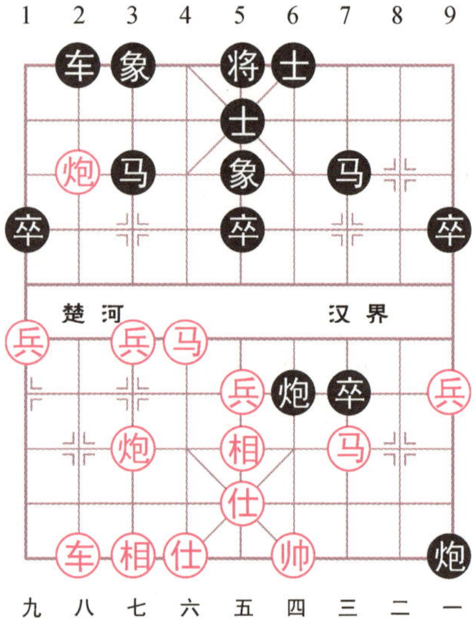

红方 李家华

如图黑方退炮先弃后取是获胜的佳着。如改走马 3 进 4，马六退四，卒 7 平 6，黑方获胜要费周折。

23. 炮七进五　士 5 进 6
24. 帅四平五　卒 7 进 1
25. 炮七平四　炮 6 平 8
26. 仕五进六　车 2 进 1

此时亦可改走炮 8 进 8，帅五进一，炮 9 平 4，得子占优。

27. 帅五进一　炮 8 进 7
28. 相五进三　马 7 进 8
29. 马六退四　马 8 进 6
30. 车八进五　卒 7 进 1
31. 帅五进一　车 2 平 8
32. 帅五平四　车 8 进 5

红方无法解除黑方下一手车 8 平 7 或炮 9 退 2 的杀着，遂认负。

第70局　上海胡荣华(红先和)湖北柳大华

(1986年10月26日弈于厦门)

中炮横车七路马对屏风马

中国象棋名手表演赛

第二届“七星杯”象棋团体邀请赛在厦门举行，除了比赛外，赛会邀请了胡荣华、陈孝堃和我加上东道主棋手郭福人进行了表演赛，为大赛助兴。

1. 炮二平五　马8进7　　2. 马二进三　卒7进1

3. 兵七进一　马2进3　　4. 马八进七　车9平8

5. 车一进一　象3进5　　6. 车一平四　炮8平9

1986年5月，在第二届“天龙杯”比赛中，我曾采用炮2进4的走法战胜过上海林宏敏，考虑到胡荣华对此路变化会有充分的准备，所以我采用了平炮亮车的走法。

7. 炮八进二　马7进8　　8. 炮五平六　…………

常见的走法是车四平二，现在卸炮，避开熟套，这样能更好地考验双方的应变能力。

8. …………　马8进9　　9. 马三进一　炮9进4

10. 相七进五　…………

放弃中兵，是有远见的一步棋。如走兵三进一，车8进6，炮六进一，车8进1，黑方反先。

10. …………　士4进5

不吃红方中兵，与放弃中兵针锋相对。如炮9平5打中兵，仕六进五，士4进5，车四进二，炮5退2，马七进六，黑方虽多二卒，但车路不够畅通，且三路线太弱。以下红方可走车九平七，马六进七，从黑方三路线施加压力，红方可占优势。

11. 仕六进五　炮2进2

升炮巡河，作用不大。应改走车8进3，炮八进二(马七进六，卒5进1，局势平稳)，车1平4，车四进三，车4进6，黑方局势乐观。

12. 马七进六　车8进3　　13. 车四进三　卒5进1

14. 兵五进一　卒 5 进 1　　15. 车四平五　炮 9 退 2
16. 炮六进一　炮 2 平 4　　17. 炮六平五　车 1 平 2
18. 车九平八　车 2 进 3　　19. 马六退七　…………

以退为进的佳着。以下黑方较难应付。

19. …………　车 2 进 1　　20. 炮五平八　…………

平炮打车，有操之过急的感觉，可考虑走车八平六，控制局势。

20. …………　车 2 平 1　　21. 兵九进一　车 1 进 1
22. 前炮进三　车 8 平 5　　23. 车五平六　卒 3 进 1
24. 前炮平九　卒 3 进 1　　25. 炮八进六　炮 4 平 1
26. 车六进四(图)　车 1 平 2

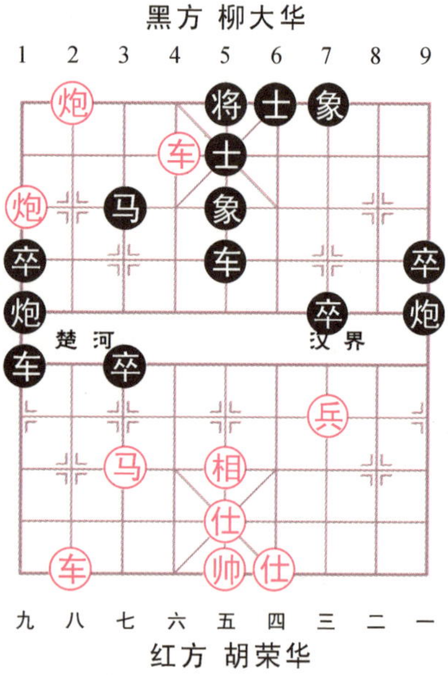

以上几个回合，双方走得精彩正确。如图形势，黑方岌岌可危，稍有差错将立即败北。试演如下：①炮 1 退 2，车八进七，下步炮八平九即胜。②马 3 进 2，炮九平八，红方有较强的攻势。③卒 3 平 2，车六平七，车 5 平 2，炮八平九，黑方要失子。现黑方虎口弃车，迅速瓦解红方攻势，不失为一步很好的选择。

27. 马七进八　马 3 退 2
28. 车六平八　炮 1 退 2
29. 前车进一　士 5 退 4
30. 相五进七　士 6 进 5
31. 相七退五　炮 9 平 8
32. 马八退七　炮 8 进 3
33. 马七进六　车 5 进 2
34. 马六进八　炮 8 退 5　　35. 马八进六　车 5 平 4

细腻。如走车 5 退 2，马六进五，红方胜。

36. 后车平六　车 4 进 4　　37. 仕五退六　卒 9 进 1

有问题的一手。应改走炮 1 平 2，仕四进五，卒 9 进 1，帅五平四，炮 2 平 4，车八退五，炮 8 平 6，下步炮 6 退 2 成正和局面。

38. 马六进七　将 5 平 6　　39. 车八退三　炮 1 平 3
40. 车八平四　士 5 进 6　　41. 车四平九　…………

应走车四平一较有胜机。

41. …………	卒9进1	42. 车九进三	士6退5
43. 车九退五	卒9进1	44. 车九平一	炮8退1
45. 马七退九	…………		

若继续走马七进九,卒9平8,车一平二,炮3退1,车二退一,炮3平1,成和。

45. …………	卒9平8	46. 马九退七	卒8平7
47. 车一进五	士5进4	48. 仕六进五	士4进5
49. 马七退六	炮8平7	50. 马六进四	将6平5

附参考局(一则)

上海林宏敏(红先负)湖北柳大华

(1986年5月8日弈于太原)

中炮横车七路马对屏风马

第二届"天龙杯"中国象棋大师邀请赛

炮二平五	马2进3	兵七进一	卒7进1	马八进七	马8进7
马二进三	车9平8	车一进一	象3进5	车一平四	炮2进4
兵五进一	炮8进4	马三进五	士4进5	兵五进一	卒5进1
马五进六	马3进5	炮五平二	车8平9	车九进一	卒3进1
兵三进一	炮2退2	马七进五	车9进1	兵七进一	马5进3
车九平六	卒5进1	马五进七	马7进5	马六进四	卒5平4
车四进二	炮2退1	马四进二	炮8退1	炮八平五	卒4平3
车六平四	车1进2	炮二平三	车1平4	前车平二	马4进6
车四进二	炮2平5	仕四进五	卒7进1	马二退四	车4进3
帅五平四	马6退4	马四退二	车9退1	炮五进三	马3退4
炮五退三	车4平5	炮五平四	象7进9	车四进二	马4进6
炮三退一	炮5平8	车二平八	卒3平2	车八平七	象5进3
相三进五	车9平8	仕五进六	马6进7	帅四平五	后炮平3
车七平六	车5退1	车六进二	车5平6	车六平四	炮3平5
仕六进五	车8进3	兵一进一	炮8进4	炮三进三	

第71局　广东吕　钦(红先胜)湖北柳大华

(1986年12月26日弈于广州)

中炮七路马对屏风马双炮过河

第七届“五羊杯”象棋冠军赛

1.炮二平五　马8进7　2.马二进三　车9平8
3.车一平二　马2进3　4.兵七进一　卒7进1
5.马八进七　炮2进4　6.兵五进一　炮8进4

进炮封车,形成中炮七路马对屏风马双炮过河的布局阵势。此时黑方亦可走炮8进3。

7.车九进一　炮2平3　8.相七进九　车1平2
9.车九平六　炮3平5

平炮叫将,力求兑子简化局势,改走炮3平6变化较为复杂。

10.仕六进五　车2进7　11.马三进五　车2退1
12.车六进六　…………

进车捉马,正着。如走兵三进一,马7进6,马五退三,卒7进1,车六进六,士6进5,车六平七,象7进5,黑方弃子控制了局势,红方不利。

12.…………　炮8平5　13.车二进九　马7退8
14.车六平七　象7进5　15.车七退一　马8进6
16.兵七进一　炮5平9

平炮打兵,促使局势向对攻方向发展。如果走车2平3,马七进五,车3平5,兵七平六,车5退1,车七平九,车5进1,兵六进一,黑方无子动弹,红方显然占优。

17.兵七平六　车2平7　18.兵五进一　车7进3

及时杀相使红方有所顾忌。如走卒5进1,兵六平五,车7进3,兵五平四,士6进5,车七平一,炮9平8,车一进三,炮8退6,炮五平四,士5进6,兵四进一,车7退4,仕五退六!(因黑方有车7平9的凶着。)黑方局势崩溃。

19.兵五进一(图)　车7退2

如图黑方退车捉炮,败着。应改走车7退4,帅五平六,士6进5,兵五进一,象

3 进 5，车七平一，车 7 平 5，成为各有千秋的局面。

20. 仕五进四　车 7 平 6
21. 相九退七　炮 9 进 1
22. 炮五进一　上 6 进 5

红方升炮避兑，好棋。黑方如贸然走炮 9 平 3 吃马，红方走兵五进一，士 6 进 5，兵五进一，将 5 进 1，车七平五，将 5 平 4，炮五平六，马 6 进 4，兵六进一，红方胜定。

23. 兵五进一　象 3 进 5
24. 炮五平八　将 5 平 6
25. 炮八退一　炮 9 进 2
26. 帅五进一　车 6 退 5
27. 炮八进七　象 5 退 3
28. 车七进三　马 6 进 8
29. 兵六平五　车 6 进 6　　30. 帅五进一　车 6 退 1
31. 帅五退一　车 6 进 1　　32. 帅五进一　车 6 进 1
33. 马七进六

黑方 柳大华

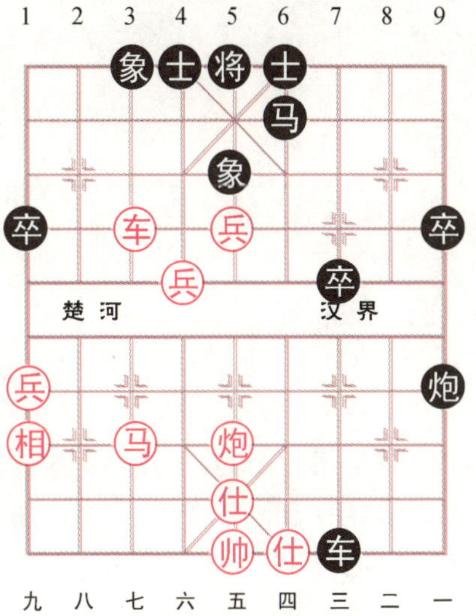

红方 吕 钦

第72局 湖北柳大华(红先胜)广东吕 钦

(1986年12月29日弈于广州)

中炮过河车对屏风马平炮兑车

第七届"五羊杯"象棋冠军赛

这是第七届"五羊杯"第一阶段我与吕钦的第四盘交锋。前三局,我一负二和,只有赢得这盘棋,才能有机会在加赛中,争夺出线权。

1.炮八平五　马2进3　　2.马八进七　车1平2
3.车九平八　马8进7　　4.兵三进一　卒3进1
5.车八进六　炮2平1　　6.车八平七　炮1退1
7.马二进三　士6进5　　8.炮二平一　炮1平3
9.车七平六　车9平8　　10.车一平二　马3进2

双方轻车熟路,在五分钟内就走成了五九炮过河车对屏风马平炮兑车的阵势。由此可见,形成这一局面,双方都是乐意的。

11.炮一进四…………

进炮打卒,捞取实利。这种走法目前并不多见,我采用它的目的,是希望收到"出其不意"的效果。

11.…………　卒3进1

此时,黑方有炮3进5、炮8进4、卒3进1三种应法。前两种变化复杂,战斗激烈。吕钦采用卒3进1这种大兑子的变例,符合战和即胜的战略思想。

12.车六平七　马2退3　　13.炮一平五　马7进5
14.炮五进四　马3进5　　15.车七平五　卒3平4

黑方平卒打马,新颖。以往走炮3进5或卒3进1,红方均应以马七退五,可取多兵的优势。

16.马七退五　车2进8　　17.车五平七　车2平4
18.马五进四…………

进马,必走之着。如贪吃黑炮,黑方可走炮8平4,红方将立即陷于被动。

18.…………　炮8平5　　19.仕四进五　车8进9

20. 马三退二(图)　车4退2

如图形势，黑方采用先弃后取的战术，强占了兵线，为消灭红兵创造了条件。

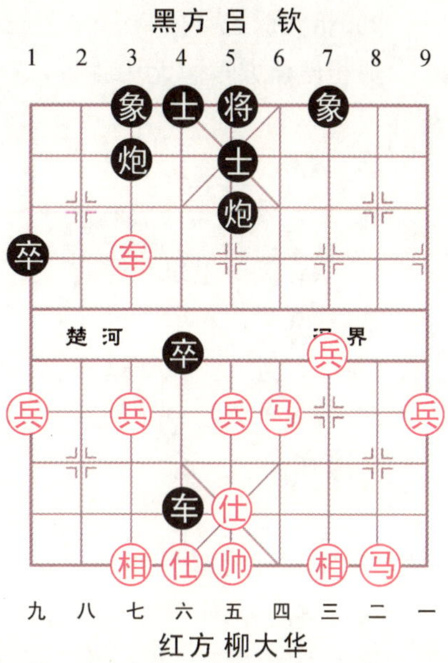

21. 马二进三　炮3进5

22. 车七平三　炮5平3

23. 相三进五　…………

如改走车三进三，士5退6，相七进九，卒4平3，帅五平四，车4退3，黑方有攻势。

23. …………　车4进2

24. 车三平七　前炮平6

25. 车七进一　象3进5

26. 车七退一　炮6平1

27. 车七平九　车4退2

28. 车九平五　车4平3

29. 兵一进一　卒4进1　　30. 兵五进一　卒4进1

31. 车五平九　车3平7　　32. 马三退四　炮1平3

33. 车九平七　炮3平1　　34. 兵一进一　卒4进1

挺卒丧失了一个和棋的机会。应改走卒4平5，相七进五，车7平5，车七退二，车5平9，兵一平二，炮1平8，兵五进一，车9进1，兵三进一，炮8进3，相五退三。

车9平8，兵五进一，象5进7，兵二平三，车8退4，车七平五，炮8平9，兵三平四，炮9退6，兵四进一，炮9平6，可成和局。

35. 车七平九　炮1平2

应改走车7平9，然后走炮1平8，这样还有谋和机会。

36. 车九退三　车7平9　　37. 兵一平二　炮2平8

加速失败。应改走卒4平3，等待机会。

38. 车九平五　炮8平6

红方车平中路，缩小黑方车炮活动的范围是获胜的佳着。黑方平炮无可奈何。如改走炮8进3，马四进三，车9进3，车五平一，这样兑掉黑车成为红方马三兵必胜炮卒士象全的局面。

39. 兵五进一　车9平8　　40. 兵二进一　车8平7

41. 兵五进一　车7和8　　42. 兵二进一　炮6平7

43. 相五退三　…………

退相使黑方车炮无法脱身，这样获胜更易。以下红方三兵长驱直入，黑方束手待毙。

43. …………　炮 7 平 6　　44. 兵二进一　车 8 平 7
45. 兵五平四　车 7 平 9　　46. 兵三进一　车 9 平 7
47. 兵三进一　象 5 退 3　　48. 兵二平三　象 7 进 5
49. 前兵平四　象 5 进 3　　50. 兵三进一　象 3 退 5
51. 兵三进一　象 5 进 3　　52. 后兵平五　象 3 退 5
53. 兵五平六　卒 4 平 3　　54. 相三进五　卒 3 平 4
55. 兵六平七　象 5 进 3　　56. 兵七进一　象 3 进 5
57. 兵七进一　车 7 平 9　　58. 兵七平六　士 5 进 4
59. 车五平六

这盘棋的开局，虽然按照我所准备的变化进行，但由于吕钦应付得当，使我未能占得多大的便宜。进入中局后，吕钦两度运用弃子战术，使局势保持均衡，走得极为灵巧。只是在第 34、35 回合出现软着和劣着，被我紧紧抓住，以细腻的残局着法取胜，赢得了这宝贵的一分。

第73局　山西张致忠(红先负)湖北柳大华

(1987年4月6日弈于福州)

中炮过河车急进中兵对屏风马平炮兑车

第六届全运会中国象棋团体预赛

1. 炮二平五　马8进7　　2. 马二进三　车9平8
3. 车一平二　卒7进1　　4. 车二进六　马2进3
5. 兵七进一　炮8平9　　6. 车二平三　炮9退1
7. 兵五进一　士4进5　　8. 兵五进一　炮9平7
9. 车三平四　卒7进1

以上形成中炮过河车急进中兵对屏风马平炮兑车的阵势。黑方弃7卒的主要目的是牵制红方三路线,减轻中路压力。

10. 马三进五　卒7平6

红方不吃中卒　跃马中路,继续贯彻抢攻的意图。黑方再度弃卒,延缓红方的进攻速度,稳健之着。另一种选择是卒7进1,马五进六,车8进8,马八进七,象3进5,对攻较为激烈。

11. 车四退二　卒5进1　　12. 炮五进三　…………

切忌走马五进六,因黑方可走马3进5,车四进二,象3进5,炮五进四,车1平4,黑方反先。

12. …………　象3进5　　13. 炮八平四　…………

平炮打士从实战效果来看,不如走炮八平五,车1平4,马八进七,炮2进4,车九平八,车4进6,马五进三,炮7进4,兵三进一,车8进4,车四平五,炮2平9,炮五平三,红方优。

13. …………　车8进4　　14. 炮四进七　…………

如改走马三进四,马7进5,相三进五,炮7进3,马四进三,车8退1,炮四进七,炮2退2,炮四退三,均势。

14. …………　炮2退2　　15. 炮四退四　车8退1
16. 马五进三　车8平5　　17. 炮五退四　…………

退炮窝心,造成失子,败着。应改走炮五退三,炮2进5,车四退一,炮2平7,

兵三进一，马 7 进 6，车四进二，炮 7 进 8，仕四进五，车 5 平 8，大体均势。

17. ………… 炮 2 进 5　　18. 车四退二 炮 2 平 7

19. 兵三进一 马 7 进 6　　20. 相三进五 马 6 进 5

21. 马八进七 …………

红方进马的目的是谋取黑方车，但红方由于先前已丢一子，现在两子换一车，换完后仅剩双车而黑方有车炮双马四个大子，红方败局已定。应改走车四进一，车 1 平 2，炮五进二，车 2 进 8，兵九进一，红方虽难走，但可支撑。

21. ………… 马 5 进 3(图)

黑方一车换双后，形成以多打少的胜势局面。

黑方 柳大华

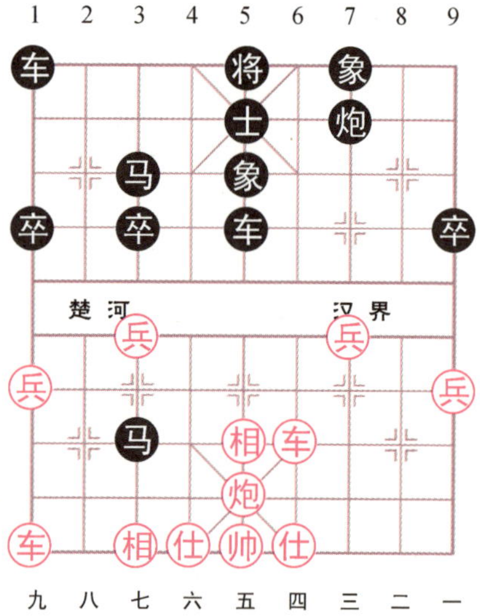

红方 张致忠

22. 炮五进五 马 3 进 5

23. 车四进六 炮 7 进 1

24. 车九进二 马 3 退 4

25. 车九平八 炮 7 平 6

26. 车八进六 马 5 退 3

27. 车八退五 车 1 平 4

28. 仕四进五 …………

红方如走车八平二，车 4 进 3，车二进六，将 5 平 4，车二平三，将 4 进 1，仕四进五，马 4 进 6，黑方胜。

28. ………… 车 4 进 4

29. 车八平五 车 4 平 8

30. 车五进一 …………

迫不得已。如贸然吃象，黑方马 4 进 6 速胜。

30. ………… 马 3 进 5　　31. 车四平三 车 8 退 1

控制红方车出路，老练。以下黑方着法紧凑，胜来干脆利索。

32. 仕五退四 卒 3 进 1　　33. 车五退一 卒 3 进 1

34. 相五进七 象 7 进 9　　35. 仕六进五 象 5 退 3

36. 兵三进一 炮 6 平 5　　37. 车五平七 马 5 进 7

38. 相七退五 车 8 平 3　　39. 车七进三 马 4 退 3

40. 车三退二 炮 5 进 1　　41. 车三进一 将 5 平 4

42. 相七进九 象 3 进 5　　43. 车三退一 马 3 进 5

44. 车三平四 马 5 进 6

第 74 局　广东吕　钦(红先负)湖北柳大华

(1988 年 1 月 7 日弈于广州)

中炮横车七路马对屏风马

第八届“五羊杯”中国象棋冠军赛

1. 炮二平五　马 8 进 7　　2. 马二进三　卒 7 进 1
3. 兵七进一　车 9 平 8　　4. 马八进七　炮 8 平 9

常见的走法是马 2 进 3。平炮亮车意在避开熟套,寻求新变化。

5. 车一进一　马 2 进 3　　6. 车一平六　象 3 进 5
7. 炮八平九　炮 2 进 2

进炮巡河,似嫌软弱。应改走车 1 平 2,车九平八,炮 2 进 4,车六进二,炮 2 进 2,兵五进一,车 8 进 6,黑方局势稳固,并不吃亏。

8. 车九平八　炮 2 平 1　　9. 兵九进一　炮 1 进 3
10. 炮五平九　车 8 进 7

兑炮后,红方伏有渡九路兵的威胁,黑方应先避红锋芒,改走车 1 平 3,则马七进六,卒 3 进 1,兵七进一,象 5 进 3,车八进四,士 4 进 5,这样,黑方阵形严正,局势相差无几,进车牵马有些浮躁。

11. 兵九进一　马 7 进 8　　12. 车六进三　…………

进车河头,过于求稳健。如改走兵九进一,车 1 进 3,马七进九,车 8 平 7,炮九进四,马 3 进 1,车八进六,炮 9 进 4,马九进八,炮 9 平 5,车八平九,士 6 进 5,车九退三,炮 5 退 2,马八进九,红方大优。

12. …………　马 8 进 7　　13. 兵九平八　车 1 平 3

亦可走车 1 平 2 牵制红方车兵。

14. 车六车四　士 4 进 5　　15. 兵八进一　车 3 平 2
16. 马三退五　车 8 退 4　　17. 马七进六　卒 5 进 1
18. 马五进七　马 3 进 5

黑方进中马邀兑,红方本应走马六进五,兑掉中马,接着车 8 平 5,炮九进一,卒 5 进 1,兵五进一,车 5 进 2,车四平五,马 7 退 5,仕四进五,黑方稍优。

19. 马六进七　卒 5 进 1　　　　20. 车四进四　象 5 进 3

黑方巧妙飞象罩马，既赶走了红车，又解除了马踏中象的威胁，同时预防了炮九平八打车的凶着，真可谓一石三鸟。

21. 车四退六　马 5 进 6(图 1)

红方退车仕角后，得到了喘息的机会，然而黑方进马操之过急，错失良机。应走车 2 平 4，集蓄更大的力量后再发动攻击，着法演变如下：仕六进五，马 5 进 6，车四平六，车 4 进 7，炮九平六，象 3 退 5，兵八平七，炮 9 平 7，黑方攻势强大。

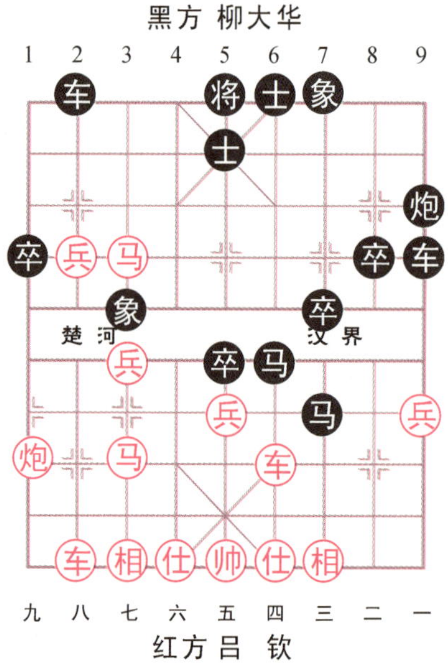

(图 1)

22. 兵七进一　…………

如图 1 形势，红方进兵吃象是贪胜忘危的败着。此时应改走兵五进一，马 6 进 8，车四平二，马 7 退 5，后马进五，车 8 平 3，兵八平七，车 2 进 9，车二进一，车 2 退 3，炮九平五，马 5 退 6，仕四进五，炮 9 平 5，车二进三，车 2 平 5. 车二平四，卒 9 进 1，成为和棋。

22. …………　马 7 进 8

进马踩车，一击中的。

23. 车四退一　炮 9 平 6　　　　24. 车四平八　炮 6 平 7

先打车然后再打相，次序正确。如直接走炮 9 平 7，则兵五进一，炮 7 进 7，仕四进五，黑方取胜要费周折。

25. 相七进五　…………

如改走相三进五，则马 8 进 6，红方也难应付。

25. …………　马 8 退 6　　　　26. 车八平四　炮 7 进 7

27. 仕四进五　炮 7 平 9　　　　28. 仕五进四　车 8 进 6

29. 帅五进一　马 6 进 8　　　　30. 炮九退一　炮 9 退 1

31. 车四平一　马 8 进 9　　　　32. 兵五进一　车 2 平 4

33. 兵八平九(图 2)　…………

黑方抓住战机，以凌厉的攻势摧毁了红方的防御，现黑方车平 4 路参战，如虎添翼。红方平兵吃卒，无可奈何。如改走炮九平一，则车 4 进 7，红方立即崩溃。

33. …………　马 9 退 8　　　　34. 兵五进一　马 8 进 6

应改走车 4 进 7,速胜。

35. 兵五平六 车 8 平 5

36. 帅五平四 马 6 退 5

37. 车八进三 车 5 退 2

如误走车 4 进 2,前马退五,车 4 平 8,炮九平五,红方有反击手段,以下黑方车 5 平 7,炮五平六,车 7 平 5,炮六平五,不变作和。

38. 后马进五 马 5 进 7

39. 帅四退一 车 4 进 2

40. 炮九平五 马 7 进 8

黑方因时间紧张,匆忙跳马照将,错失速胜机会。此时应改走车 4 平 6,帅四平五,马 7 进 9,车八进六,士 5 退 4,马五进四,士 6 进 5,兵六平五,马 9 进 7,帅五平四,车 5 平 6,炮五平四,后车 6 平 8,黑方胜。

黑方 柳大华

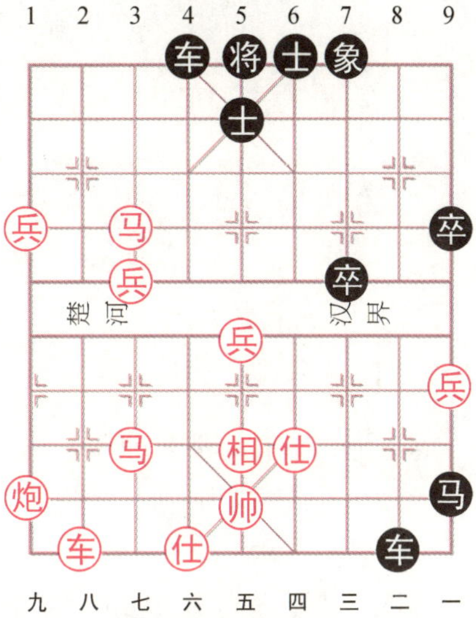

红方吕 钦

(图 2)

41. 帅四平五 马 8 退 6

42. 帅五平四 马 6 退 5

43. 马七退五 车 4 平 8

44. 炮五平六 马 5 进 7

45. 后马退三 车 5 平 7

46. 车八进六 士 5 退 4

47. 车八平六 将 5 进 1

48. 车六退一 将 5 退 1

49. 炮六平五 车 8 平 5

最后一段,黑方杀法紧凑,终于抢先一步构成绝杀。

第75局　湖北柳大华(红先和)广东吕　钦

(1988年1月8日弈于广州)

中炮左马盘河对三步虎列炮

第八局"五羊杯"象棋冠军赛

1. 炮二平五　马8进7　　2. 马二进三　车9平8
3. 兵七进一　炮8平9　　4. 马八进七　炮2平5
5. 马七进六　…………

进马过急,易遭对方攻击。对于刚刚拉开的战局还是走车九平八,出动子力为好。

5. …………　卒7进1　　6. 马六进七　车8进5
7. 相七进九　马2进3　　8. 炮八平七　炮5平6
9. 车九平八　马7进6　　10. 仕四进五　…………

当我意识到开局不理想后,就立即补仕,准备卸中炮与对方打持久战,但漏算了黑方炮6进1的恶着。此时应走:车一平二,车8进4,马三退二,象3进5,兵五进一,马6进7,兵五进一,士4进5,马二进三,车1平4,仕四进五,红方不吃亏。

10…………　象3进5

黑方 吕　钦

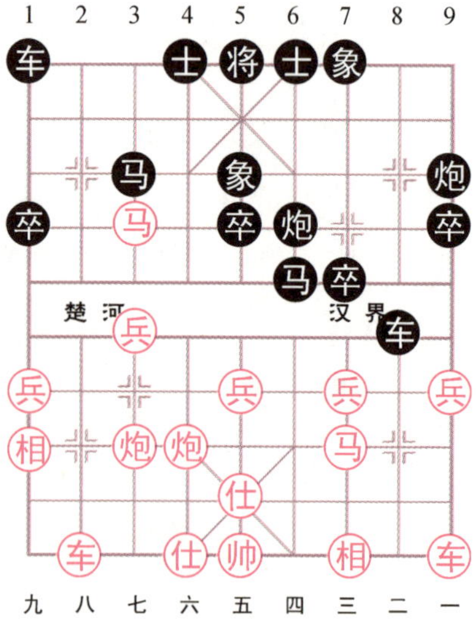

红方 柳大华

11. 炮五平六　炮6进1(图)

如图,黑方进炮瞄住红马,意在阻止红方上相,好棋。

12. 相三进五　…………

经过审度我毅然上相,准备弃相关马,使黑方进攻有所顾忌,这算是较有胆识的选择吧。如走车八进四,车1平2,车八进五,马3退2,红方难走。

12. …………　炮6平3
13. 炮七进四　马6进4
14. 车八进六　马4进5
15. 仕五进四　卒5进1

16. 车一平二　车8平4

此时应走车8平6,较有机会。

17. 仕六进五　卒7进1

如走卒5进1,红方车二进四拴链,黑方白丢。

18. 兵三进一　卒5进1　　19. 车二进三　卒5进1
20. 车二平五　炮9退1　　21. 车五退一　炮9平5

红方退车吃马,算准有一车换双简化局势,着法机警。

22. 炮七平五　马3进5　　23. 车五进四　炮5进2
24. 车八平五　车4平7　　25. 车五平一　卒1进1
26. 兵七进一　…………

冲兵过河,准备平八兑掉黑方卒,意在求和。

26. …………　车1平2　　27. 车一退二　车7平9
28. 兵一进一　象5进3　　29. 相九进七　车2进6
30. 相七退五　车2平1　　31. 兵一进一　卒1进1
32. 马三退四　卒1平2　　33. 仕五退六　卒2进1
34. 仕四退五　卒2平3　　35. 相五退三　车1退1
36. 兵一平二　车1平8　　37. 兵二平一　象3退1
38. 相三进五　车8平4　　39. 炮六平九　车4退1
40. 兵一进一　车4退1　　41. 炮九进二　将5进1
42. 炮九平三　卒3平4　　43. 炮三平九　卒4平5
44. 炮九平八　车4平9　　45. 炮八平六　车9进2
46. 炮六进二　车9进4　　47. 相五退七　车9退6
48. 炮六退二　象7进9　　49. 炮六进一　象9进7
50. 炮六退一　象1进3　　51. 炮六平八　车9进2
52. 炮八进二　卒5平4　　53. 相七进五　将5平4
54. 炮八平九　车9平6　　55. 炮九平二　车6退2
56. 炮二退四　卒4平5　　57. 炮二平四　车6平8
58. 炮四进二　车8平9　　59. 炮四平八　车9进2
60. 炮八进二　卒5平4　　61. 炮八平二　车9平8
62. 炮二平一　卒4平5　　63. 炮一平八　车8退2
64. 炮八退二　车8平6　　65. 炮八平九　卒5平4
66. 马四进三　车6进5　　67. 炮九退三　车6退2

68. 炮九进五　卒 4 平 3
69. 炮九平七　象 3 退 1
70. 炮七平八　车 6 平 7
71. 马三退四　卒 3 进 1
72. 炮八平二　车 7 进 2
73. 炮二退四　卒 3 进 1
74. 仕五进四　卒 3 平 4
75. 仕六进五　象 7 退 9
76. 炮二退一　车 7 平 6
77. 炮二退一　将 4 平 5
78. 炮二进一　将 5 平 4
79. 炮二退一　象 9 退 7
80. 炮二进一　车 6 平 7
81. 仕五进六　卒 4 进 1
82. 帅五平六　车 7 平 1
83. 炮二平六　将 4 平 5
84. 炮六平五　将 5 平 4
85. 相五退七　车 1 平 3
86. 相七进九　车 3 平 1
87. 相九退七

第76局　河北李来群(红先胜)湖北柳大华

(1988年1月12日弈于广州)

挺兵对飞象

第八届“五羊杯”象棋冠军赛

1. 兵七进一　象3进5　　2. 马八进七　卒7进1
3. 炮八平九　马2进3　　4. 车九平八　车1平2
5. 炮二平六　马8进7　　6. 马二进三　马7进8
7. 车八进六　车9进1　　8. 马七进六　炮2平1

在第六届全运动会决赛中，李来群曾以同样的走法战胜傅光明。但我认为傅输在此时走车2进1，如果走炮2平1平炮邀兑车，则足可与红方抗衡。

9. 车八进三　马3退2　　10. 炮九进四　马2进3
11. 炮九退一　马8进7　　12. 车一平二　炮8平7
13. 车二进七　…………

如此时走马六进七，黑方有车9平2的着法。

13. …………　炮7进1
14. 仕四进五　…………

黑方炮7进1似笨实巧。如红方不补仕而走车二平三，黑方可走马7退6，马六进四，炮7进4，车三平四，车9平4，黑方局势满意。

14. …………　车9平6
15. 车二退一　马7退6
16. 马六进五　马3进5
17. 车二平三　马6进4
18. 兵五进一　卒3进1(图)

黑方 柳大华

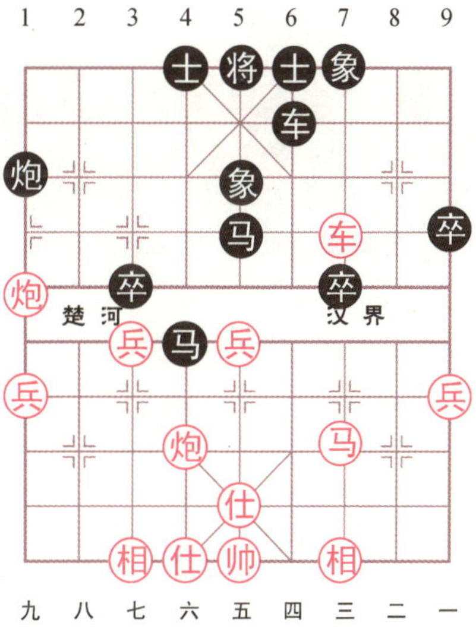

红方 李来群

如图形势，黑方挺卒兑兵，正确。如走车6进3，炮九退一，红方伏有兵五进一的凶着。

19. 兵五进一　炮1进1
20. 车三进三　马4进6　　21. 炮六平四　…………

平炮顶马，必然之着。如走炮六退一，车 6 平 4，车三平二，车 4 进 7，兵五进一，车 4 退 2，车二退八，卒 7 进 1，黑方控制了局势。

21.………… 马 6 进 4　　22. 仕五过六 …………

如果走帅五平四，车 6 进 6，仕五进四，象 5 退 7，兵五进一，卒 7 进 1，兵七进一，卒 7 进 1，马三退二，炮 1 进 3，黑方虽缺象，但子力位置好，残棋并不难下。

22.………… 车 6 进 6　　23. 车三平一 车 6 平 7

24. 兵五进一 车 7 进 2　　25. 帅五进一 车 7 退 3

26. 兵五进一 车 7 平 5　　27. 帅五平四 车 5 平 6

28. 帅四平五 卒 3 进 1　　29. 相七进五 …………

先补相，老练。另有两种走法，试演如下：①炮九平五，炮 1 平 5，相七进五，车 6 进 1，黑方胜定；②车一退三，车 6 平 5，相七进五，炮 1 退 1，黑方优。

29.………… 车 6 平 5　　30. 帅五平四 车 5 退 4

31. 车一平四 将 5 进 1　　32. 相五进七 车 5 进 2

33. 炮九退一 炮 1 进 3　　34. 兵一进一 车 5 平 1

35. 炮九平八 车 1 平 2　　36. 炮八平九 车 2 进 1

37. 车四退一 将 5 退 1　　38. 炮九进五 士 4 进 5

39. 车四平三 车 2 平 3　　40. 车三退三 车 3 平 6

41. 帅四平五 车 6 平 5　　42. 帅五平四 士 5 进 4

43. 仕六进五 车 5 平 9　　44. 车三平五 将 5 平 4

45. 炮九退三 炮 1 进 2　　46. 仕五进四 车 9 平 4

47. 车五退三 卒 9 进 1　　48. 帅四退一 卒 9 进 1

49. 仕六退五 将 4 进 1　　50. 炮九退四 车 4 平 2

51. 炮九平六 士 4 退 5　　52. 炮六退二 炮 1 进 1

应走炮 1 退 6，车五进五，炮 1 进 7，帅四进一，车 2 进 4，将立即成和。

53. 帅四进一 炮 1 退 7

此时仍应走炮 1 退 1，然后再走炮 1 退 6。

54. 车五进五 炮 1 平 2

正确。若走炮 1 进 6，仕五进六，炮 1 平 4，帅四平五，士 5 进 4，帅五退一，卒 9 平 8，仕六退五，车 2 退 3，仕五退四，黑方难走。

55. 帅四退一 车 2 进 4　　56. 车五退三 将 4 退 1

57. 车五平一 …………

吃卒可保持变化。如走车五进四吃士，炮 2 平 1 立即成和。

57.………… 炮 2 平 6　　58. 帅四平五 炮 6 平 5

59. 帅五平四　将 4 平 5

败着。应走炮 5 平 6,帅四平五,炮 6 退 2,成为和局。

60. 车一进五　士 5 退 6　　61. 车一退二　炮 5 退 1

62. 车一平七　炮 5 平 6　　63. 车七平四　车 2 退 8

如改走炮 6 平 5,车四平五,车 2 平 3,炮六平五,车 3 退 2,帅四进一,车 3 进 2.仕五进六,车 3 平 4,车五退一,车 4 退 2.车五平四,将 5 平 4,车四进三,红方胜势。

64. 炮六平五　将 5 平 4　　65. 帅四进一　车 2 进 8

66. 炮五平六　炮 6 平 2　　67. 车四进二　将 4 进 1

68. 车四退三　将 4 退 1　　69. 帅四退一　炮 2 平 5

70. 车四平六　将 4 平 5　　71. 车六平五

附参考局(一则)

河北李来群(红先胜)火车头傅光明

(1987 年 11 月 29 日弈于番禺)

挺兵对飞象

第六届全运会中国象棋决赛

兵七进一	象 3 进 5	马八进七	卒 7 进 1	炮八平九	马 2 进 3
车九平八	车 1 平 2	炮二平六	马 8 进 7	马二进三	马 7 进 8
车八进六	车 9 进 1	马七进六	车 2 进 1	相三进五	炮 2 平 1
车八平七	车 9 平 6	兵七进一	炮 1 退 2	车七平六	士 4 进 5
兵七进一	炮 8 进 1	车六进二	车 2 平 4	炮六进六	车 6 进 4
马六进八	马 3 退 2	炮六退二	炮 8 退 1	炮六平九	马 2 进 4
马八进六	车 6 平 4	马六进七	炮 1 平 2	车一进一	炮 2 进 9
车一平八	车 4 进 4	帅五进一	车 4 平 5	帅五平六	马 8 退 7
车八退一	车 5 退 2	后炮平六	士 5 退 4	炮九进三	将 5 进 1
马七退六	将 5 平 6	炮六进六			

第77局　湖北柳大华（红先胜）河北李来群

（1988年1月13日弈于广州）

中炮过河车对屏风马平炮兑车

第八届“五羊杯”象棋冠军赛

1. 炮二平五　马8进7　　2. 马二进三　车9平8
3. 车一平二　马2进3　　4. 兵七进一　卒7进1
5. 车二进六　炮8平9　　6. 车二平三　炮9退1
7. 炮八平六　…………

本局我采用自己较少使用的五六炮阵势，主要是想出其不意，攻其不备。

7. …………　车1平2　　8. 马八进七　炮2平1
9. 车九进二　士6进5　　10. 马七进六　炮9平7
11. 车三平四　车8进5

黑方进车捉马，促使局势向激烈对攻的方向发展。但却加快了红方进攻的步伐，这是黑方落入下风的原因所在。此时应走象7进5较为稳健。

12. 兵三进一　车8退1　　13. 马三进四　卒3进1

黑方挺卒预防红方马进六是必走之着。

14. 马六进七　…………

红方进马后，伏有马四进六和马七进九兑边炮的双重威胁，使黑方顾此失彼。如改走马四进五，则马3进5，马六进五，象7进5，黑方轻而易举地取得均势。

14. …………　卒7进1　　15. 马七进九　象3进1
16. 车四进二　炮7平9

黑方若车8退3保炮，红方则马四进三，马3进4，兵七进一，象1进3，车九平八，车2平3，车八进五，象3退5，炮五平三，红方暗伏马三进五踩象的凶着，也是红方优势。

17. 马四进三　车8平7(图)　　18. 炮六进四　…………

如图，红方进炮保马，不如改走炮五平三，卒7平6，马三进五，车2平3，炮六退一，马3进4，炮六平三，车7平6，车四退三，马7进6，马五进三，将5平6，后炮平四，红方胜势。

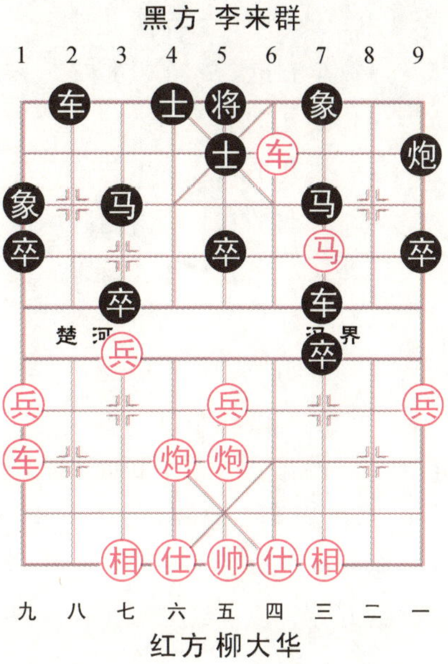

18.…………　车2进3

19.车九平六　马3进4

20.兵七进一　车2平4

21.兵七平六　车4退2

此着退车出乎意料。按我进炮时的估计黑方会走车4退1，兵六进一，车4平2，车四平三，车7退1，平三进一，士5退6，兵六进一，红方弃子有强烈的攻势。

22.炮五平三　卒7平6

败着。应走卒7平8，局势虽差，但可坚守。

23.车四平三　车7退1

24.炮三进五　象7进5

25.炮三平九　…………

错失良机。应走车六平二，车4进3，车三平四，士5退6，炮三平二，红方得子速胜。

25.…………　车4进3　　26.车六进三　车7退2

27.车六进三　将5平6　　28.炮九进二　将6进1

29.炮九退一　将6退1　　30.车六退四　士5进4

31.车六进三　…………

进车吃士，是先弃后取的妙着。由此红方又呈现胜势。

31.…………　车7平1

黑方吃炮后败局已定。如改走炮9退1，炮九进一，象5退3，车六平四，将6平5，车四退三，红方大占优势，黑方也难挽败局。

32.车六进二　将6进1　　33.车六平三　车1进1

34.车三退一　将6退1　　35.车三平一　卒5进1

36.车一退二　车1平3　　37.车一平九　车3进4

38.相三进五　车3平5　　39.兵一进一　车5平9

40.车九平五　…………

如随手走车九平四，将6平5，车四退二，车9平1，兵一进一，车1退3，成为和棋。

40. ………… 卒5进1　41. 车五进一 车9退1
42. 车五退二 车9退2　43. 兵九进一 车9平6
44. 兵九进一 将6进1　45. 仕六进五 将6退1
46. 兵九平八 将6进1　47. 兵八平七 将6退1
48. 兵七平六 将6进1　49. 车五进四 车6平1
50. 兵六平五 车1退2　51. 车五退三 车1进3
52. 车五平四 将6平5　53. 兵五进一 车1平5
54. 车四平二 将5退1　55. 兵五平六 车5平4
56. 车二进三 将5进1　57. 兵六平五 车4平5
58. 兵五平六 车5退2　59. 车二退三 …………

应改走车二退四，将5平6，车二平六，车5平6，兵六进一，卒5进1，兵六进一，车6进1，车六平一，卒6进1，车一进三，将6进1，车一退一，将6退1，车一平五，红方胜。以下红方又走了一些弯路才找到取胜途径。

59. ………… 车5平6　60. 相五进七 车6平7
61. 相七进九 车7平2　62. 仕五退六 车2平6
63. 兵六平五 车6平4　64. 车二进二 将5退1
65. 车二进一 将5进1　66. 车二平四 车4进2
67. 仕六进五 车4退2　68. 车四退四 车4平2
69. 相七退五 车2平1　70. 兵五平四 将5平6

如走车1平4，兵四进一，取胜方法与上面评注相同。

71. 车四平五 车1平2　72. 相九退七 车2平4
73. 车五进四 车4进2　74. 兵四平五 卒5平4
75. 兵五进一

第78局　湖北柳大华(红先和)江苏徐天红

(1988年3月4日弈于常州)

中炮过河车对屏风马平炮兑车

"后萧杯"中国象棋大师精英赛

1.炮二平五　马8进7　　2.马二进三　卒7进1

3.车一平二　车9平8　　4.车二进六　马2进3

5.兵七进一　炮8平9　　6.车二平三　炮9退1

7.炮八平六　…………

用五六炮攻屏风马平炮兑车,目前较为少见。我的想法是避开熟套,寻求新变化。

7.…………　车1平2　　8.马八进七　炮2平1

9.车九过二　…………

如果走马七进六,士4进5,马六进七,车2进3,兵七进一,炮9平7,车三平四,炮1退1转演成五六炮对反宫马的一个变例。我不愿意走这个变例,故升车待变。

9.…………　士6进5　　10.马七进六　炮9平7

11.车三平四　象7进5

补象稳健。如走车8进5,兵三进一,车8退1,马三进四,红方有攻势。

12.炮六平七　车2进5　　13.炮五退一　…………

如走马六进七,车2平3,炮五退一,车8进8,马七进九,象3进1,炮七进五,车3退3,车四进二,炮7退1,车四平三,马7进6,炮五进五,炮7平6,成为各有顾忌的局面。

13.…………　卒3进1

也可走车2平3,马六退五(如马六进七,则与前注相同),马3退1,车九平八,炮1平3,炮七进一,车8进7,黑方局势乐观。

14.马六进七　炮1退1　　15.兵七进一　象5进3

16.炮五平七　车2退1　　17.马七进五(图)　…………

如图红方进马兑子，极为明智。如让黑方抢到车8平6兑车这手棋，红方就要落于下风。

黑方 徐天红

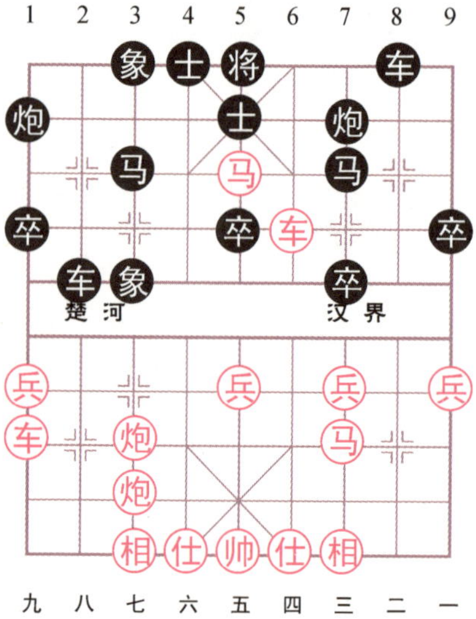

红方 柳大华

17.………… 象3进5
18.前炮进五 象5退3
19.车九平七 象3退1
20.前炮进一 车8平6
21.车四平二 马7进6
22.前炮平三 炮1平7
23.车二平三 炮7进1
24.炮七平五 炮7平5
25.车七进二 马6进5
26.马三进五 炮5进4
27.炮五进五 象3进5
28.车七平五 炮5退3

兑炮立成和局。如走车2平6，炮五平四，前车进2，车三平一，象1退3，兵一进一，车6平7，相三进一也是和棋。

29.车五进二

第 79 局　河北李来群(红先和)湖北柳大华

(1988 年 3 月 7 日弈于常州)

挺兵对飞象

"后萧杯"中国象棋大师精英赛

"后萧杯"赛最后一轮,我与李来群相遇。我只要战平就有可能获亚军,负了,则可能跌落榜末;而李只有获胜才能进入前三名,平了就会名列第五或第六;这盘棋的重要性由此可见,双方全力以赴是必然的了。

1. 兵七进一　象 3 进 5　　2. 炮八平六　卒 7 进 1
3. 马八进七　马 2 进 3　　4. 车九平八　车 1 平 2
5. 炮二进四　马 8 进 7　　6. 炮二平三　车 9 平 8
7. 车八进六　…………

红方在右翼子力出动缓慢的情况下,急进左车出击,似嫌急躁。如改走马二进三较好。

7. …………　炮 8 进 5　　8. 炮六进四　卒 5 进 1

挺中卒,准备通过兑炮来加强卒行线的防守,佳着。

9. 马二进一　炮 8 退 4　　10. 炮六退五　卒 9 进 1

挺卒制马并且解除了炮六平二打车的凶着,可说一举两得。

11. 车一平二　士 6 进 5　　12. 炮六平五　卒 3 进 1
13. 车八退二　…………

如改走炮三平九,炮 8 平 1,车二进九,马 7 退 8,车八平九,炮 2 进 4,车九平七,炮 2 平 3,相七进五,车 2 进 7,红方也无便宜。

13. …………　卒 3 进 1　　14. 车八平七　马 3 进 4
15. 炮五进四(图)　炮 2 进 2

如图形势,黑方升炮邀兑,使局势迅速简化,正着。也符合赛前制定的指导思想。

16. 兵五进一　车 2 进 3　　17. 炮三平七　…………

如改走炮五平八,则车 2 进 1,兵五进一,马 4 进 5,马七进五,车 2 平 5,黑方先弃后取,局势略优。

17.………… 炮8平5
18.车二进九 炮2平5
19.相三进五 后炮进2
20.车七平五 马7退8
21.炮七退二 炮5退1
22.仕四进五 马8进7
23.车五进一 马4退3
24.马一退三 炮5平9
25.兵三进一 车2平5

再兑一车,和局已定。

26.车五进一 马7进5
27.马三进二 卒7进1
28.马二进一 …………

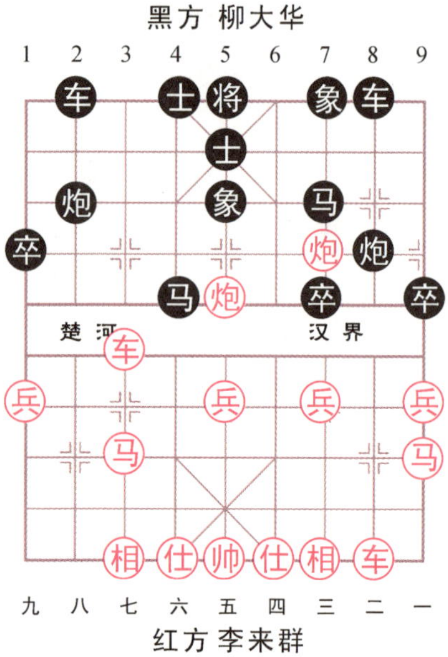

红方迫于积分形势,冒险求变。但由于黑方过河卒威力太大,红方后患无穷。应走相五进三立即成和。

28.………… 卒7平6　29.马一进三 卒6平5
30.兵一进一 马3进4　31.兵一进一 炮9退2
32.炮七进二 炮9平7　33.兵一平二 士5进6
34.炮七进二 炮7平4　35.炮七平八 炮4平3
36.仕五进四 士4进5　37.马七退五 炮3进2
38.马三退二 马4进6　39.马五进三 …………

无可奈何,否则,黑方有马6进8的凶着。

39.………… 马6退8　40.马二进四 马5进3
41.炮八退七 马3进4　42.炮八平四 炮3平6
43.仕六进五 马8退7　44.马三进二 马7进6
45.马二进四 卒1进1

随手之着。应改走马4退3,黑方仍有胜机。

46.马四退三 炮6进5　47.马三退四 马4退2
48.仕五退六 马2进3　49.马四进六 卒5平4
50.马六进七 卒4平3　51.相五进七

形成马卒难胜仕相全的正和局势。余着从略。此局赛后,取得了亚军,完成了这局棋赛前的目标。

第80局　沈阳赵庆阁(红先负)湖北柳大华

(1988年4月12日弈于孝感)

中炮对反宫马

1988年全国象棋团体赛

1.炮二平五　马2进3　　2.马二进三　炮8平6
3.兵三进一　马8进7　　4.兵七进一　车9平8
5.车一平二　…………

平车邀兑，看似白失一先，其用意是不让黑方车巡河，达到兑兵活马的目的。这样可以较为牢固地控制黑方的双马，这手兑车应该说是有得有失。

5.…………　车8进9　　6.马三退二　象3进5
7.炮八平七　车1平2　　8.马八进九　炮2平1

平炮亮车，必走之着。第六届"五羊杯"赛时，我曾走过炮2进5，车九平八，炮2平5，相七进五，车2进9，马九退八，黑方双马受制，红方较优。

9.车九平八　车2进9　　10.马九退八　炮1进4
11.马二进三　…………

红方第11回合进马不如走炮五平三，牢固控制黑方7路马，这样对局势更为有利。

11.…………　炮1退1　　12.相三进一　象7进9

飞边象，准备挺卒兑兵，活通马路，好棋。

13.马八进九　卒7进1　　14.兵三进一　象9进7
15.炮七进四　马7进6　　16.马九进七　卒1进1
17.炮七平一　炮6平7　　18.马七进九　卒1进1
19.马三进四　…………

此时，红方已无先手，此着进马应该进二，黑方马6进5，兵七进一，象5进3，马二进三，士6进5，炮一平五，马3进5，炮五平四，局势平稳。

19.…………　炮7平6　　20.马四退三　卒1平2
21.炮一退一　…………

坏棋，导致全盘受制。应走马三进二，马 6 进 5，兵七进一，象 5 进 3，马二进三，士 6 进 5，炮一平五，象 3 退 5，炮五退二，和棋趋势。

21. ………… 马 6 进 7　　22. 兵七进一 象 5 进 3
23. 炮一平七 卒 2 平 3　　24. 炮七平九 卒 3 进 1
25. 炮九退四 炮 6 平 7　　26. 相一进三 …………

红方飞相弄巧成拙，应马三退二，马 7 退 6，炮九平二，炮 7 平 5，炮二平五，卒 3 进 1，马二进三，马 6 进 4，后炮平四，卒 3 平 4，炮五退一。

26. ………… 卒 3 平 4

平卒细致。如贸然走炮 7 进 3 打相，红方炮九平三，立成和局。

27. 炮五进四(图) 炮 7 进 3

如图形势，黑方进炮打相发动攻势，着法正确。此时不能走马 3 进 5，因红方有炮九平五之着，以下的变化是炮 7 进 3，炮五进五，炮 7 进 2，炮五平三，红方追回一子，成为均势。

黑方 柳大华

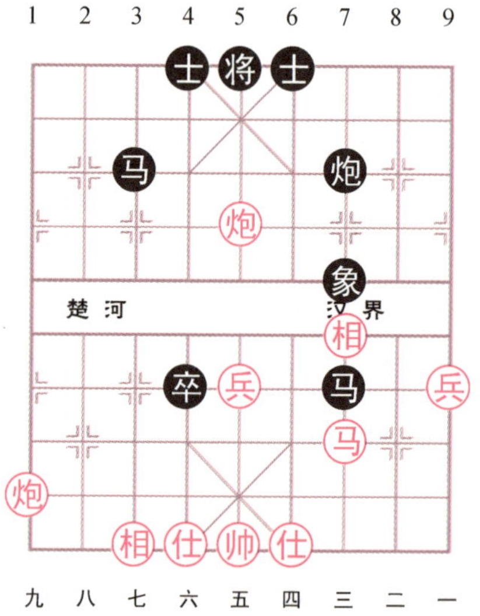

红方 赵庆阁

28. 马三退一 …………

马三退一系败着，应炮九平五，炮 7 进 2，前炮平三，士 6 进 5，炮五平九，士 5 进 6，炮三退三，卒 4 平 5，仕四进五，尚可坚持。

28. ………… 马 3 进 5
29. 炮九平五 马 7 进 9
30. 炮五进五 马 9 进 7
31. 帅五进一 炮 7 平 8
32. 炮五平四 炮 8 进 3
33. 炮四退五 马 7 退 8
34. 帅五退一 炮 8 进 1　　35. 马一退三 卒 4 平 5

以上一段着法，黑方弈来精彩有力。此时吃掉中兵，红方无子动弹，败势已呈。

36. 帅五进一 马 8 进 7　　37. 帅五平六 士 4 进 5
38. 仕六进五 卒 5 平 6　　39. 相七进九 士 5 进 4
40. 相九进七 炮 8 退 8　　41. 仕五进六 卒 6 进 1
42. 炮四平五 马 7 退 8　　43. 帅六退一 卒 6 平 7

平卒后已必得一子，此时，如走卒 6 进 1，马三进一，马 8 退 6，炮五平七，炮 8 进 8，仕四进五，卒 6 进 1，帅六进一，炮 8 退 1，抽炮胜定。

44. 炮五平九　象 7 退 9　　45. 仕四进五　卒 7 进 1

46. 炮九平三　马 8 进 7　　47. 马三进一　炮 8 进 2

以下黑方运用马炮配合吃掉红相和仅存的红马，仕五进四，炮 8 平 4，仕六退五，马 7 退 6，帅六进一，马 6 退 4，仕五进六，马 4 进 3，帅六退一，炮 4 平 1，相七退九，马 2 退 1。

附参考局(一则)

河北李来群(红先胜)湖北柳大华

(1986 年 1 月 10 日弈于广州)

中炮对反宫马

第六届“五羊杯”中国象棋冠军赛

炮二平五	马 2 进 3	马二进三	炮 8 平 6	兵三进一	马 8 进 7
炮八平七	车 9 平 8	车一平二	车 8 进 9	马三退二	象 3 进 5
兵七进一	车 1 平 2	马八进九	炮 2 进 5	车九平八	炮 2 平 5
相七进五	炮 6 进 4	兵九进一	车 2 进 9	马九退八	卒 5 进 1
炮七进四	炮 6 退 1	炮七平六	炮 6 平 1	兵七进一	卒 7 进 1
兵三进一	象 5 进 7	马八进七	象 7 退 5	马二进三	卒 1 进 1
仕六进五	士 6 进 5	兵七进一	马 3 进 5	马七进六	马 5 进 7
炮六退一	炮 1 进 1	马六进八	卒 1 进 1	马八进六	卒 1 平 2
炮六退四	炮 1 平 3	马三进二	前马进 6	马二进三	象 5 进 7
仕五进四	象 7 进 5	兵七平八	炮 3 平 4	马六进七	将 5 平 6
炮六平四	士 5 进 6	仕四退五	炮 4 平 1	马三退五	马 7 进 8
马五进四	将 6 进 1	马四退二	将 6 平 5	马七退六	将 5 平 4
马二进四					

第81局　湖北柳大华(红先胜)上海林宏敏

(1988年7月19日弈于北京)

五七炮两头蛇对反宫马

"大都杯"象棋大师邀请赛

1. 炮二平五　马2进3　　2. 马二进三　炮8平6
3. 兵七进一　马8进7　　4. 炮八平七　象3进5
5. 兵三进一　车9平8　　6. 马八进九　…………

此时另一常见变化是车一平二，车8进9，马三退二，炮2进3，相三进一，车1平2，马八进九，炮2进2，车九平八，炮2平5，相七进五，将成为无车残棋，红方可多一兵，略占优势。

6. …………　炮2进3　　7. 相三进一　车8进4
8. 车九平八　车1平2　　9. 车一平二　车8平4
10. 兵九进一　炮2进1

应炮2退2，可起到暗中策应左翼的作用。

11. 车二进六　士4进5　　12. 仕四进五　卒3进1

挺卒兑兵，授人以隙。应改走卒9进1，静观其变为好。

13. 炮五平四　车4平5

应车4进2，兵七进一，炮2平5，相七进五，车2进9，马九退八，将5平4，炮七平六，将4平5，红方稍优但没有好的进攻方法。红方平炮仕角，暗伏马三进四的凶着，黑方已显出劣势。此时平车乃必走之着。

14. 炮七平五　…………

平炮打车软着。应先走车二平三，马7退8，炮七平五，车5平8，兵三进一，车8进2，兵七进一，马8进9，车三进一，红方大占优势。

14. …………　车5平6　　15. 炮四进五　车6退2
16. 兵七进一　象5进3　　17. 车二进一(图)　炮2退3

黑方退炮准备平3攻相，假先手。应改走象7进5，马三进二，卒7进1，兵三进一，象5进7，马二进一，马7进6，车二平四，士5进6，马一退三，士6进5，黑方虽少一象，但子力位置较好，还可抗衡。

18. 炮五平七　马 3 进 4

19. 车八进五　车 6 平 4

平车弃象，迫于无奈。如走象 7 进 5，兵五进一，黑方两翼受制，也难免一败。

黑方 林宏敏

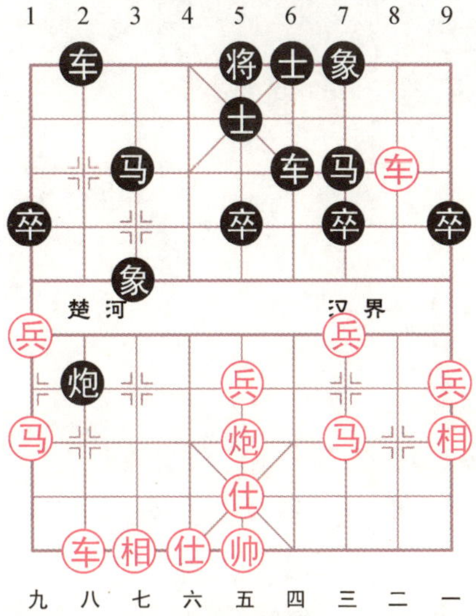

红方 柳大华

20. 车八平七　卒 7 进 1

21. 兵三进一　象 7 进 5

22. 车七进一　象 5 进 7

23. 炮七平八　车 2 平 1

24. 炮八平六　车 4 平 5

25. 马九进八　马 4 进 2

26. 车七平八　马 2 进 3

27. 马三进二　马 3 退 4

28. 兵五进一　车 1 平 3

29. 马二进一　马 7 进 6

30. 马一退三　车 5 平 8　　31. 马三进二　士 5 退 4

32. 马二进四　士 6 进 5　　33. 马四退五　车 3 进 9

34. 马五退四　…………

以上一段，红方弈得紧凑，有力，迅速将优势扩展成胜势。现退马顶马，攻守兼备的佳着。

34. …………　车三退三　　35. 兵五进一　马 6 进 8

36. 车八平二　马 8 进 9　　37. 炮六平四　马 9 进 7

38. 帅五平四　车 3 平 6　　39. 马四进六　士 5 进 4

如走马 4 进 5，帅四进一，马 7 退 8，马六进八也是红方胜。

40. 车二进三　将 5 进 1　　41. 兵五进一　将 5 平 4

42. 兵五进一　士 4 进 5　　43. 车二平八　车 6 平 3

44. 炮四进六　士 5 进 6　　45. 车八退一　将 4 退 1

46. 兵五进一

第82局　广东宗永生(红先和)湖北柳大华

(1988年9月14日弈于呼和浩特)

过宫炮对进马

1988年全国象棋个人赛

1.炮二平六　马8进7　　2.马二进三　车9平8
3.车一平二　炮8进4　　4.兵三进一　炮8平7
5.相三进五　…………

补相虽然稳健,但先手不易发挥,改走兵七进一较为积极的。

5.…………　车8进9　　6.马三退二　炮2平5
7.马二进三　车1进1　　8.马八进九　卒5进1
9.车九平八　马2进3　　10.炮八进五　马7进5
11.炮八平五　象7进5　　12.车八进六　…………

黑方双马已经结成连环,所以红方进车过河作用不大,不如走兵九进一为好。

12.…………　车1平4　　13.仕四进五　卒3进1
14.炮六进四　卒1进1　　15.车八平七　卒7进1
16.炮六平一　…………

平炮打卒,坏棋。应走车七进一,车4进2,车七退二,卒7进1,相五进三,车4进6,帅五平六,马5进3成为大体上的均势。

16.…………　车4平7　　17.炮一平四　车7平6
18.炮四退四　车6进5　　19.兵三进一　马5进7
20.车七进一　炮7平5　　21.帅五平四(图)　马7进8

黑方弃马后,已经构成了强大的攻势。如图形势,黑方马7进8系随手之着,漏算红方挺帅捉马的棋。此时黑方应走车6平7,马三退一(马三退二,车7平9,可得回失子占优),车7进2,马一退三,炮5平6,帅四平五,马7进5,车七退一,炮6平5,帅五平四,马5进7,红方难以应付。

22.车七退一　马8进6　　23.帅四进一　车6平7
24.仕五进四　车7进1　　25.兵七进一　车7平9

26. 仕四退五　车 9 退 1
27. 车七平四　卒 3 进 1
28. 车四进三　将 5 进 1
29. 相五进七　炮 5 平 2
30. 车四退四　卒 5 进 1
31. 车四平九　炮 2 进 2
32. 仕五进四　车 9 进 2
33. 帅四退一　车 9 进 1
34. 帅四进一　车 9 平 4
35. 马九进七　车 4 退 1
36. 帅四退一　车 4 进 1
37. 帅四进一　炮 2 平 1
38. 车九平二　卒 5 平 6

黑方 柳大华

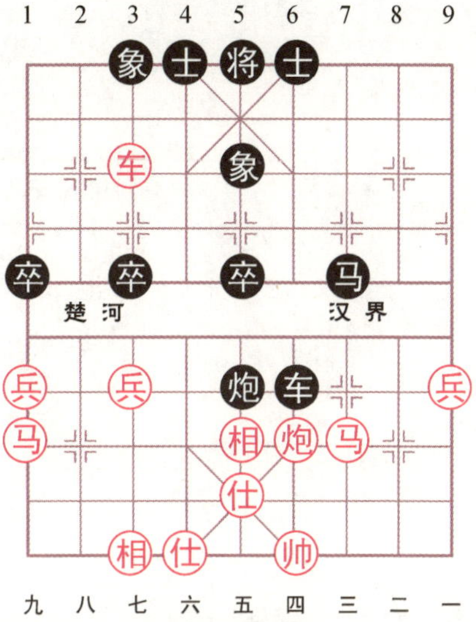

红方 宗永生

应走车 4 退 3，马七进九，车 4 平 2，车二进一，炮 1 平 2 黑方仍有一点取胜机会。

39. 相七退五　卒 6 进 1　　40. 马七进五　将 5 平 4
41. 车二进一　车 4 退 1　　42. 帅四退一　士 4 进 5
43. 车二平六　车 4 退 5　　44. 马五进六　卒 6 进 1
45. 相五进七　炮 1 平 9　　46. 马六退五　卒 6 平 7
47. 兵九进一　炮 9 退 3　　48. 相七进五　炮 9 退 5
49. 帅四进一　士 5 进 6　　50. 马五进六　卒 7 平 6

以下黑方虽可抽吃红马，但单炮有士象也无法取胜红方双相，所以同意作和。

第83局　农协郑乃东（红先负）湖北柳大华

（1988年9月17日弈于呼和浩特）

中炮过河车对屏马高车保马

1988年全国象棋个人赛

1.炮二平五　马2进3　　2.马二进三　马8进7
3.车一平二　车9平8　　4.兵七进一　卒7进1
5.车二进六　炮8平9　　6.车二平三　车8进2
7.马八进七　象3进5　　8.马七进六　…………

至此形成中炮过河车对屏风马高车保马的阵势。红方进马河头配合过河车展开攻势。此时亦可走车九进一，士4进5，车九平六占据要道，稳步进取。

8.…………　车1进1　　9.马六进七　炮2进4
10.兵五进一　车1平4　　11.兵五进一　车4进6

面对红方中路攻势，先进车捉炮，正确。否则黑方无暇补士固防。试举一例：车4进5，兵三进一，卒7进1，炮八平七，马7退5，红方优。

12.车九进二　士4进5

13.炮八平七（图）　…………

黑方 柳大华

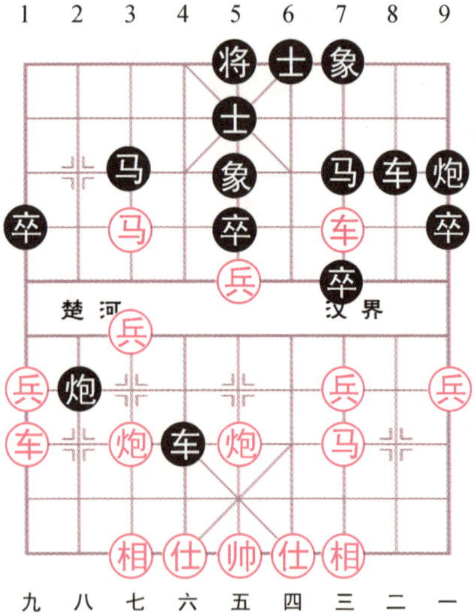

红方 郑乃东

红方平炮后反而让黑方炮威胁更大，应兵五平六，形成马踩中象的威胁，以下黑方马7退8，兵七进一，象5进3，兵六平七，车4平3，马七进九，车8平4。

13.…………　车8进6

如图黑方放弃左马进车发动攻势，着法凶悍，此时埋伏车4进2的杀着。

14.车九平八　…………

如仕四进五，车4进1，车九平八，炮2平

3，相七进九，炮 3 退 3，炮七进四，车 8 平 7，兵五平六，车 7 进 1，马三退四，车 4 退 4，车三进一，车 4 平 5，红方多马，黑方多吃一相且子力占位好，综合评判红方占优。

14. ………… 炮 2 平 3　　15. 仕六进五 …………

中计！应走马七退八，车 8 平 4，仕六进五，后车退 1，兵三进一，炮 3 进 3，炮七平六，炮 3 平 1，战斗激烈，胜负难料。

15. ………… 车 4 平 3

平车吃炮，巧得一子。至此，胜负已经明朗。

16. 车八平七　炮 3 退 3　　17. 车三进一　炮 3 进 4
18. 马三进五　炮 3 退 1　　19. 车三退一　炮 3 平 7
20. 车三平一　车 8 平 7　　21. 相三进一　炮 7 平 8
22. 兵五进一 …………

如走车一平二，车 7 退 2，马五进四，炮 9 进 5，红方也难应付。

23. ………… 炮 8 进 3　　23. 相一退三　车 7 进 1
24. 车一平二　炮 8 平 9　　25. 仕五退六　车 7 退 3
26. 仕四进五　车 7 平 5　　27. 兵五进一　象 7 进 5
28. 兵一进一　马 3 进 4

第84局　上海胡荣华(红先和)湖北柳大华

(1988年10月9日弈于哈尔滨)

仙人指路对卒底炮

首届象棋棋王赛

1.兵七进一　炮2平3　　2.炮二平五　象3进5

3.马二进三　卒3进1　　4.车一平二　卒3进1

5.马八进九　马2进4

红方采用弃兵抢先的走法,黑方进拐角马,目的是想保住过河卒。一方抢先,一方捞取实利,各取所需。

6.车二进四　马4进3　　7.炮五进四　士4进5

8.相七进五　卒3平2

平卒拦炮,加强对红方左翼的威胁,正确。如改走卒3平4,炮八进五,马8进7,炮五平四,车9平8,车九平八,炮8平9,车二进五,马7退8,车八进六,红方子力出动快速,局势占先。

9.兵九进一　马8进7

10.炮五平四　卒2进1

11.炮八平六　…………

红方平炮仕角,改进后的走法。以往都走马九进八,马3进2,炮八进二,马7进5,兵五进一,车9进1,兵五进一,马5进3,炮八平七,车9平6,红方没有便宜。

11.…………　车1平4

12.仕六进五　车9平8

13.车九平八　车4进5(图)

14.车二平五　…………

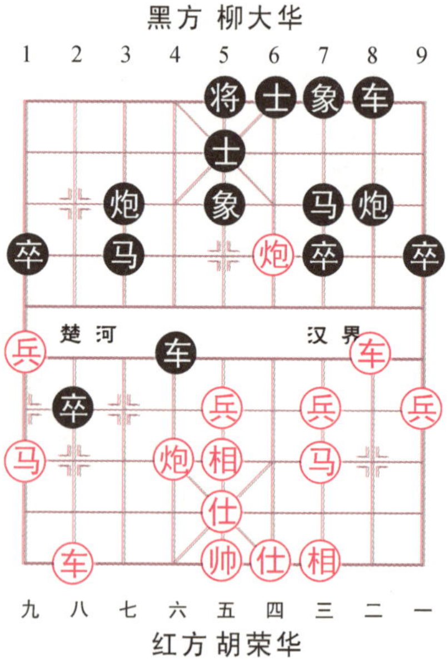

如图所示,红方平车中路,表现出高超的兑子功夫。此时黑方面临着严峻的考验。

14. ………… 车4平5　　15. 兵五进一　炮8进4

16. 兵三进一　马3进4

黑方经过半小时的考虑，主动兑车，再进马保卒，争取时间尽快开出八路车，从实战效果看，这一选择是正确的。

17. 相五进七　…………

如改走炮四退二，马7进5，兵五进一，马5退7，黑方四路马站稳后，红方车无法开出，黑方占优。

17. ………… 炮8进1　　18. 车八进三　炮8平4

19. 仕五进六　车8进4

黑方进车巡河便于照顾空虚的右翼。如误走车8进7，马三退五，车8平4，马五进四，车4进1，马九退八，黑方要失子。

20. 马三退五　车8平3　　21. 车八进一　车3平6

如贪吃红相，走炮3进3，红方马九进七后，黑方有失子之虑。

22. 车八进二　马4退5

黑方退马关炮，准备放弃一路边卒，为兑子谋和创造条件。

23. 车八进三　士5退4　　24. 炮四平九　马5进3

25. 炮九进三　炮3退2　　26. 炮九平七　象5退3

27. 车八退四　卒7进1　　28. 兵三进一　车6平7

29. 马五进六　象7进5　　30. 兵五进一　马3进5

31. 仕六退五　车7进2　　32. 马九退七　车7平9

33. 车八进一　车9平5　　34. 车八平六　马5进7

35. 马七进八　前马退8　　36. 马八进七　士6进5

37. 马七进八　车5退1　　38. 车六平七　车5进1

39. 车七平六　车5退1　　40. 车六平七　车5进1

41. 车七平六　马8进6　　42. 马八进九　马7进8

残局阶段，由于黑方防守得法，使红方无法扩大优势。现在进马必然，待吃掉红方中兵后，和局已定。

43. 马六退七　车5退2　　44. 马九退七　将5平6

45. 后马进五　车5退1

第85局　泰国谢盖洲(红先和)中国柳大华

(1988年10月19日弈于北京)

中炮横车七路马对屏风马

第四届“七星杯”象棋国际邀请赛

1. 炮二平五　马2进3　　2. 兵七进一　卒7进1
3. 马八进七　马8进7　　4. 马二进三　车9平8
5. 车一进一　象3进5　　6. 炮八平九　炮2进4
7. 车九平八　车1平2　　8. 马七进六　…………

跃马河口，准备弃相抢攻，但稍嫌急躁。可改走兵五进一稳步进取较好。

8. …………　炮2平7　　9. 车八进九　马3退2

此时不急于打相，老练。如改走炮7进3，仕四进五，马3退2，车一退一，炮7退1，马六进五，马7进5，炮五进四，士4进5，车一平二，黑方车炮被牵制，子力涣散，红方优势。

10. 相三进一　…………

正着。如改走马六进五，炮7进3，仕四进五，炮8进7，马三退二，车8进9，马五进三，炮7退7，仕五退四，炮7平9，黑方兵种齐全占优，红方缺相。

10. …………　炮8进6　　11. 马六进五　马7进5
12. 炮五进四　士4进5　　13. 仕四进五　车8进6
14. 相七进五　马2进3　　15. 炮五退一　马3进5
16. 马三退四　…………

退马，软着。应走车一退一，卒3进1，车一平四，车8退3，车四进四，炮7平1，黑方略优。

16. …………　炮7进2　　17. 车一退一　车8平5(图)
18. 马四进二　…………

兑子简化局势，是正确的选择。如改走车一平二，炮8平9，红方局势崩溃。

18. …………　车5退2　　19. 车一平三　车5进3
20. 炮九进四　炮7平6　　21. 马二进四　炮6平9

黑方 柳大华

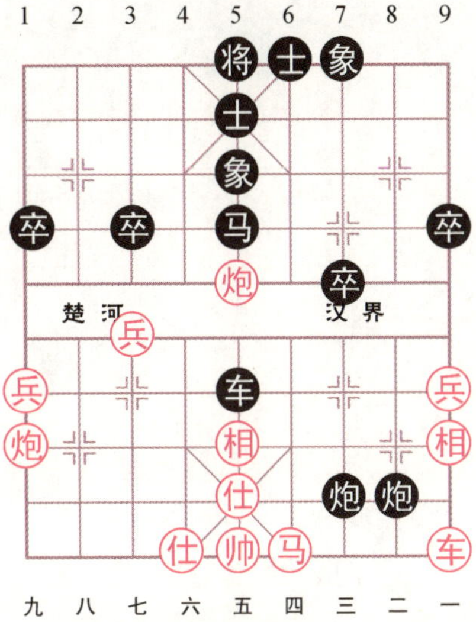

红方 谢盖洲

22. 车三进三　炮 9 进 1

23. 车三平八　象 5 退 3

退象，稳健。如改走士 5 进 6，炮九平五，车 5 退 4，车八进六，将 5 进 1，车八平四，黑方有后顾之忧。

24. 马四进二　马 5 退 3

退马回防，应成和局。如改走车 5 退 2，炮九平五，车 5 退 2，马二进三，车 5 平 7，车八平三，象 7 进 5，马三退五，车 7 平 8，形成车炮士象全两卒对车马三兵单缺相的局面还有一些胜机。

25. 炮九进三　士 5 退 4

26. 马二退三　车 5 平 8

27. 车八平五　士 6 进 5

28. 马三退一　车 8 进 2

29. 仕五退四　车 8 平 9　　30. 车五进一　车 9 退 2

31. 车五平三　象 7 进 5　　32. 车三进一　车 9 平 5

33. 仕四进五　车 5 退 1　　34. 车三平一　马 3 进 5

35. 炮九退五

第86局　湖北柳大华(红先负)台湾吴贵临

(1988年12月15日弈于新加坡)

中炮对三步虎列炮

第五届亚洲杯象棋赛

1. 炮二平五　马8进7　　2. 马二进三　车9平8
3. 兵七进一　炮8平9　　4. 马八进七　车8进5

进车提兵似嫌过早，易被红方利用。可考虑先走卒7进1，待红方车一进一后，再进骑河车为好。

5. 相七进九　卒7进1　　6. 车九进一　炮2平5
7. 兵三进一　车8退1

红方挺兵逐车，争先之着。黑退车守卒，正确。如贸然走车8平7吃兵，红方车九平三后，黑方车陷入重围，将会失子。

8. 车一平二　卒7进1　　9. 车二进五　马7进8
10. 车九平二　马8退7　　11. 车二进五　…………

进车卒线，似凶实软。应走车二进二，以下的变化是：车1进1，炮八进二，车1平7，炮八平三，马7进6，炮五进四，士4进5，相三进五，红方占优。

11. …………　车1进2　　12. 马七进六　炮5退1
13. 马六进七　…………

进马踩卒，力图进取，但由于黑方过河卒威力颇大，红方后顾之忧较多，不如走车二平三，炮5平7，车三平二，炮7平5(如卒7进1，马三退五，红方优)，车二平三，双方不变作和。

13. …………　车1平4　　14. 马七进八　…………

进马捉车，送肉上砧板，大失误。应改走车二平三，炮5平7，车三平四，局势尚不明朗。

14. …………　车4平2　　15. 炮八平七　象3进5
16. 车二平三　象5进7

扬象是得子的佳着。

17. 兵七进一　炮 5 平 7

急于得子,不如先走卒 7 进 1 较好。

18. 车三平四　车 2 退 1

19. 兵五进一　卒 7 进 1

20. 兵五进一　…………

再度弃马,孤注一掷。

20. …………　卒 7 进 1

21. 炮七平三　马 7 退 9

22. 炮三进六　车 2 平 7

23. 兵五进一　士 6 进 5

随手造成的软着。应走士 4 进 5,黑方取胜将没有麻烦。

24. 仕四进五　马 9 进 7(图)

黑方 吴贵临

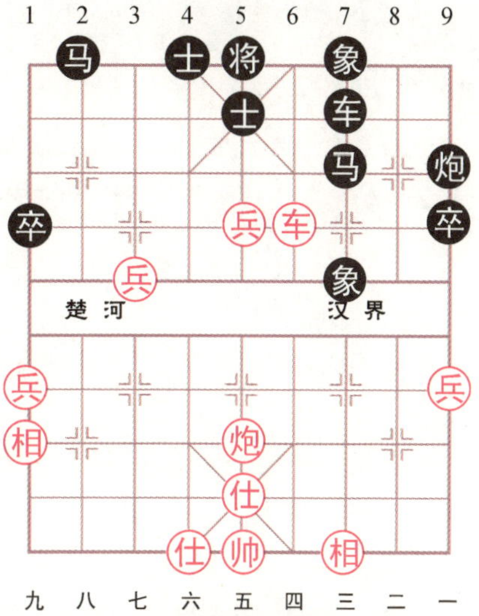

红方 柳大华

25. 车四平三　…………

如图所示,平车压马丧失了最后的机会。应走帅五平四,车 7 平 8(炮 9 退 2,兵五进一,黑方受攻),车四平三,马 7 退 6,车三退一,黑方取胜颇费周折。

25. …………　象 7 进 5　　26. 兵五平四　车 7 退 1

27. 兵七进一　马 2 进 4　　28. 兵七平六　马 4 进 2

29. 兵六进一　马 7 退 9　　30. 车三平一　炮 9 平 4

弃子化解红方的攻势,是取胜的佳着。由此红方完全崩溃。

31. 车一进二　象 7 退 9　　32. 兵四平五　平 7 进 9

33. 仕五退四　将 5 平 6

至此,红方少子残相,败局已定,余着从略。

第 87 局　大连李丛德（红先负）湖北柳大华

（1989 年 10 月 27 日弈于重庆）

中炮横车七路马对屏风马

1989 年全国象棋个人赛

1. 炮二平五　马 2 进 3　　2. 兵七进一　卒 7 进 1
3. 马八进七　马 8 进 7　　4. 马二进三　车 9 平 8
5. 车一进一　象 3 进 5　　6. 马七进六　…………

红方进马过急，易遭反击，一般以走车一平四或平六抢占肋道，较为稳正。

6. …………　士 4 进 5　　7. 炮八进二　炮 8 进 3

进炮骑河，牵制红方河口一线，为随时冲 3 路卒作准备。

8. 炮五平七　车 1 平 4　　9. 炮七平六　车 4 平 3
10. 车一平七　…………

平车七路，失先。应改走相七进五，卒 3 进 1，兵七进一，炮 8 平 2，兵七进一，马 3 退 4，车一平七，虽少一子，但七路兵颇具威力，且各子位置甚好，并不吃亏。

10. …………　卒 3 进 1　　11. 炮八退三　卒 7 进 1
12. 兵三进一　炮 8 平 4　　13. 兵七进一　卒 5 进 1
14. 兵七进一　…………

第 12 回合红方进兵吃卒弃马，出于无奈。第 14 回合再冲七兵，似不及炮六平七拴住黑方车马为好，试演一例如下：炮六平七，炮 2 进 5，相七进五，车 3 平 4，车九进二，炮 4 进 2，马三进四，马 3 进 5，仕六进五，马 5 进 3，仕五进六，炮 2 平 4，炮七进二，虽仍属黑方好走，但红方追回失子，尚可一搏。

14. …………　马 3 进 5　　15. 炮八进三　马 5 进 3
16. 炮八平七　炮 2 进 3　　17. 车九平八　卒 5 进 1
18. 兵七平六　车 3 平 2　　19. 炮六平七　卒 5 进 1

黑方进卒弃还一子，是正确的选择。如改走车 8 进 4 保马，红方兵五进一去卒后，黑方无后续手段，要想取胜将增添不少麻烦。

20. 炮七进三　车 8 进 4　　21. 炮七进二　马 7 进 6

22. 仕六进五　炮 4 平 5　　23. 后炮进二　卒 5 平 4

24. 相七进五　马 6 进 4　　25. 车七平六　车 8 进 2

黑方进车错失良机，招致红方巧退七炮逼兑后，使局势透松。应改走车 8 平 2，车六进二，马 4 退 3，相三进一(兵六平七，炮 2 平 7 叫杀得车)，炮 2 进 2，黑方得子占优。

26. 炮七退三　马 4 进 2　　27. 车八进三　卒 4 平 3

28. 车八退三　卒 3 平 2　　29. 车八平六　炮 2 平 7

30. 相三进一　卒 2 平 3(图)　　31. 兵六平七　…………

由于第 25 回合黑方车 8 进 2 的失误，红方局势已有所改观，至如图形势时，红方兵六平七，又给黑方一次扩先取势的机会，从此陷入困境。此时应改走马三进四，牵住黑方车炮，红方形势不差。

31. …………　车 2 进 7　　32. 车六进一　车 2 退 1

33. 车六进三　炮 7 退 4　　34. 车六退一　炮 5 退 1

35. 车六平五　…………

黑方 柳大华

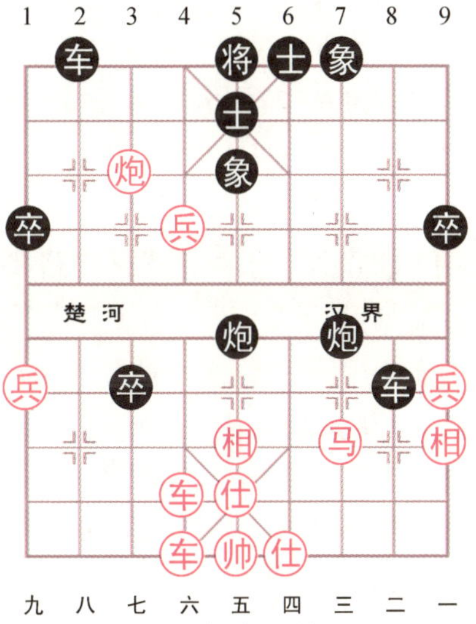

红方 李丛德

弈至此，红方用时已很紧张，不及细算，走出平车顶炮的败着。如改走马三进四，车 8 平 9，车六平五，虽仍属黑方优，但还可坚持。

35. …………　炮 5 平 9

36. 相一退三　车 8 平 7

37. 马三进五　炮 9 平 7

38. 相三进一　卒 3 平 4

39. 马五进三　后炮平 8

40. 马三进五　炮 8 进 8

41. 相五退三　炮 7 进 5

42. 相一退三　车 7 进 3

43. 车五平二　卒 4 平 5

44. 车二退三　卒 5 进 1

45. 马五退六　车 2 退 2

46. 马六进四　车 2 平 5　　47. 马四退五　炮 8 平 6

入局阶段，黑方双车双炮卒发起猛攻，着法干净利落，丝丝入扣，到炮轰底仕后，红方见回天乏术，乃起座认负。

第88局　河北李来群(红先胜)湖北柳大华

(1990年1月5日弈于广州)

五九炮过河车对屏风马平炮兑车

第十届“五羊杯”象棋冠军赛

1. 炮二平五　马8进7　2. 马二进三　车9平8
3. 车一平二　马2进3　4. 兵七进一　卒7进1
5. 车二进六　炮8平9　6. 车二平三　炮9退1
7. 马八进七　士4进5　8. 炮八平九　炮9平7
9. 车三平四　马7进8　10. 车九平八　车1平2
11. 车四进二　炮7进5

以五九炮过河车对屏风马平炮兑车是李来群喜欢采用的一种战术。他曾以此着取得过较好的成绩。赛前我对此是做了充分准备的。

12. 相三进一　炮2进4　13. 兵五进一　炮7平3
14. 马三进四　炮2退5

红方上河口马，意欲从中路突破或送中兵后进马踩双。黑方退炮逐车，破坏红方计划，是正常应着。如走卒7进1，马四进五，炮3平5(如马3进5，炮五进四，象3进5，车四退五，黑方要失子)，马七进五，马3进5，车四退六，红方多中兵略优。

15. 车四退三　卒7进1　16. 马四退三　象3进5

补象是必要的。如贸然进7卒，则兵七进一，对攻中红方较为便宜。

17. 马三进五　卒7平6　18. 兵五进一　炮2进5
19. 仕六进五　卒6平5　20. 兵五进三　卒5平6
21. 炮五平二　马8退9　22. 马三进四　炮3平6
23. 车四退一　炮6退3　24. 车四进二　炮2平5

平炮叫将，并非不可，但改走卒5进1，保留将军的变化则更为满意。

25. 炮二平五　车2进9　26. 马七退八　卒5进1
27. 马八进七　…………

以上一段双方走子较快，说明两人对所形成的局面都是胸有成竹的。

27.…………　车 8 进 6　　28.马七进五　车 8 平 5

29.车四平七　马 3 退 4

退马不如车 5 平 3 简明,试演如下:车 5 平 3,车七进一,车 3 进 3,仕五退六,车 3 退 2,炮九进四,车 3 平 5,仕六进五,车 5 平 2,黑方并不吃亏。

30.炮五平六　车 5 平 1

黑方车 5 平 1 扫兵,为红方炮切入打开了门户,从此处于受攻的地位。应改走车 5 平 4 拴炮,仍是两分形势。

31.炮六进六　车 1 平 2　　32.炮六平九　马 4 进 2

33.车七进二　车 2 退 3

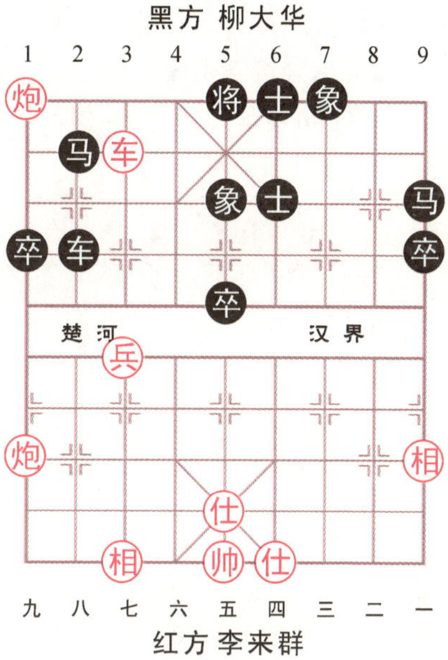

34.前炮进一　士 5 进 6(图)

支士是正确的防守。但究竟是走士 5 进 4 还是进 6 好？我考虑的时间较长,当时觉得如走士 5 进 4,红方有车七进一,将 5 进 1,车七平八,车 2 进 2,兵七进一,将 5 平 6,前炮退一,士 6 进 5,兵七进一的手段,红方大优,因此才决定走士 5 进 6。

35.兵七进一　…………

至如图形势时,黑方虽处于守势但红方双车炮一时也难得手。红方送七兵是不失为一条可取的途径。如改走后炮平五,则卒 5 进 1,车七进一,将 5 进 1,炮九退一,马 2 进 4,车七退二,卒 5 进 1,红方也难突破。当时红方送兵走得很快,可见来群思路敏捷,算度较深。

35.…………　象 5 进 3　　36.车七进一　将 5 进 1

37.车七退四　象 7 进 5

黑方弃中卒是明智的选择,如被红方炮九平三轰象,将更难应付。

38.车七平五　马 9 进 7　　39.车五平四　马 2 进 4

40.后炮平五　马 4 进 5　　41.车四退二　车 2 平 3

42.相七进九　车 3 进 4　　43.车四平五　马 5 进 4

44.帅五平六　马 4 进 3　　45.炮五平六　车 3 退 3

我经过以上一段的顽强防守,局势已趋缓和。同样退车应走车 3 退 7,炮九退一,车 3 平 1,炮九平七,车 1 平 2,以后通过进车邀兑抢占兵线,足可与红方抗衡。

46. 相一退三　马7进5　　47. 相三进五　卒1进1

进卒欠细，为红方暂时闲置的九路底炮归家开辟了道路。应走马5进4，相九退七，车3退1，黑方谋和不难。

48. 相五退七　卒1进1　　49. 炮九退三　车3退1

50. 炮九进一　车3进1　　51. 炮九退一　车3退1

52. 炮九退一　马5进7　　53. 车五进一　马7进9

54. 车五平九　车3进1　　55. 炮九进二　车3退2

56. 炮九进二　马9进7　　57. 车九退一　马7退6

58. 车九进一　马6退5　　59. 车九平八　车3进4

60. 炮九退三　车3平4

在时间很紧的情况下，匆忙平车失误。应改走马5进7，红方不易取胜。

61. 炮九平一　马3退2　　62. 炮六退一　马2退4

63. 炮一退五　马5进6　　64. 炮一平四　马6进8

65. 车八进四　将5退1　　66. 车八进一　将5进1

67. 车八平六　马8退7

败着，致使白丢一马。应走马8退6，虽处下风，仍可周旋。至此，我丢马后，见大势已去，乃推枰认负。以下：

68. 炮四进一　马7退5　　69. 炮四平六　车4平5

70. 车六退一　将5退1　　71. 车六进一　将5进1

72. 后炮进三　车5平4　　73. 前炮进一

第89局　广东吕　钦(红先和)湖北柳大华

(1990年1月9日弈于广州)

中炮过河车对屏风马平炮兑车

第十届“五羊杯”象棋冠军赛

1. 炮二平五　马8进7　　2. 马二进三　车9平8
3. 车一平二　马2进3　　4. 兵七进一　卒7进1
5. 车二进六　炮8平9　　6. 车二平三　炮9退1
7. 马八进七　士4进5　　8. 炮八平九　车1平2
9. 车九平八　炮9平7　　10. 车三平四　马7进8

在第十届五羊杯第二循环的第一轮比赛中，我与吕钦相遇，双方很快布成五九炮过河车对屏风马平炮兑车阵势。在四天前的第一循环第三轮比赛中，李来群执先曾以同一阵势胜我，但我自信那一局棋虽然输了，而开局并未吃亏，所以当吕钦重演此阵时，我毫不犹豫地以此应战。

11. 车四进二　炮7进5　　12. 相三进一　炮2进4
13. 兵五进一　炮7平3　　14. 马三进四　炮2退5
15. 车四退三　卒7进1　　16. 马四退三　象3进5
17. 兵五进一　…………

前面16个回合与1月5日李来群对我时一模一样，第17回合李接走马三进五，续弈到第29回合形成车炮三兵仕相全对车双马三卒士象全的均势局面。这一局，吕钦见我运子较快，可能心存疑虑，乃改走兵五进一，一则怕中埋伏，二则他大概也已发现马三进五并没有多大先手。

17. …………　卒5进1　　18. 相一进三　…………

红方如改走车四平五，则卒7进1，车五退二，炮3进3，车八平七，卒7进1，黑方稍优。

18. …………　炮2进5　　19. 车四平五　车8进3
20. 兵一进一　…………

挺边兵着法新颖，以往多走仕六进五，马8进9，马三进五，车8平5，红方无便宜。

20.………… 马8进7　　21.仕六进五　车8平4

22.马七进五(图)　炮3平1

黑方 柳大华

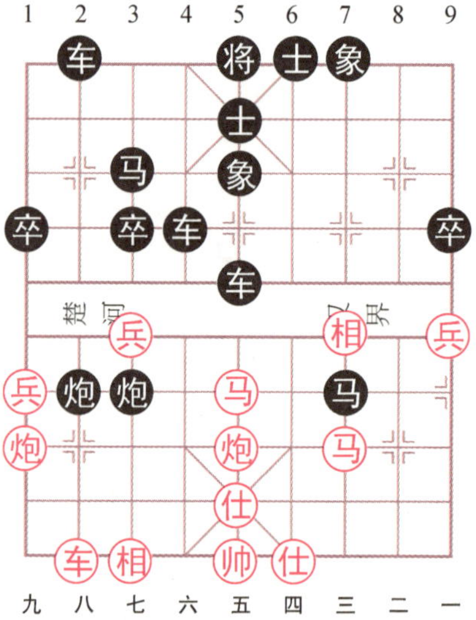

红方吕 钦

如图,红方车马炮雄踞中路,占位甚好,颇具威力,黑方应先走马7进5兑炮,解除中路威胁,然后再走炮3平1,黑方不致受攻。

23.车五平六　车4平7

24.车六退三　马7进5

25.炮九平五　炮1平5

26.马三进五　炮2退2

27.帅五平六　炮2平7

红方出帅走得含蓄,为发起冲击做好准备。如直接走马五进四,则车7平5,车六进六,车5平6,红方亦难得手。预计到红方马五进四有一定的攻势,黑方此时平炮7路,蹩住红方马唯一的一条进攻路线,是防守的佳着。

28.车八进九　马3退2　　29.仕五进四　…………

如改走马五进四,车7平5,红方亦难突破黑方的坚固防线。以下双方攻守正常,终于兑子成和。

29.………… 马2进3　　30.仕四进五　车7平6

31.相三退一　卒1进1　　32.马五进三　车6平5

33.车六进三　卒3进1　　34.车六平五　车5平4

35.帅六平五　车4进1　　36.兵七进一　车4平5

37.马三进五　炮7平3　　38.马五进六　将5平4

第 90 局　湖北柳大华(红先和)江苏徐天红

(1990 年 1 月 12 日弈于广州)

飞相对进马

第十届“五羊杯”中国象棋冠军赛

这是我在第十届“五羊杯”赛中的最后一盘棋，如果我胜了这局棋，有可能获第一，但输了就要“垫底”，有这个牵制因素，所以选择了稳中求胜的策略。

1. 相三进五　马 2 进 3　　2. 兵七进一　炮 8 平 5
3. 马八进七　马 8 进 7　　4. 马二进三　车 9 平 8
5. 车一平二　车 8 进 4　　6. 炮二平一　车 8 进 5
7. 马三退二　车 1 进 1　　8. 马二进三　卒 5 进 1

由于徐天红积分偏低，所以他舍弃稳健的棋风，而采用较为少见的架中炮冲中卒的战术进攻飞相局，做最后的冲刺。

9. 炮八平九　马 3 进 5　　10. 车九平八　炮 2 平 4
11. 仕六进五　卒 7 进 1　　12. 车八进五　…………

进骑河车，控制河头一线，好棋！如改走马七进六，则炮 4 进 2，红方反落后手。

12. …………　卒 5 进 1　　13. 兵五进一　炮 5 进 3
14. 马三进五　炮 4 平 5　　15. 兵三进一　…………

此时，如改走相五退三，车 1 平 4，炮一平五，炮 5 进 2，炮九平五，车 4 进 5，马五进六，炮 5 进 5，相七进五，则可立即成和。由于我对局势的分析过于乐观，所以改变了原来的策略。随手走了兵三进一，这样给了黑方有拼命的机会。

15. …………　车 1 平 4

弃卒抢占要道，好棋！如改走象 7 进 9，炮一平三，黑方将陷入被动。

16. 兵三进一　马 5 进 6

目前，红方虽过一兵，但黑方车双炮马占位极佳，随时都可能发动致命的攻击，红方此时的防守不能有丝毫的差错。

17. 兵三平四　…………

正确！如误走兵三进一，则车 4 进 7，红方将难以解救。

17.………… 马7进8

黑方进马，加强进攻力量，佳着！如急于走车4进7，则车八平五，炮5进2，炮九平五，马6进5，仕五进四，黑方要失子。

18.兵四平五 马6进8

如改走马8进7，相五进三，黑方也难以得手。

19.炮一平二 前炮平8

20.马五进三 后马进6(图)

黑方 徐天红

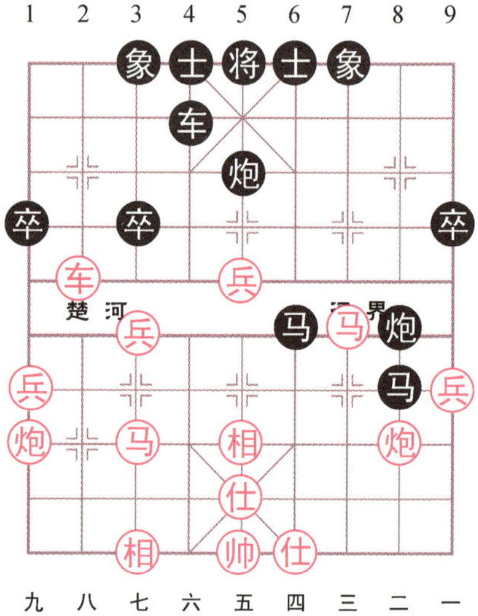

红方 柳大华

21.兵五进一 …………

如图，红方送中兵是解除黑方攻势的正确选择。如改走车八退二，炮8进2，马三退二，马6进4，仕五进六，马4退5，黑方有攻势，明显占优。

21.………… 炮8进2

22.马三退二 马6退5

23.马七进五 …………

进马，又一步解围佳着！至此，黑方攻势已基本瓦解。

23.………… 炮5进4

24.车八平五 车4进5

25.车五进一 士4进5

26.兵一进一 卒1进1 27.车五退二 …………

由于红方在前一阶段用时过多，此时虽发现了马二退四的棋，但害怕看错，而未敢走，以致局势再次陷入被动。如改走马二退四，则炮5平1，车五平七，象3进5，马四进二，双方大体均势。

27.………… 象3进5 28.车五进一 车4平1

29.炮九平六 …………

软着！应改走炮九进三保持兵力相等为好。

29.………… 卒1进1 30.车五退一 车1平4

软着！应改走车1平3，然后再进1路卒，这样黑方颇有胜势。

31.马二退四 马8进7 32.车五平三 车4进1

33.车三退三 炮5退2 34.车三进三 …………

红方抓住战机，逼兑一子，和势已成。

34.………… 车4退1
35.车三平五 炮5平7
36.马四进二 炮7平2
37.仕五退六 车4平8
38.马二退三 卒1进1
39.车五进二 卒1平2
40.马三进四 车8平6
41.仕四进五 卒2平3
42.车五平一 炮2平5
43.车一平五 炮5进2
44.帅五平四 前卒进1
45.车五平七 车6退1
46.车七平五 炮5平6
47.帅四平五 车6平9
48.车五退三 车9进4
49.相五退三 炮6退3
50.相七进五 炮6平8
51.马四进三 象5进7
52.车五平七 炮8平5
53.马三退四 炮5平3
54.车七平三 象7进5
55.马四进五 车9退4
56.车三平五 卒3进1
57.马五进四 车9平6
58.马四进三 车6退4
59.车五进三

第 91 局　湖北柳大华(红先胜)江苏徐天红

(1990 年 5 月 13 日弈于泰州)

中炮对三步虎

"泰州杯"棋王赛

1. 炮二平五　马 8 进 7　　2. 马二进三　车 9 平 8
3. 兵七进一　卒 7 进 1　　4. 马八进七　炮 8 平 9
5. 车一进一　车 8 进 5　　6. 相七进九　士 4 进 5
7. 车一平三　车 8 退 3

以上形成当今颇为流行的中炮对三步虎阵势。红方藏车马底,是一种含蓄的走法,意在冲三路兵赶黑方骑河车。黑方车 8 退 3 如改走炮 2 进 4,可能更积极更理想,试演一例:炮 2 进 4,兵五进一,象 3 进 5,车九进一,马 2 进 3,车九平六,车 1 平 4,车六进八,士 5 退 4,车三平四,车 8 进 1,黑方满意。

8. 炮八进二　马 7 进 6　　9. 兵三进一　炮 2 平 7

黑方炮平七欠妥,宜改走卒 7 进 1,炮八平三,炮 2 平 6,封住红方马出路,虽属后手,但阵形工整,尚无大碍。

10. 车三平四　卒 7 进 1

败着!局势立即崩溃。此时应改走马 6 退 5 先避一手,以下红方马三退一,炮 7 进 3,炮八进四,红方子力活跃占优,但黑方周旋的机会要多一些。

11. 车四进四　炮 7 进 5
12. 炮五进四　象 7 进 5(图)
13. 炮八平九　…………

黑方 徐天红

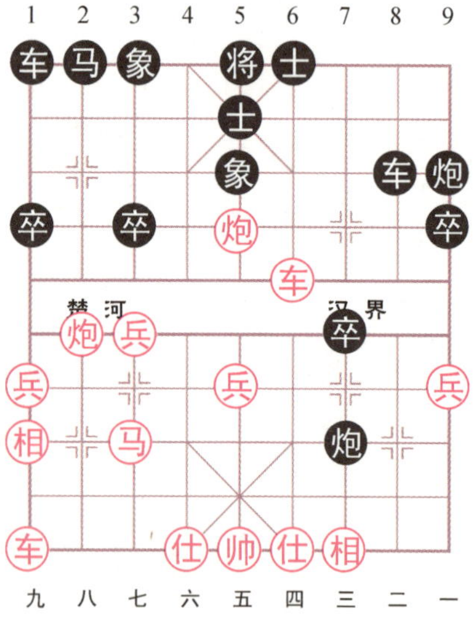

红方 柳大华

如图形势,红方抓住黑方右车呆滞的弱点,立即平炮打车,逼黑方马屯边,既巩固了中炮的地位,又为夺子创造了条件。

13.…………　马2进1　　14.车九平八　炮9进4

黑方炮打兵，是无可奈何之着。如改走车8平7(卒3进1，车八进六，车1平2，车四平七，黑方也难应付)，则炮五平九，车1平2，后炮进三，车2进9，前炮平三，车2退2，炮三退五，红方多子胜定。

15.炮五平九　…………

重炮轰车，必得一子，从而奠定胜局。以下着法是：

15.…………　车1平2　　16.后炮进三　车2进9
17.前炮平二　车2退6　　18.炮九进三　车2退3
19.炮九退四　炮7平1　　20.炮九退三　车2进7
21.车四进三　士5进6　　22.炮二进二　士6进5
23.车四平三　车2平3　　24.车三进一　士5退6
25.车三退五　象5退7　　26.车三进五

第 92 局　湖北柳大华（红先胜）黑龙江张晓平

（1990 年 10 月 22 日弈于杭州）

仙人指路对过宫炮

1990 年全国象棋个人赛

1. 兵七进一　炮 8 平 4　　2. 马二进三　马 8 进 7
3. 车一平二　卒 7 进 1　　4. 马八进七　马 2 进 1
5. 车九进一　车 9 平 8　　6. 炮二进四　象 3 进 5
7. 兵九进一　…………

针对黑方右马的弱点，及时挺边兵，控制局面，是正确的。如循常规走车九平六，则士 6 进 5，车六进四，车 1 平 3，相三进五，卒 3 进 1，兵七进一，炮 2 退 1，黑方满意。

7. …………　炮 2 平 3　　8. 马七进八　炮 4 进 3
9. 马八进九　车 1 平 2　　10. 炮八平六　…………

红方随手平仕角炮，错失战机，应车九平六，车 2 进 7，车六进三，炮 3 退 1，相三进五，红方占优。

10. …………　炮 3 退 1　　11. 相三进五　士 4 进 5
12. 兵九进一　车 2 进 7

黑方进车捉炮失策，其本意在于迫红方补仕，阻拦九路车过宫。其实此时，红方车平四路已毫无意义。因此，黑方此着应走车 2 进 6，预防以后红方平二路炮压马兑车的变化。

13. 仕四进五　炮 4 退 3

黑方此时应炮 4 退 5，这样更加灵活。以下炮二平三，车 8 进 9，马三退二，炮 4 平 3，马二进三，象 7 进 9，红方略优。

14. 炮二平三　车 8 进 9　　15. 马三退二　炮 3 平 1
16. 兵七进一　卒 3 进 1　　17. 车九平七　马 7 退 8（图）
18. 马九退七　…………

如图形势，黑方集中车马双炮四个大子于右翼，以防守角度来说，看似固若金汤,无懈可击,但红方沉思有倾,果断弃马踩卒。

在黑方防线内打开一个缺口,从而取得优势,进入佳境。

18. …………　象 5 进 3

黑方接受弃子,实属下策。应改走炮 1 进 3,则马七进六,士 5 进 4,车七进六,马 1 进 2,车七平八,马 8 进 7,也是红方优,但比实战要好。

19. 车七进四　车 2 退 6

20. 车七进四　炮 4 退 2

21. 车七退二　马 8 进 9

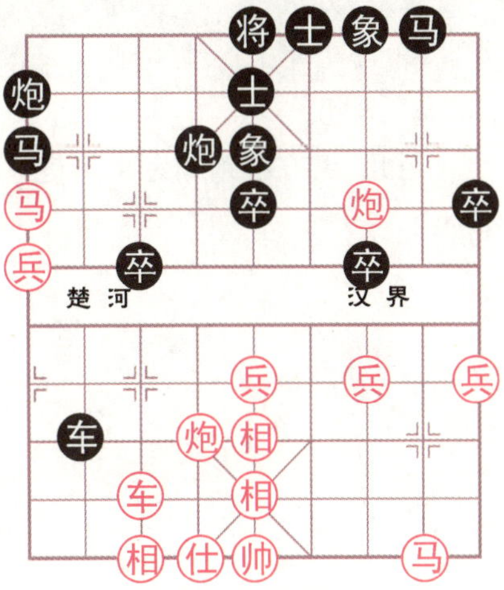

黑方进左边马是顽强应法。如改走马 1 退 3,则炮六进六,炮 4 平 3,车七平三,士 5 进 6,炮三进三,士 6 进 5,炮三平七,马 8 进 7,炮六平八,将 5 平 6,兵九进一,红方将得子胜定。

22. 炮三平四　马 1 退 3

黑方逃马,被红方炮四进二丝线拴牛后,局势更趋恶化。如改走炮 1 进 3 打兵,弃还一子,虽仍处下风,但周旋余地要大一些。

23. 炮四进二　炮 4 平 3　　24. 车七平三　车 2 进 8

25. 炮四平七　车 2 平 3　　26. 炮七平八　车 3 平 2

27. 车三平七　车 2 退 8　　28. 车七进二　士 5 退 4

29. 车七退三　车 2 平 8　　30. 车七平五　士 4 进 5

31. 马二进四　…………

如改走马二进三,黑方车 8 进 5 后,将增加获胜的难度。

31. …………　卒 9 进 1　　32. 兵五进一　马 9 进 8

33. 炮六进三　马 8 进 9　　34. 炮六平五　马 9 进 7

35. 仕五退四　车 8 平 6　　36. 仕六进五　卒 9 进 1

以上几个回合,红方升炮赶马,平中伏抽,并乘机换仕,解除后顾之忧,已必胜无疑了。

37. 兵九进一　将 5 平 4　　38 马四进二　卒 9 平 8

39. 车五平七　车 6 进 4　　40. 兵九进一　车 6 平 5

41.车七进三　将4进1　　　　42.炮五平六　车5进2
43.兵九进一　士5进6　　　　44.兵九平八　车5平2
45.车七平五　士6退5　　　　46.炮六退五　车2平5
47.车五平九

至此,黑方看到如走士5进6,红方有车九退七硬捉车马伏杀的妙着,乃停钟认负。

第 93 局　湖北柳大华(红先胜)广东吕　钦

(1991 年 3 月 1 日弈于常州)

飞相局对过宫炮

第三届"后肖杯"象棋大师精英赛

1. 相三进五　炮 8 平 4　　2. 马二进三　马 8 进 7
3. 车一平二　卒 7 进 1　　4. 兵七进一　车 9 平 8
5. 马八进七　马 2 进 1　　6. 兵九进一　炮 2 平 3
7. 马七进八　炮 4 进 3

此时的另一路选择是炮 4 进 5，炮二平一，车 8 进 9，马三退二，炮 4 平 9，马二进一，炮 3 平 5 黑方可以抗衡。

8. 炮二进二　炮 3 平 5

还架中炮，似觉不妥，建议走象 7 进 5，较为稳正。

9. 仕四进五　马 7 进 6

"五羊杯"赛时，吕曾以炮 4 平 2 兑马的走法与我交锋，但结果陷入被动。今番跃马河头，应该是有所准备的。

10. 兵九进一　马 6 进 5　　11. 兵七进一　…………

黑方马踏中兵，来势凶猛。红方弃七兵撤掉黑方炮架并活通八路马路，势在必行。如走马三进五，炮 4 平 2，兵七进一，炮 2 平 5，黑方满意。

11. …………　马 5 进 7　　12. 炮八平三　卒 3 进 1
13. 马八进六　卒 1 进 1　　14. 车九进五　车 1 进 1

吕钦赛后说他应走车 8 进 3，但我可接走车九退一，炮 4 平 5，兵三进一，炮 5 平 8，兵三进一，炮 8 进 2，炮三进七，士 6 进 5，炮三平一，红方攻势强大，占优。

15. 车九退一　炮 4 平 5

平炮软着。应改走炮 4 进 3，炮三平二，车 8 平 9，车九平四，车 1 平 4，马六进四，车 9 进 1，黑方虽居下风，但可坚守。

16. 马六进四　卒 5 进 1　　17. 炮二进一　炮 5 平 3
18. 相七进九　车 8 进 3(图)

19.车二平四 …………

如图红方平车保马，老练。如走马四进六，车1平4，马六退五，炮3平5，车九平五，车8平6红方获胜难度增大。

19.………… 车1平6
20.马四进六 车6平4
21.炮二平五 车4进1
22.车九平五 车8退1
23.车五平四 车8平6
24.相五退七 将5进1

如果走车6进3，车四进四，车4进4，炮三平五，车4平5，前炮退一，黑车必失。

25.炮三平五 将5平4
26.前炮平六 车4平5

黑方 吕 钦

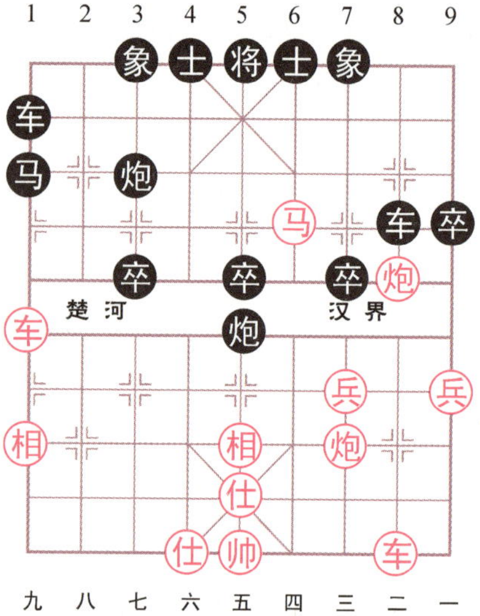

红方 柳大华

黑方如走车4进2吃炮，红方可走炮五平六，车6平4，车四进五，红方占优。

27.前车进二 车6进1　28.车四进六 车5平8
29.车四平六 将4平5　30.炮六平五 将5平6
31.车六平四 炮3平6　32.前炮平四

附参考局(一则)

湖北柳大华(红先和)广东吕　钦

(1991年1月11日弈于广州)

飞相局对过宫炮

第十一届“五羊杯”象棋冠军赛

相七进五	炮2平6	马八进七	马2进3	车九平八	卒3进1
兵三进一	车1平2	马二进三	马8进9	兵一进一	炮8平7
马三进二	炮6进3	炮八进二	炮7平5	仕六进五	炮6平8
炮八平二	车2进9	马七退八	马9退7	车一进三	士6进5
马八进六	炮5平4	兵七进一	卒3进1	马六进八	卒3平2

前炮平八	车 9 平 8	炮二平三	马 7 进 9	炮八平七	象 7 进 5
炮七退四	车 8 进 4	马八进七	马 3 进 4	兵五进一	象 3 进 1
炮七平八	卒 7 进 1	炮八进五	车 8 进 3	车一平三	卒 7 进 1
炮三进二	车 8 退 4	车三平一	象 1 退 3	炮八退三	车 8 进 1
炮三退二	马 4 退 6	车一平五	车 8 平 2	炮三平一	马 9 退 8
炮八平九	象 5 进 3	炮九进四	车 2 退 1	炮九退二	马 8 进 7
车五平四	马 6 进 8	仕五退六	炮 4 平 3	马七退六	象 3 退 5
炮九平七	车 2 进 1	炮七进二	卒 5 进 1	兵五进一	车 2 平 5
仕六进五	车 5 平 7	炮七退二	车 7 平 4	炮七退二	车 4 进 1
马六进七	炮 3 进 2	马七进九	车 4 平 9	马九进八	炮 3 平 6
马八退六	车 9 平 6	马六进七	将 5 平 6	车四平六	炮 6 退 3
炮一平四	马 8 退 6	马七退六	将 6 平 5	炮四进四	车 6 退 2
炮七进四	车 6 进 2	车六平三	车 6 平 4	车三进三	炮 6 平 7
车三平二	车 4 退 1	炮七退二	马 7 进 6	车二进三	士 5 退 6
马六进四	炮 7 平 6	车二退一	士 4 进 5	炮七平五	将 5 平 4
车二平四	马 6 进 4	炮五进四	士 6 进 5	车四平五	马 4 进 6
车五进一	将 4 进 1	车五平三	车 4 平 7	车三退四	马 6 退 7
马四退五	将 4 平 5	兵九进一	卒 9 进 1	兵九进一	卒 9 进 1
兵九进一	马 7 进 5	兵九平八	马 5 退 3	兵八平七	卒 9 平 8
帅五平六	卒 8 进 1	兵七平六	卒 8 平 7	马五进七	象 5 进 7

第94局 广东吕 钦（红先和）湖北柳大华

（1991年3月5日弈于常州）

中炮巡河炮对屏风马

第三届"后萧杯"象棋大师精英赛

1.炮二平五 马8进7	2.马二进三 车9平8
3.兵七进一 卒7进1	4.马八进七 马2进3
5.炮八进二 马7进8	6.马七进六 象3进5
7.车一进一 马8进7	8.车一平二 车1进1
9.炮五平七 车8进1	10.车九进一 炮8平7

11.相三进五 炮2退2

目前双方成为对峙局面，红方六路马雄踞河头，局势稍优。黑方退炮调整阵形，为以后车平2路开辟道路。此时亦可考虑走卒5进1。

12.车九平四 …………

此时如走炮八退一，车8进7，车九平二，车1平4，炮八平三，炮7进4，马六进四，炮2进6，黑方可以抗衡。

12.………… 炮2平3　　13.车二进七 车1平8

14.炮八退一 马7退8

退马正确，避免红方兑子后，黑方炮陷入险境。

15.车四平二 车8平2　　16.炮八平七 车2进5

17.炮七进三 炮3进3　　18.马六进七 …………

如走兵七进一，车2平4，马六进七，车4平3，马七进九，车3进1，马九进七，将5进1，车二进四，将5平4，马三进四，车3退3，车二进二，车3平6，黑方形势乐观。

18.………… 马8进7

黑方进马希望保持复杂局面。如改走车2进1，则车二进四，车2平3，马三进四，士4进5，车二进一，车3退1，马四进五，马3进5，车二平五，车3平1，呈和棋趋势。

19. 车二进六　马 7 退 6　　20. 马三进二　卒 7 进 1
21. 马二进一　炮 7 进 1　　22. 马七进五　象 7 进 5
23. 炮七进五　士 4 进 5　　24. 车二退二　马 6 进 4
25. 兵五进一　卒 7 平 6　　26. 马一进二　炮 7 进 3
27. 马二退三　车 2 退 4　　28. 车二退二　…………

漏着。应改走炮七进一，卒 6 平 5，车二退一，后卒进 1，仕四进五，炮 7 平 5，炮七平六，红方略优。

28. …………　卒 6 平 7　　29. 马三退一　车 2 平 3
30. 马一退三　炮 7 进 2　　31. 车二平八　炮 7 平 6
32. 马三进二　炮 6 退 7　　33. 车八平四　炮 6 平 8
34. 仕四进五　车 3 平 4　　35. 马二进三　将 5 平 4
36. 车四平二　炮 8 平 9　　37. 马三退二　炮 9 平 6
38. 车二平四　炮 6 平 8　　39. 车四平六　炮 8 平 6
40. 兵一进一　卒 1 进 1　　41. 兵一进一　马 4 退 3
42. 车六平四　炮 6 平 8
43. 车四平八(图)　马 3 退 1

黑方 柳大华

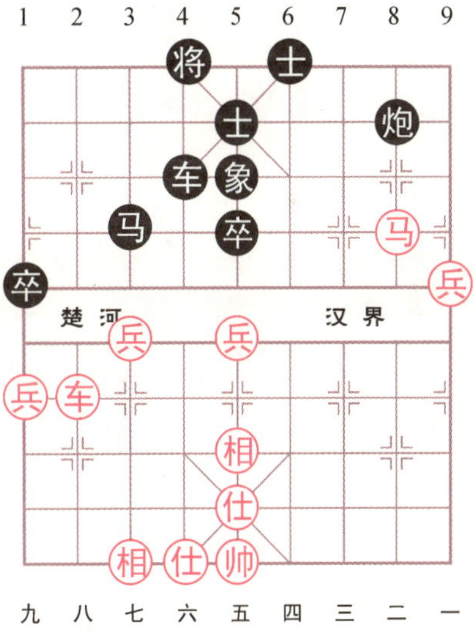

红方 吕 钦

如图形势，黑方退马过于软弱，致使局势立即转入下风。应改走卒 5 进 1，车八进六，将 4 进 1，车八退三，车 4 平 3，马二退四，炮 8 平 6，黑方尚有一线胜机。

44. 车八进三　马 1 退 3

冷静之应着。黑方如改走车 4 进 2，车八平五，马 1 进 2，车五平八，红方有兵七一的凶着，对黑方不利。

45. 车八平五　车 4 进 1
46. 兵五进一　炮 8 进 1
47. 车五平六　马 3 进 4
48. 兵五进一　马 4 退 3
49. 马二退四　象 5 退 3　　50. 兵七进一　炮 8 平 1
51. 兵七平八　炮 1 进 4　　52. 兵八平九　马 3 进 2
53. 马四退五　马 2 退 4　　54. 马五进七　炮 1 平 7
55. 兵九平八　马 4 退 6　　56. 兵五平六　马 6 进 7

57. 兵一平二　马 7 进 6　　58. 兵二平三　马 6 进 8
59. 兵三进一　马 8 进 7　　60. 帅五平四　炮 7 平 6
61. 兵三平四　马 7 退 8　　62. 帅四平五　炮 6 平 7
63. 兵六平五　炮 7 退 5　　64. 兵八进一　炮 7 平 6
65. 兵四平三　马 8 退 6　　66. 兵五平四　炮 6 平 9
67. 兵八平七　炮 9 进 2　　68. 兵七平六　象 3 进 1
69. 马七退五　马 6 退 7

弃马换双兵后,成为正和局面。

第 95 局　湖北柳大华(红先和)河北李来群

(1991 年 5 月 24 日弈于无锡)

中炮对三步虎

1991 年全国象棋团体赛

1. 炮二平五　马 8 进 7　　2. 马二进三　车 9 平 8
3. 兵七进一　炮 8 平 9　　4. 马八进七　车 8 进 5
5. 相七进九　卒 7 进 1　　6. 车九进一　士 4 进 5
7. 炮八进二　车 8 退 1　　8. 车一平二　象 3 进 5

正着。如改走车 8 进 5,马三退二,象 3 进 5,兵三进一,卒 7 进 1,炮八平三,马 2 进 4,炮三进二,卒 3 进 1,车九平四,红方先手。

9. 车九平二　车 8 进 4　　10. 车二进一　马 2 进 4
11. 车二平六　炮 9 退 1　　12. 兵三进一　卒 3 进 1
13. 兵三进一　卒 3 进 1　　14. 兵三进一　卒 3 平 2

红方进兵正着。如改走相九进七,黑方则象 5 进 7(如车 1 平 3,兵三进一,车 3 进 5,车六进一,炮 9 平 7,炮五退一,炮 7 进 2,相三进五),黑方满意。

15. 兵三进一　炮 2 平 7　　16. 马三进二　车 1 平 2
17. 马七进六　象 5 进 7

软着。可改走车 2 进 3,马二进四(如马二进一,炮 7 进 2,红方无手段),炮 7 进 2,马四进三,炮 9 平 7,马六进五,前炮平 1,黑方满意。

18. 相三进一　炮 7 平 5　　19. 马二进四　车 2 进 3
20. 车六平三　马 4 进 3

黑方兑马好棋!如错走象 7 进 9,红方则马四进五,象 7 退 5,车三进七,炮 9 退 1,车三平一,红方得象占优。

21. 马六进五　马 3 退 4　　22. 车三进四　马 4 进 5
23. 车三进四　炮 5 进 4　　24. 马四退五　马 5 进 4

黑方第 23 回合炮 5 进 4 是唯一解围的佳着,如逃炮,红方车三退三,追回失子大占优势。

25. 炮五退一　马 4 进 2　　　　26. 车三退七　车 2 平 3

27. 车三平八　将 5 平 4

28. 马五进六　车 3 进 2(图)

黑方 李来群

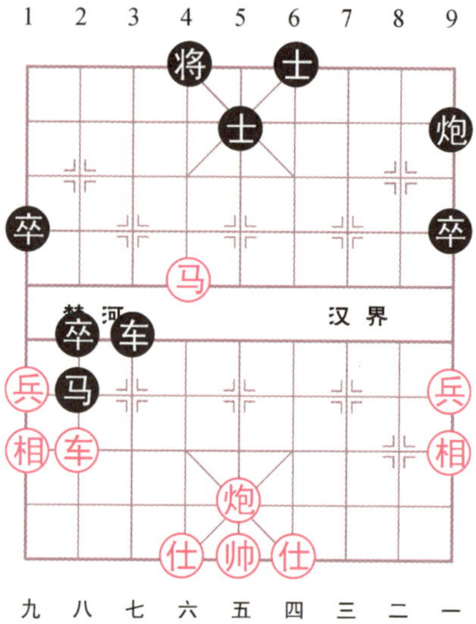

红方 柳大华

如图，黑方车 3 进 2 劣着。应车 3 进 1，炮五平六，将 4 平 5，马六进四(如炮六平三，将 5 平 4)，车 3 平 5，仕六进五，炮 9 平 6，双方战线拉长各有顾忌。

29. 炮五平八　车 3 平 4

如图形势，红方炮五平八错失良机。应改走炮五平六可速胜。试演如下：炮五平六，车 3 平 4(如将 4 平 5，红方马六进四绝杀)，帅五进一佳着！黑方已无法应付；如将 4 平 5，马六进四，炮 9 平 6，车八平七，红方胜；又如士 5 进 4，马六进七，炮 9 平 3，车八平七，红方胜。

30. 马六进七　将 4 平 5

31. 炮八进二　车 4 进 1

32. 车八平五　卒 2 进 1　　　　33. 兵九进一　炮 9 进 5

34. 马七退九　炮 9 平 5　　　　35. 仕四进五　卒 9 进 1

36. 马九退八　车 4 退 1　　　　37. 马八进七　车 4 平 5

38. 马七退九　卒 9 进 1　　　　39. 马九退七　车 5 平 3

第 37 回合红方应改走车五进一，车 5 平 2，车五平三，和棋。

40. 车五进一　车 3 平 2　　　　41. 兵九进一　卒 9 平 8

42. 相九退七　卒 2 进 1　　　　43. 相七进五　车 2 退 3

44. 车五平六　车 2 平 3　　　　45. 兵九平八　卒 2 进 1

46. 车六平九　车 3 平 8　　　　47. 相五退三　士 5 退 4

48. 兵八平七　车 8 进 2　　　　49. 兵七进一　卒 2 平 3

50. 兵七平六　车 8 平 4　　　　51. 兵六平五　车 4 平 5

52. 车九退二　车 5 平 3　　　　53. 车九进二　车 3 退 1

54. 车九平五　士 4 进 5　　　　55. 相三进五　车 3 进 1

56. 相五退三　车 3 平 8　　　　57. 兵五平六　车 8 平 4

58. 兵六平七　卒 3 平 4　　　　59. 车五退一　车 4 平 3

60. 兵七平六　将 5 平 4　　　　61. 车五平六　卒 4 平 3

62. 车六平九　卒 8 进 1　　63. 车九进七　将 4 进 1
64. 车九退三　车 3 平 5　　65. 车九退三　卒 8 进 1
66. 兵六平七　车 5 平 3　　67. 兵七平八　卒 8 进 1
68. 车九平六　士 5 进 4　　69. 车六进三　车 3 平 5
70. 兵八进一　卒 8 平 7　　71. 兵八平七　将 4 平 5
72. 兵七平六　卒 7 平 6　　73. 车六平四　卒 6 平 5
74. 仕六进五　车 5 进 4　　75. 帅五平四　车 5 进 1
76. 帅四进一　车 5 退 1　　77. 帅四进一　车 5 进 1
78. 帅四退一　卒 3 平 4　　79. 兵六进一　将 5 平 4
80. 车四平六　将 4 平 5　　81. 车六退五

第96局　广东吕　钦(红先负)湖北柳大华

(1991年5月31日弈于桂林)

中炮巡河炮对屏风马

第二届“银荔杯”全国象棋冠军赛

1.炮二平五　马8进7　　2.马二进三　车9平8

3.兵七进一　卒7进1　　4.马八进七　马2进3

5.炮八进二　象3进5

红方炮巡河后，黑方飞左象或马7进8封车，是时下较为流行的应法，飞右象则是较老的应法，我对此是有所准备的，用意在于迫使红方车一平二走成中炮巡河炮对屏风马的阵势。

6.车一平二　车1平3　　7.车九进二　炮2退1

8.兵三进一　炮2平7

第7回合黑方退炮是便于向左翼转移的灵活着法。在1991年全国象棋团体赛上，吕钦与我曾演斗形成同一阵势，但那次对局吕走兵三进一之后，我应的是炮8进2，接下去兵三进一，炮2平8，车二进五，马7进8，兵三平二，吕一车换双后，虽双方战和，但我觉得黑方反弹力较差，因此我改应炮2平7，静观红方变化。

9.马三进四　…………

红方进马是积极进取的着法。如改走兵三进一，炮7进3，马三进四，炮7平8，车二平一，炮8进3，红方无便宜。又如改走相三进一，车3平2，兵三进一，炮7进3，车九平八，炮7平8，车二平三，马7进6，黑方满意。

9.…………　卒7进1　　10.马四进六　炮8进2

11.相三进一　…………

红方马四进六后，黑方不能走卒7平8，因红方接走车二进四，炮7进8，仕四进五，炮8平9，车二进五，马7退8，马七进六，黑方虽得一相，但红方有攻势。当黑方走炮8进2后，红方如不飞边相而走马六进四，车3进1，炮八进五，象5退3，车九平八，车8进3，黑方多一过河卒占优。

11.…………　卒7进1　　12.马七进六　车8进3

13. 炮八进二　炮 8 进 2　　14. 炮五平七　…………

红方平炮七路，走得机警，如改走仕四进五，炮 7 平 4，黑方好走。

14. …………　马 3 退 1　　15. 炮八进一　马 7 进 8

16. 后马进四　炮 7 进 3　　17. 兵五进一　车 8 退 2

18. 马六进五　…………

箭在弦上，不得不发。红方弃马踩象，挑起复杂对攻，着法可取。但同样踩象，似应走马四进五，象 7 进 5，炮七平五，象 5 退 7，炮八退六，黑方边马受制，红方略优。

18. …………　象 7 进 5　　19. 炮七平五　炮 7 退 3

红方再平中炮后，随时有进马踩象的攻击手段，此时黑方退炮不及走象 5 退 7 先避一手为佳，以下，红方有两种着法，黑方均可从容应付：①炮五进四，马 1 进 3，红方空头炮立不住；②马四退六，马 1 进 3，兵五进一，炮 7 进 1，红方打通中路的计划落空。

黑方 柳大华

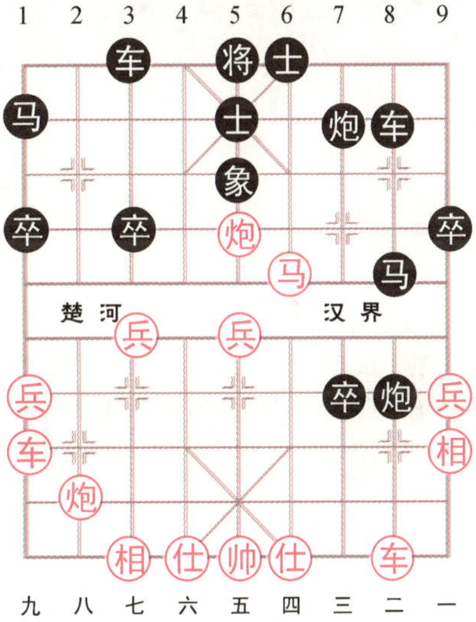

红方吕 钦

20. 炮八退六　士 4 进 5

21. 炮五进四(图)　车 3 平 4

红方如不炮轰中卒而改走进马踩象，则马 8 进 6，车九平八，车 3 进 2，车八进七，马 1 退 3，黑方优。如图形势，黑方走车 3 平 4 过于冒险，几乎翻船。应改走马 1 进 3，炮五退一，马 8 退 6，炮八进六，马 3 退 2，车九平六，车 3 平 4，车六进七，将 5 平 4，车二进二，形成黑方多子，红方有攻势，各有顾忌的局面。

22. 马四进五　车 4 进 2

23. 马五进三　…………

红方马踩炮双照，错失良机。应改走马五退三抽车，以下，将 5 平 4，马三进二，车 4 进 7，帅五进一，马 8 进 6，车二进二，卒 7 进 1(如马 6 进 7，车九平四，红方有车二进一换双的续攻手段占优)，车九平三，马 6 进 7，车二平三，红方优。

23. …………　将 5 平 4　　24. 仕四进五　车 8 平 7

25. 炮八进一　马 1 进 3　　26. 炮八平六　车 4 平 5

27. 炮五退一　马 8 退 6　　28. 炮五平六　将 4 平 5

29. 后炮平五　车 5 进 3　　30. 炮六平八　马 6 进 4

31. 车九平七　车 7 进 1

以上一段黑方利用红方进马踩炮的错着，稳扎稳打地组织反击。到第 31 回合，黑方已多子得势，并胜券在握。黑方如不走车 7 进 1，改走马 4 进 3 亦佳，试演如下：马 4 进 3，炮五平三，车 7 平 8，炮八退二，马 3 进 5，也是黑方胜势。

32. 炮八退四　马 3 进 5　　33. 车七平八　马 4 进 6

34. 车八进七　士 5 退 4　　35. 炮八进三　车 5 进 2

弃车砍炮，算准车双马炮卒可以迅速入局。

36. 相七进五　马 6 进 5　　37. 炮八退二　马 5 进 3

38. 帅五平四　马 5 进 6　　39. 仕五进四　车 7 平 5

40. 帅四进一　炮 8 平 1　　41. 车二进四　卒 7 进 1

附参考局(一则)

广东吕　钦(红先和)湖北柳大华

(1991 年 5 月 16 日弈于无锡)

中炮巡河炮对屏风马

1991 年全国象棋团体赛

炮二平五	马 8 进 7	马二进三	车 9 平 8	兵七进一	卒 7 进 1
马八进七	马 2 进 3	炮八进二	象 3 进 5	车一平二	车 1 平 3
车九进二	炮 2 退 1	兵三进一	炮 8 进 2	兵三进一	炮 2 平 8
车二进五	马 7 进 8	兵三平二	车 3 平 2	马三进四	车 2 进 4
炮五退一	炮 8 平 1	炮五平二	车 8 平 9	车九退一	卒 3 进 1
炮二平八	车 2 平 1	炮八平七	卒 3 进 1	炮七进三	车 9 进 1
炮九平六	炮 1 平 3	炮七进四	车 9 平 3	车六进三	车 1 平 6
车六平七	车 3 退 1	相七进五	马 3 进 2	兵二进一	车 3 进 5
相五进七	卒 9 进 1	相三进五	士 4 进 5	兵二平三	卒 1 进 1
仕四进五	马 2 退 1	马四退二	车 6 平 2	相七退九	马 1 进 3
炮八平四	车 2 平 8	马二退四	马 3 进 5	马四进三	车 8 平 7
兵三平四	马 5 进 7	相五进三	车 7 进 1	炮四退二	卒 5 进 1
炮四平五	车 7 进 4	仕五退四	车 7 退 3	炮五进三	车 7 平 9
仕六进五	车 9 平 6	兵四平五	车 6 退 2	炮五退一	车 6 平 2
炮五平八	卒 9 进 1	兵五进一	卒 9 进 1	相九进七	卒 9 平 8
相七退五	卒 8 平 7	兵五平四	卒 7 平 6	兵四平三	将 5 平 4
兵三平四	卒 6 平 5	马七进五	车 2 进 1	马五进七	车 2 进 4
仕五退六	车 2 平 4	帅五进一	车 4 平 6	兵四平五	车 6 退 4
兵五进一	车 6 平 5	前兵平六	车 5 平 4	兵五进一	车 4 退 1
帅五退一	将 4 平 5	帅五进一	车 4 平 2	兵六平七	象 5 进 3
兵七平六	士 5 退 4	兵六平七	车 2 进 1	兵七平六	象 7 进 5
帅五退一	象 5 退 3	帅五进一	象 3 进 1	帅五退一	卒 1 进 1
兵九进一	车 2 平 1	帅五进一	车 1 进 3	帅五退一	车 1 平 4
马七退五					

第 97 局　湖北柳大华(红先胜)河北黄　勇

(1991 年 10 月 15 日弈于大连)

中炮巡河炮对屏风马

1991 年全国象棋个人赛

1. 炮二平五　马 8 进 7　　2. 马二进三　车 9 平 8
3. 兵七进一　卒 7 进 1　　4. 马八进七　马 2 进 3
5. 炮八进二　象 3 进 5　　6. 兵三进一　…………

飞右象的走法,在 1991 年团体赛中已多次出现。红方都走车一平二,车 1 平 3,车九进二成为大家熟悉的中炮巡河炮对屏风马的阵势。现红方挺兵兑卒,避开熟套,是想出其不意,攻其不备。

6. …………　卒 7 进 1　　7. 炮八平三　马 7 进 8
8. 车九平八　车 1 平 2　　9. 车八进六　车 8 进 1
10. 兵五进一　…………

冲中兵,是胡荣华在 1978 年与徐天红对弈时创用的。它既加强了中炮的攻势,又防备了车 8 平 7 捉炮。

10. …………　车 8 平 6　　11. 兵五进一　卒 5 进 1
12. 车八退一　卒 3 进 1

弃卒拦车,好棋。记得胡徐之战,徐应马 8 进 7,车八平五,马 7 进 5,相三进五,车 6 进 2,马三进五,红方轻而易举地取得了优势。

13. 车八平七　马 8 进 6　　14. 车七平五　士 4 进 5
15. 马三进四　车 6 进 4
16. 炮三退二(图)　炮 8 平 6

如图,黑方平炮威胁底仕,假棋。应走车 6 平 3 吃兵,车一平二,炮 8 平 6,黑方阵形巩固,可以抗衡。

17. 兵七进一　车 6 平 3

平车跟兵,无可奈何。如走炮 6 进 7,相三进一,炮 6 平 4(退炮则车一平四占优)马七退六,车 2 平 4,车一进一,炮 2 进 7,炮三退二,红方有炮打中象和车一平八捉炮的棋,黑方难应付。

18. 车一进一　炮 2 进 5

19. 马七进五　…………

进马错失机会,应炮五进五,象 7 进 5,马七进五,车 3 进 4,车五进二,炮 6 平 7,车五平三,红方大优。

黑方 黄　勇

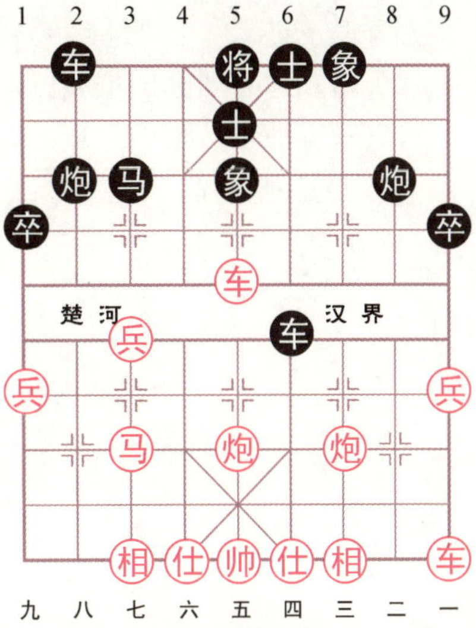

红方 柳大华

19. …………　车 3 进 4

20. 炮三平八　车 2 进 7

21. 马五进三　车 2 退 4

22. 车一平四　车 2 平 4

23. 仕四进五　车 3 退 4

24. 相三进一　将 5 平 4

25. 车四进二　车 4 进 5

26. 兵七平八　…………

黑方车 4 进 5,授人以隙,应走象 5 进 7,顽强防守。应走炮五平六,将 4 平 5,车四进三,车 3 退 1,车五平七,象 5 进 3,马三进二,炮 6 平 8,车四平六,红方胜定。

26. …………　车 4 退 3　　27. 车四进三　…………

进车将辛苦运子得来的优势丧失殆尽。应走兵八进一,车 4 平 5,兵八平七,马 3 退 2,炮五平二,红方仍有较大优势。

27. …………　车 4 平 5　　28. 车五退一　车 3 平 5

29. 炮五平六　车 5 退 2　　30. 车四退一　将 4 平 5

31. 兵八平七　马 3 退 2

应走象 5 进 3 吃兵,车四平七,象 7 进 5,成为均势。

32. 兵七平六　马 2 进 3　　33. 兵六平五　车 5 平 2

34. 车四退二　象 5 进 7　　35. 车四平七　象 7 进 5

36. 炮六平七　马 3 退 2

黑方由于时间紧张,边走软着和败着。此时如改走马 3 进 2,车七平八,车 2 平 3,黑方仍有和棋机会。

37. 兵五平四　马 2 进 4　　38. 炮七平五　车 2 平 3

39. 车七平六　炮 6 退 1　　40. 兵四平三　车 3 平 5

41. 炮五平二　炮 6 平 8　　42. 兵三平四　马 4 进 2

43. 兵四进一　车 5 平 4　　44. 车六平五　象 5 退 3

45. 炮二平三　将 5 平 4　　46. 兵四平五　车 4 进 2
47. 马三进二　士 5 进 6　　48. 马二进四　炮 8 平 6
49. 炮三进七　士 6 进 5　　50. 马四进二　将 4 平 5
51. 车五平四　炮 6 进 1　　52. 炮三平二　马 2 退 4
53. 兵五进一

第98局　石化田长兴(红先负)湖北柳大华

(1991年10月26日弈于大连)

仙人指路对卒底炮

1991年全国象棋个人赛

1. 兵七进一　炮2平3　　2. 炮二平五　象3进5
3. 马二进三　卒3进1　　4. 马八进九　卒3进1
5. 车一平二　车9进1　　6. 车九平八　车9平4
7. 仕六进五　…………

红方通过弃兵,使两翼子力迅速出动,而黑方则捞到了过河卒的实惠,这是个双方各有所得的局面。红方补仕继续贯彻抢先的指导思想,如走车二进四,车4进2,车二平七,马2进4,黑方弃回过河卒,使局势平先。

7. …………　车4进4

升车骑河,保住过河卒,使局势更富有变化,此届全国象棋个人比赛中,走士4进5,车二进四,卒7进1,车二平七,马8进7这个变化的较多,发展下去极易成和。

8. 炮八平六　士4进5　　9. 炮五进四　…………

在第十一届"五羊杯"冠军赛中,李来群曾与我弈成同一局面,当时,李走的是车八进八,马8进9,炮五进四,卒9进1,黑方布局可以满意。田长兴把车八进八,改进成炮打中卒,并且在前几轮的比赛中以此变化战胜了广东汤卓光。

9. …………　卒9进1

这是我在赛前研究好的着法。此着可使红方中炮处于受攻的地位。汤卓光曾走马8进9,炮五平一,马2进4,相三进五,卒3平2,兵九进一,红方多兵占优。

10. 炮五退二　马8进9　　11. 兵一进一　…………

坏棋。使局势立即处于被动。此着应走车八进八,炮8平7,双方均势。

11. …………　车4退1　　12. 兵一进一　车4平9
13. 车二进六　炮8平6　　14. 炮五平三　马2进4
15. 兵五进一　马4进5

进中马,放弃过河卒,正确。如走马4进3,车八进六,炮6进1,车八平七,炮6

平8,车七进一,红方一车换双后,局势有所松动。

16. 炮三平七　马5进3　　17. 炮七进三　炮6平3

18. 马三进五　车1平4

平车占肋,有力之着。如走马3进5,车二退二,局势将立即转稳。

19. 马五进三　车9平6　　20. 兵五进一　车6进2

21. 车八进六　炮3进7(图)

如图形势,红方弃相,避免马3进2封车,似佳实劣。此着应走相三进五坚守为好。黑方打相,算准有妙手,解除红方进卧槽马的攻势。

黑方 柳大华

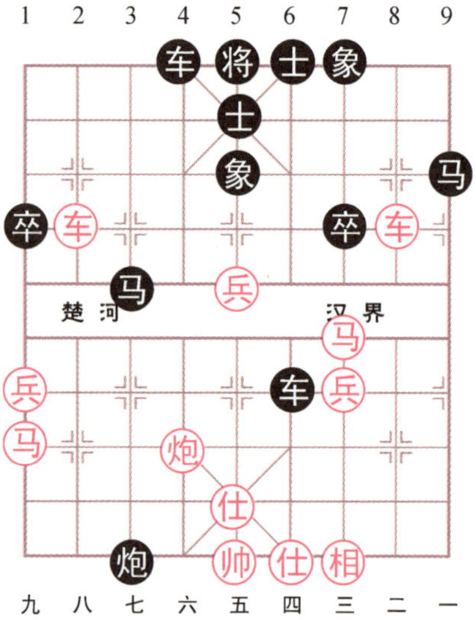

红方 田长兴

22. 兵五平六　车4进4

23. 马三进四　车6退3

红方弃兵打车,然后进卧槽马,漏算退车吃马的妙手,此时,红方败象已呈。

24. 车八平四　马9退7

25. 车二平三　马7进6

26. 车三平四　车4进2

27. 车四平八　…………

改走马九退七,车4平3,相三进五,尚可多支撑一阵。

27. …………　炮3退4　　28. 炮六平五　炮3平5

29. 车八进三　士5退4　　30. 车八退七　士6进5

31. 车八平七　车4平1

丢边兵后,红方无子动弹,坐以待毙。

32. 兵三进一　卒1进1　　33. 兵三进一　卒1进1

34. 兵三平四　卒1平2　　35. 兵四平五　卒2进1

36. 帅五平六　马3进4　　37. 炮五进一　…………

如车七进二,炮5进3,红方仍难应付。

37. …………　炮5平4　　38. 仕五进六　马4进2

39. 帅六平五　车1进1　　40. 仕六退五　卒2平3

附参考局(二则)

河北李来群(红先和)湖北柳大华

(1991年1月13日弈于广州)

仙人指路对卒底炮

第十一届“五羊杯”象棋冠军赛

兵七进一	炮2平3	炮二平五	象3进5	马二进三	卒3进1
车一平二	卒3进1	马八进九	车9进1	车九平八	车9平4
仕六进五	车4进4	炮八平六	士4进5	车八进八	马8进9
炮五进四	卒9进1	相七进五	卒1进1	兵三进一	炮8平7
车二进三	炮7退1	车八退二	马2进4	炮五退二	车1平2
车八进三	马4退2	车二平四	炮3平4	炮六平七	卒1进1
车四进三	卒1进1	车四平八	马2进1	马九退八	卒3进1
车八进一	车4平1	炮七退一	炮7进1	炮七平九	炮4退2
车八平五	象7进5	炮九进三	马9进8	兵一进一	卒9进1
炮五平一	马1进3	炮一平二	炮7平9	炮九进二	炮4进5
炮九平三	炮4平8	马三进二	马3进5	炮三平二	炮9平8
兵三进一	象5进7	兵五进一	马5退6	炮二平五	将5平4
马二进四	炮8退1	炮五平一	象7退9	马八进六	卒1平2
马六进五	炮8平6	马四退六	马8进7	马六进五	炮6平7
前马进七	将4平5	兵五进一	马6进5	炮一平五	士5进4
马五进六	将5进1	炮五平九	马7退5	炮九退一	前马退3
炮九平八	马3进4	仕五进六	卒3进1	仕四进五	卒3进1
炮八平九	炮7进1	炮九进三	炮7平3	马六进七	马4退6
炮九退四	马5退3	马七退九	马6进4	炮九平一	卒2进1
炮一退三	卒2平3	帅五平六	马3进5	马九进七	马5进6
炮一进一	马6进7	马七退六	马4进6	炮一平三	马6退5
马六退五	马5进3	马五退七	马3进1	炮三平四	马1进2
炮四退一	马2退3	炮四平七	将5平4	帅六进一	士4退5
帅六退一					

石化田长兴(红先胜)广东汤卓光

(1991 年 10 月 22 日弈于大连)

仙人指路对卒底炮

1991 年全国象棋个人赛

兵七进一	炮 2 平 3	炮二平五	象 3 进 5	马二进三	卒 3 进 1
马八进九	卒 3 进 1	车一平二	车 9 进 1	车九平八	车 9 平 4
仕六进五	车 4 进 4	炮八平六	士 4 进 5	炮五进四	马 8 进 9
炮五平一	马 2 进 4	相三进五	卒 3 平 2	兵九进一	卒 2 平 1
马九进七	车 4 进 1	马七进九	卒 1 进 1	马九进七	车 4 退 2
马七进九	炮 3 平 4	马九进七	车 4 平 3	炮六平九	车 1 平 3
马七进九	车 3 平 2	车八进九	马 4 退 2	马九退八	炮 8 平 7
车二进四	炮 4 平 2	兵五进一	马 2 进 3	马三进五	马 3 进 2
马五进七	卒 1 进 1	兵五进一	马 2 进 3	炮九平七	卒 1 平 2
兵五平六	车 3 退 4	马七退五	马 3 退 1	马八退七	车 3 平 2
马七进六	炮 2 平 4	马六退四	马 1 进 2	兵六进一	炮 4 平 1
马四进三	炮 1 平 7	马五进四	炮 7 退 1	兵六平五	马 2 进 1
兵五进一	车 2 进 4	马四进六	马 1 退 3	帅五平六	车 2 平 4
炮七平六	卒 7 进 1	兵五进一	士 6 进 5	马六进八	马 3 退 2
车二平八	马 2 进 4	仕五进六	车 4 进 3	帅六平五	炮 7 进 2
仕四进五	车 4 退 5	马八退七	车 4 进 2	车八进五	士 5 退 4
马七退九	车 4 平 1	马九退八	车 1 进 2	帅五平六	炮 7 平 4
马八进七	车 1 平 7	马七进五	车 7 平 9	马五进四	将 5 进 1
马四进三	将 5 平 6	车八退二	车 9 平 4	帅六平五	炮 4 退 1
马三退二	将 6 退 1	炮一平九			

第 99 局　湖北柳大华(红先和)河北李来群

(1992 年 1 月 10 日弈于广州)

仕角炮对中炮

第十二届“五羊杯”象棋冠军赛

这是我和李来群争夺本届“五羊杯”决赛权的最后一盘棋。前三盘我一胜二和领先,这盘棋我只需下和即可出线,在极为有利的形势下,我的策略是确保和棋,稳中求胜。这盘棋由我执红先行。

1. 炮八平六　炮 8 平 5　　2. 马二进三　马 8 进 7

3. 车一平二　车 9 平 8　　4. 马八进七　马 2 进 1

5. 车九平八　车 1 平 2　　6. 炮六进五　…………

进炮士角,准备随时兑子简化局势。战术与战略指导思想同步。此时另一常见走法是炮二进四,其导致的变化要复杂一些。

6. …………　车 8 进 6　　7. 炮二平一　车 8 平 7

8. 车二进二　炮 2 平 3　　9. 车八进九　马 1 退 2

10. 相七进五　卒 3 进 1　　11. 炮六退六　车 7 平 9

为了避免和棋,来群宁肯落后手,也要捞取实利,以便寻求机会。正常应着是卒 3 进 1,相五进七,卒 7 进 1,炮六平三,车 7 平 6,车二进二,炮 5 平 4,局势平稳。

12. 炮六平三　车 9 平 6　　13. 车二进六　…………

进车塞象眼发动攻击,操之过急。应走车二进二稳步进取较好。

13. …………　车 6 进 2　　14. 炮三进五　马 7 退 5

15. 车二退四　…………

在攻击不力的情况下,退车巡河,加强防守。改走马三进二,炮 3 退 1,车二退三,车 6 平 8,车二进一亦可。

15. …………　炮 3 退 1　　16. 马三进四　马 2 进 3

17. 仕六进五　炮 5 平 7

平炮攻相,并不能组织有威胁的攻势,反使黑方车陷入困境。应改走车 6 退 2,马四进二,车 6 退 2,马二退四,马 3 进 4,黑方局势不坏。

18. 炮三平二　炮7退1　　19. 炮一平四　马5进7
20. 相三进一　士4进5　　21. 炮二平三　…………

平炮邀兑，力求简明，但稍嫌软弱。应改走炮二平四，炮7平6（如车6平7，车二进三，车7退4，炮四平三，黑方要失子），马四进五，马7进6，马五进七，马6进8，炮四退五，炮6进7，相一进三，红方残棋占优。

21. …………　炮7进2　　22. 马四进三　车6平7
23. 相一进三　炮3平2　　24. 车二退一　炮2进2
25. 马三退四　马7退9

来群退马防患于未然。如走象3进5，车二进四，炮2退1，炮四平三，马7进6，炮三进七，象5退7，车二平七，我得象占优。

26. 兵五进一　象7进5　　27. 车二平六　炮2进4
28. 兵七进一　卒3进1　　29. 车六平八　炮2平1
30. 车八退一　炮1平3　　31. 车八平七　卒3进1
32. 车七进一　马3进4　　33. 车七平四　车7退3

我通过弃兵，巧妙地逼兑了黑炮，和棋道路已经平坦。来群退车吃相，挑起战斗，理所当然。

34. 兵五进一　马4进2

力图保持变化。如走马4进3，车四平七，车7平6，兵五进一，车6平5，车七进三，马9进7，兵五进一，象3进5，车七平九，马7进5，相五进三，卒9进1，炮四平五，马5进3，车九进三，士5退4，车九退四成为和局。

35. 兵五进一　马9进7
36. 兵五进一　象3进5
37. 相五进七　马2退3
38. 马四进六　车7平3

不甘平稳，冒险吃相。正确的走法是车7平4，但我可走车四进3捉马兑子，确保和棋。

39. 马六进四　士5进6
40. 炮四平五　士6进5
41. 车四平八　马3进2（图）
42. 炮五进二　…………

黑方 李来群

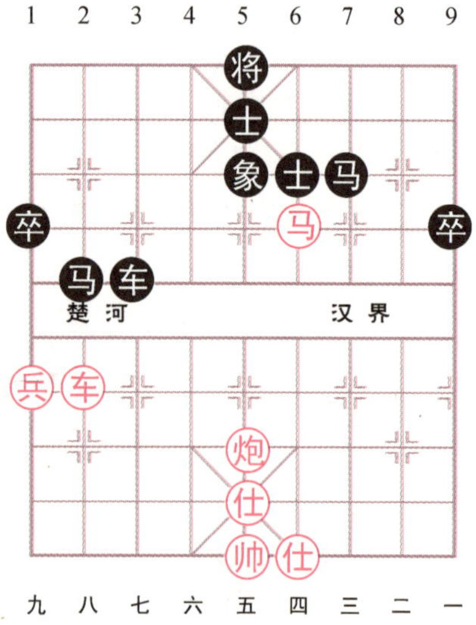

红方 柳大华

弈至如图形势时，我感到机会来了，所以

不肯走马四退六，车 3 进 4，仕五退六，车 3 退 5，车八进一，车 3 平 4，车八进五，车 4 退 4，车八平六，将 5 平 4，炮五平九轻易成和。临场升炮捉马，给了来群一些反攻机会。其实此时最佳选择是马四进六，将 5 平 6，炮五平四，马 7 进 6，马六退八，车 3 进 4，仕五退六，马 2 退 3，车八平四，马 3 进 4，炮四进三，马 4 退 6，车四进二，红方多子有胜机。可惜当时我未能算清这路变化。

42. ………… 将 5 平 4　　43. 炮五平八 车 3 进 4
44. 仕五退六 车 3 平 4　　45. 帅五进一 马 7 进 6
46. 车八平四 马 6 进 4　　47. 车四退一 马 4 进 2
48. 车四平八 马 2 进 4　　49. 车八平七 马 4 退 6
50. 车七平四 马 6 进 4

如走车 4 平 6 吃仕，炮八平四，卒 9 进 1，马四退六，卒 9 进 1，帅五平六兑死黑车后，红方多子占优。

51. 炮八平六 马 4 进 3　　52. 车四平七 车 4 平 6
53. 车七退二 …………

消灭恶马，和局已定，由此可以看出 51 回合平炮打车的妙用。

53. ………… 车 6 退 6　　54. 车七平一 车 6 平 5
55. 帅五平四 将 4 平 5　　56. 车一进三 象 5 进 7
57. 炮六退二 士 5 进 4　　58. 炮六平四 卒 1 进 1
59. 车一进一 士 6 退 5　　60. 帅四退一 士 5 退 4
61. 兵九进一 卒 9 进 1　　62. 车一平四 卒 1 进 1
63. 车四平九 车 5 进 4　　64. 帅四进一 车 5 进 1
65. 帅四退一 车 5 退 2　　66. 车九平四 士 4 进 5
67. 帅四进一 士 5 进 6　　68. 帅四退一 车 5 进 2
69. 车四平七 士 6 退 5　　70. 车七平八 士 5 退 6
71. 车八平二 将 5 进 1　　72. 车二平八 车 5 退 1
73. 帅四进一 将 5 平 6　　74. 车八平四 将 6 平 5
75. 车四平二 车 5 进 1　　76. 帅四退一 车 5 退 2
77. 帅四进一 将 5 退 1　　78. 车二平八 象 7 退 5
79. 车八平三 士 4 退 5　　80. 车三平八 士 5 退 4
81. 车八平二 车 5 退 3　　82. 车二平四 士 4 进 5
83. 车四平八 车 5 进 3　　84. 车八进五 士 5 退 4
85. 车八退五 士 6 进 5　　86. 车八平二 士 5 进 6

87. 车二平八　车5平9　　88. 炮四平五　象5退3
89. 车八平五　将5平6　　90. 帅四平五　车9进2
91. 帅五退一　车9退1　　92. 帅五进一　卒9进1
93. 炮五平六　车9进1　　94. 帅五退一

经过一番苦守终于成和，取得了决赛权。事后认为，作为一个棋手，虽不能轻易放过一个胜机，但本局事关重要，在后半阶段着法未达到稳中求胜的策略，实不应该。

第 100 局　湖北柳大华(红先和)广东吕　钦

(1992 年 4 月 30 日弈于老河口)

五七炮对屏风马

"环空杯"象棋精英赛

1. 炮二平五　马 8 进 7　　2. 马二进三　车 9 平 8
3. 车一平二　马 2 进 3　　4. 兵三进一　卒 3 进 1
5. 马八进九　卒 1 进 1　　6. 炮八平七　马 3 进 2
7. 车九进一　卒 1 进 1　　8. 兵九进一　车 1 进 5
9. 车九平四　…………

五七炮进三兵对屏风马进 3 卒，是目前甚为流行的布局。红方此着车九平四，意在避开车二进四的走法。如改走车二进四，象 7 进 5，车九平四，士 6 进 5，车四进五，成另一路变化。

9. …………　车 1 平 7　　10. 马三进四　象 7 进 5

11. 车二进六　…………

如不走车二进六过河，另有两种选择：①马四进六，炮 8 进 1，将使局面简化，容易兑子成和；②马四进五，马七进 5，炮五进四，士 6 进 5，车四进四，马 2 退 3，黑方满意。

11. …………　士 6 进 5　　12. 马四进六　卒 5 进 1

进卒绊马，正确。如改走炮 2 进 1，则可走炮七平八献炮，再进马踏车奔卧槽，以下：炮 2 平 4，马六进四，炮 4 平 6，车四进五，炮 8 平 9，车二平三，车 7 退 2，车四平三，车 8 进 2，马九进八，马 2 退 3，马八进七，红方子力处于进攻态势，较为好走。

13. 车四进五　车 7 平 4　　14. 车四平八　马 2 进 1

15. 炮七退一　炮 2 平 4

也可改走车 4 退 1，车八进一，马 1 进 3，足可与红方抗衡。

16. 马六进七　马 1 进 3　　17. 炮五进三　马 3 退 5

18. 相七进五　车 4 平 6

此着当然不能走马 5 退 6 逐车：因红方有炮七进四叫杀得子的棋。

19. 仕六进五　车 6 退 1　　20. 炮五退一　车 6 平 5

21. 炮五平九　马 5 退 6

22. 车二退三(图)　车 5 退 1

如图形势，黑方兑车后，使暂时较为呆滞的七路马顺利退到六路河头，随时有兵七进一的攻击手段，将对黑方造成极大的威胁。因此此着应走马 7 进 5，炮九进一，车 5 进 1，炮九平四，马 5 退 3，车八平七，车 8 平 6，炮四退三，马 3 退 2，双方大体均势。

黑方 吕 钦

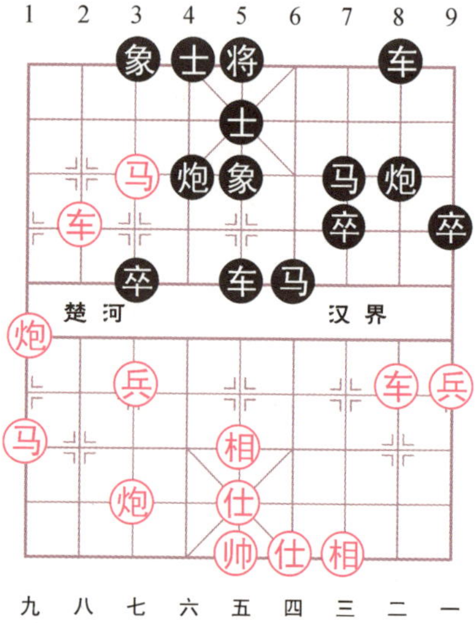

红方 柳大华

23. 车八平五　马 7 进 5

24. 马七退六　马 6 退 4

25. 马九进八　…………

大胆弃马，算准有攻势，好棋。

25. …………　卒 3 进 1

26. 兵七进一　炮 4 进 2

27. 兵七进一　…………

缓着。应走马八进七，黑方大致有两种应着，试演如下：①马 5 进 7，车二平六，炮 8 进 2，兵七进一，红方大优；②马 4 退 3，马七进六，炮 4 退 2，炮七进七，车 8 平 6，炮九进五，车 6 进 4，车二平八，车 6 平 1，车八进六，将 5 平 6，炮九平七，将 6 进 1，车八退三，炮 8 进 1，后炮平八，红方攻势强大占优。

27. …………　炮 4 进 1　　28. 马八进六　马 4 退 2

29. 兵七平八　马 5 进 7　　30. 车二进一　马 7 进 6

31. 车二退一　马 6 退 7　　32. 车二进三　炮 4 平 5

33. 兵八进一　炮 5 退 2　　34. 车二平三　炮 8 进 6

黑方进炮邀兑，使黑车以最快的速度投入战斗，是求和的好棋。

35. 炮七平二　车 8 进 8　　36. 兵八进一　车 8 退 3

37. 马六进五　…………

进马踩象，必然形成车双兵对单车缺象的和棋局面。如炮九平四，车 8 进 1，红方有顾忌。

37. …………　象 3 进 5　　38. 炮九进五　象 5 退 3

39. 车三进三　士 5 退 6　　40. 车三退四　车 8 平 1

41. 车三平五　车 1 退 5　　42. 车五进一　士 4 进 5

43. 车五平一　车1进9　　44. 仕五退六　车1退5
45. 兵一进一　车1平2　　46. 兵八平七　车2平3
47. 兵七平八　车3平4　　48. 兵八进一　象3进5
49. 相五进三　象5退7　　50. 兵八平七　车4退2
51. 车一平九　车4平5　　52. 仕六进六　车5平9
53. 仕五进四　象7进5　　54. 兵七平六　士5退4

和局已定,余着从略。

第101局　湖北柳大华(红先负)农协郑乃东

(1992年5月16日弈于抚州)

对兵局

1992年全国象棋团体赛

1. 兵三进一　卒3进1　　2. 马二进三　马2进3
3. 炮八平五　车1平2　　4. 马八进七　马8进7
5. 车九进一　象3进5　　6. 车九平六　车9进1
7. 炮二平一　车2进1

以上由对兵转演成中炮横车对屏风马的阵势。黑方连车准备随时邀兑抢占肋道,着法新颖。

8. 车一平二　炮8平9　　9. 车六进五　马3进2
10. 马三进四　卒3进1　　11. 车六平八　马2进3

进马踩兵,虽可保持复杂局面,但红炮平三后,黑方7路线将受到攻击,红方便宜。改走卒3进1,车八退一,卒3进1,相七进九,炮2平1,局势较为平稳。

12. 炮五平三　车9平3　　13. 马四进三　炮9退1
14. 相三进五　卒3平4　　15. 马三退四　…………

退马准备进三兵对黑方7路线施加压力,但忽略了黑方的反击手段。应改走仕四进五,卒4进1,车二进三纠缠下去红方好走。

15. …………　卒5进1　　16. 兵三进一　…………

进三兵是退马时的预定走法,目的是封锁黑方马路,为进中马邀兑作准备,结果这个计划是错误的。但此时如能发现,改走马四进三,卒5进1,兵五进一,卒4平5,车二进三,仍是均势局面。

16. …………　卒5进1

17. 马四连五(图)　马3退4

进马邀兑,一错再错。此时仍应走马进三,马3退4,车八平六,马4进6,炮三进二,红方还有机会。如图黑方退马踩车,争到了要点,从此红方局势急转而下,败势已呈。

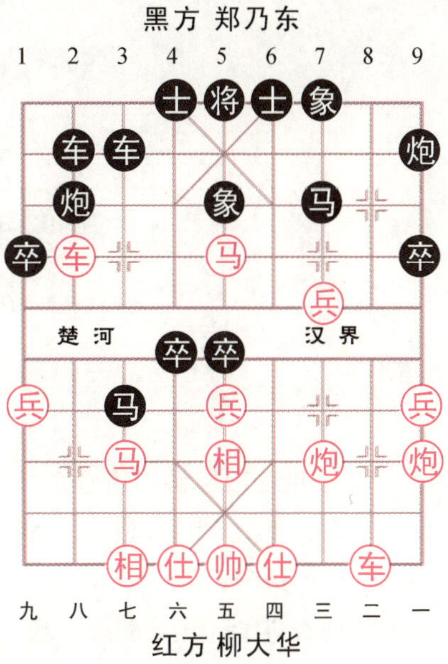

18. 车八平六　马 7 进 5

19. 车六退一　…………

如改走车六平五，炮 9 平 5，车五平六，马 4 进 6，炮三进二，卒 5 进 1，黑方攻势凶猛。

19. …………　车 3 进 3

20. 车六平七　马 5 进 3

21. 炮一进四　炮 2 平 3

22. 炮一退一　炮 3 进 5

23. 炮三平七　马 3 进 2

24. 仕四进五　马 2 进 3

25. 帅五平四　车 2 平 3

平车捉炮，使己方马路更为通畅，老练之着。

26. 炮七平八　车 3 平 6

27. 仕五进四　炮 9 进 5　　28. 车二进三　炮 9 平 5

29. 炮一退四　象 5 进 7　　30. 炮一平四　车 6 平 9

31. 炮四平五　车 9 进 8　　32. 帅四进一　炮 5 平 4

33. 炮八退二　象 7 退 5　　34. 兵九进一　士 4 进 5

35. 车二平四　车 9 退 6　　36. 炮八进二　车 9 平 2

37. 炮八平九　炮 4 平 2　　38. 车四平七　车 2 平 3

39. 车七平二　马 3 退 4　　40. 车二退一　炮 2 进 1

41. 车二进一　车 3 平 6

黑方在获得优势后，走得简明而且老练，表现出一定的功力。

第 102 局　湖北柳大华(红先胜)广东吕　钦

(1992 年 5 月 19 日弈于抚州)

中炮横车对反宫马

1992 年全国象棋团体赛

1992 年全国象棋团体赛在江西抚州举行。

1. 炮二平五　马 2 进 3　　2. 马二进三　炮 8 平 6
3. 车一进一　马 8 进 7　　4. 车一平四　车 9 平 8
5. 马八进七　士 4 进 5　　6. 兵五进一　卒 3 进 1
7. 马七进五　马 3 进 4　　8. 兵七进一　车 8 进 6

以上形成中炮横车对反宫马的布局。黑方这一着是吕钦弈出的新变。在第一届银荔杯赛中，我与徐天红曾弈成同一局面，徐当时应以象 3 进 5，兵五进一，马 4 进 5，马三进五，卒 5 进 1，马五进六，车 1 平 4，兵七进一，红方较优。

9. 兵五进一　马 4 进 5　　10. 马三进五　炮 6 平 5

黑方平中炮是必然着法，如改走车 8 平 7，则马五进四，红方有攻势。

11. 兵七进一　卒 5 进 1　　12. 马五进三　卒 7 进 1

黑方卒 7 进 1 阻止红方马卧槽，是正常应着。如改走炮 5 进 5 兑炮，红方相七进五后，有马三进四奔槽或马三进五踏卒的棋，仍属红先好走。

13. 马三进五　车 8 平 7　　14. 车四进五　炮 2 进 3

黑方炮 2 进 3 以攻为守，对红方有牵制，好棋。如走车 7 平 5，兵七平六，炮 2 进 2，炮八退一，炮 2 平 5，兵六平五，车 5 退 2，炮八平五，车 5 平 4，车四平三，红方优。

15. 仕六进五　炮 2 平 5　　16. 兵七进一　车 7 平 3

黑方平车跟兵老练，如改走马 7 进 5，红方车四平五，炮 5 退 2，炮五进四，车 1 平 2，马五退七，红方一车换双后，各子占位甚佳，大优。

17. 炮八进四　车 1 平 2　　18. 车四平三　车 3 退 2
19. 车三进一　车 3 平 5　　20. 车三进二(图)　车 5 平 4

如图，黑方右车被封，红方有七兵过河，且已擒得一底象，局面当属红方优。此

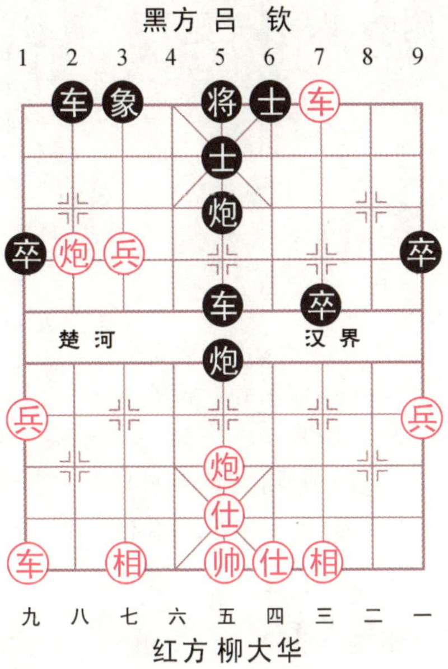

时黑方宜走后炮进1兑炮，则和棋成分较大。但黑方却应以车5平4，从而陷入被动。

21. 车三退三　车2进2
22. 车三平五　车4进1
23. 相七进九　将5平4
24. 车五平六　车4退2

黑方改走车2平4待兑，可能要好一些，接下去红方车九平六，炮5进5，相三进五，车4进4，帅五平六，车4进1，兵七平六，卒9进1，炮八退一，红方优势，但取胜道路漫长。

25. 炮八平六　后炮平7
26. 相三进一　炮7平5
27. 相一退三　炮5平7
28. 相三进一　车2进5
29. 车九平六　将4平5
30. 炮六平五　士5进6

败着。应走象3进5，兵七进一，炮7平3，车六平七，炮3平4，车七进九，炮4退2，车七退五，炮5退1，相九退七，虽属红方优，尚可支持。

31. 兵七平六　将5进1　　32. 车六平七　…………

红方平车七路通头，击中要害，黑方败局已定。

32. …………　将5平6　　33. 车七进四　炮5进1
34. 帅五平六　车2退1　　35. 前炮平四　士6退5
36. 炮四退三　车2进3　　37. 相九退七

附参考局(一则)

湖北柳大华(红先胜)江苏徐天红

(1990年5月27日弈于柳州)

中炮横车对反宫马

第一届“银荔杯”全国象棋冠军赛

炮二平五	马2进3	马二进三	炮8平6	车一进一	马8进7
车一平四	车9平8	马八进七	士4进5	兵五进一	卒3进1
马七进五	马3进4	兵七进一	象3进5	兵五进一	马4进5
马三进五	卒5进1	马五进六	车1平4	兵七进一	象5进3
车四进六	象3退5	马六进七	士5进6	马七进六	将5平4
炮八平九	车8进5	车九平八	炮2平3	车八进九	将4进1
车八退四	车8平4	仕六进五	卒5进1	车八进三	将4退1
车八进一	将4进1	炮五平六	将4平5	车八退三	将5退1
炮九进四	卒7进1	车八连三	将5进1	炮九平五	象5进3
车八退一	车4退4	车八退一	车4进1	炮六平七	象3退1
炮五平七	象1进3	前炮平八	象3退5	炮八平五	将5平6
炮五平七	车4进1	车八平七	马7进6	后炮平八	将6平5
炮八进四	车4进3	炮七平五	将5平4	车七退一	将4退1
炮八退四	车4平1	炮五退一	士6进5	车七平六	将4平5
车六平八	将5平4	炮八平二	卒5进1	炮二进六	车1平3
相七进九	士5进4	炮五进一	车3进1	炮五平三	车3平8
炮三平二					

第103局　广西冯明光(红先负)湖北柳大华

(1992年5月22日弈于抚州)

中炮横车对反宫马

1992年全国象棋团体赛

1.炮二平五　马2进3　　2.马二进三　炮8平6

3.车一进一　马8进7　　4.车一平四　车9平8

5.马八进七　士4进5　　6.炮八进二　…………

以上形成中炮横车对反宫马的布局阵势。升炮巡河是冯明光较为喜爱的攻法,目前已不多见。流行走法是兵五进一,它较易保持先手。

6.…………　卒3进1

3路马是黑方中路支柱,挺卒预防红方巡河炮的攻击,正确。1991年全国个人赛时,汤卓光曾以象3进5应战冯明光,红方接走炮八平三,马7退9,车九平八,炮2平1,炮三平七,红方布局占优。

7.炮八平三　马7退9　　8.车四进五　…………

红方进车企图打通卒线,但反而给了黑方利用的机会。此着应走车九平八,则车1平2,车八进六,局势仍属正常。

8.…………　卒7进1　　9.炮三平一　车8进3

进车邀兑车可抢占要道,兑子争先的好棋。

10.车四退一　炮2进2　　11.车四平七　象3进5

12.车七进一　马9进7　　13.炮一平七　车1平3

14.车七平八　车3平4

黑方抓住红方进车露出的缝隙,先进卒赶炮,再进车邀兑,继而进炮,飞象逐车等一系列着法,弈来紧凑有力,为黑方抢占了战略要点,并在出子速度上领先红方。反观红方,左车未动,双马呆滞,局势已明显处于下风了。

15.车九平八　炮2平6　　16.兵五进一　车8进3

黑方子力已部署妥当,现进车兵线展开攻势,正是时候。如改走前炮退一,炮七进二,车4进3,炮七平五,车4平2,前炮平二,黑方优势丧失。

17. 兵五进一　前炮退 1　　18. 炮七进二　卒 5 进 1

19. 炮七退二　炮 6 进 2　　20. 车八平七　车 8 平 7

21. 马七进五　炮 6 平 5　　22. 炮七进三　炮 6 平 3

23. 车七进一(图)　车 4 进 6

黑方 柳大华

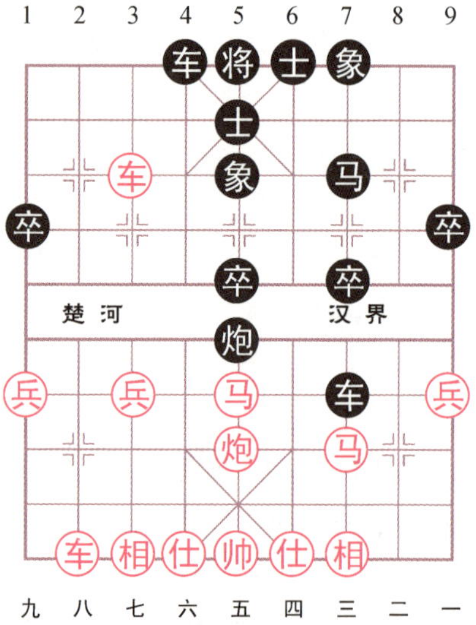

红方 冯明光

黑方弃马后形成如图形势。此时进车蹩马，是弃马时的预计走法，算准可追回弃子，而且还把红方马关在“家”里，占尽了便宜。此后，红方毫无还手之力了。如果走马 7 进 6，则炮五进二，卒 5 进 1，马五进七，车 7 进 1，马七进八，红方马冲出后，有反扑机会，黑方取胜难度较大。

24. 车八进九　士 5 退 4

25. 车八退五　车 7 进 1

26. 车八平五　车 7 平 5

27. 相七进五　卒 5 进 1

28. 马五退三　车 4 平 7

29. 马三退五　马 7 进 5

30. 车七退一　马 5 进 4

31. 车七退二　车 7 平 9　　32. 马五退七　卒 9 进 1

33. 仕六进五　仕 6 进 5　　34. 马七进六　车 9 平 4

35. 车七平九　卒 5 进 1　　36. 车九进二　马 4 进 6

37. 车九平七　卒 9 进 1　　38. 车七退二　卒 5 进 1

及时换相，简明有力。以后红方虽勉力支持，终因红方马被压顶不住黑方车马卒的联合进攻而认负。

39. 相三进五　马 6 进 7　　40. 帅五平六　马 7 退 5

41. 帅六进一　卒 9 进 1　　42. 兵九进一　卒 9 平 8

43. 兵九进一　卒 8 平 7　　44. 兵九平八　卒 7 平 6

45. 兵八进一　卒 6 平 5　　46. 车七平四　马 5 退 7

47. 兵七进一　卒 5 进 1　　48. 兵八平七　卒 5 平 4

49. 仕五进六　车 4 平 5

第104局　江苏徐天红(红先负)湖北柳大华

(1992年7月3日弈于烟台)

飞相局对士角炮

"蓬莱阁杯"全国象棋男子精英赛

这是"蓬莱阁杯"精英赛的一盘对局。这盘棋我面对徐进炮封车的新招,应对正确,并及时抓住战机,弃车弃马抢攻,构成了一盘精彩的佳作。

1. 相三进五　炮2平4　　2. 马八进七　卒3进1
3. 兵三进一　马2进3　　4. 马二进三　车1平2
5. 车九平八　马8进7

这是飞相对士角炮布局经常出现的一个局面。1990年8月超级明星南北对抗赛中,胡荣华与李来群之战,胡此时走马三进四,李应车9进1。炮二平四,炮8进3,马四进三,车9平6,仕六进五,炮8进1。黑方子力出动快,结构好,足可满意。

6. 炮八进四　…………

徐天红进炮封车,显然是进行了研究后弈出的新变。

6. …………　马3进4　　7. 仕四进五　…………

不怕黑方挺卒捉炮,上仕准备尽快开出贴身车,这是进炮封车的续着。

7. …………　象7进5

飞象固防,引而不发,老练。如走卒3进1捉炮,炮八平三,车2进9,马七退八,卒3进1,车一平四。红方贴身车开出后,黑方河头将受到攻击,红方占优。

8. 车一平四　炮8平9　　9. 车四进五　马4退3

退马看似失先,实则黑方退马后,可保持阵形严整,且有车9平8和卒7进1两路争先手段。黑方马曲折迂回弈来意味深长。此时如走马4进3,马三进二,卒7进1,马二进三,卒7进1,车四进三,红方有车四平六和炮八进一的进攻手段,黑棋不利。

10. 马三进二　卒7进1　　11. 车四退一　马3进4
12. 车四平五　卒3进1(图)

黑方 柳大华

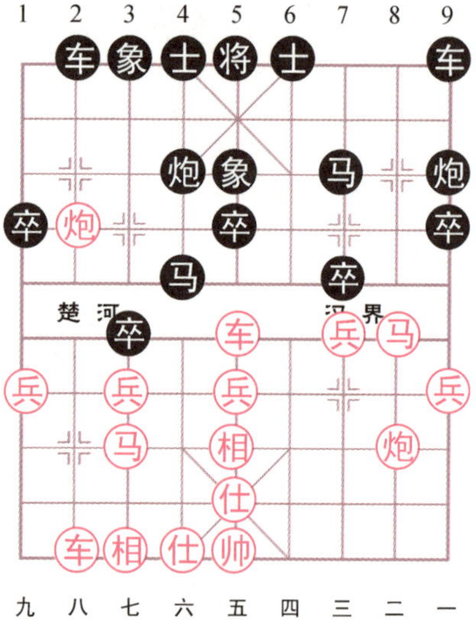

红方 徐天红

如图形势，黑方挺卒捉炮，准备以车换双，算准换双后有马 8 进 7 和卒 3 进 1 的双重威胁，演变下去黑方有利。

13. 炮八平一　…………

天红乐意地以车换双，因为他认为得车后形势不错。而我认为天红此时走兵七进一弃炮才是最佳选择。变化如下：车 2 进 3，车八进六，马 4 退 2，兵三进一，象 5 进 7，兵七进一。红方弃子后，子力位置好，且有过河兵助战，形势不差。赛后复盘交流时，天红仍然认为得车是很好的选择，看来两人对这一局面的认识是仁者见仁、智者见智了。

13. …………　马 7 进 9

14. 车八进九　马 9 进 8

15. 车八退四　…………

退车捉马使黑方没有机会走马 8 进 7，正确。如走兵七进一吃卒，黑方马 8 进 7 后，红方有两种应法，演变如下：①车八退四，卒 5 进 1，车五进一，车 9 平 8，车八平六，车 8 进 7，仕五退四，炮 9 进 2，黑方得子胜定。②兵三进一，车 9 平 8，炮二进三，象 5 进 7，车五平三，马 4 进 6，黑方得子后还有强大的攻势，红方输定了。

15. …………　炮 9 进 2　　16. 车八进三　士 6 进 5

阻止红方车右移，以达到攻击红方空虚右翼的目的，紧要之着。

17. 兵一进一　炮 9 退 2　　18. 兵三进一　…………

挺兵吃卒，使黑方马得机卧槽扩大了优势。应走车八退三，马 4 退 3，车八平四，卒 3 进 1，马七退八。黑方难以组织有威胁的攻势，仅凭过河卒而稍占优势。

18. …………　马 8 进 6　　19. 炮二平四　卒 3 进 1

20. 车八退三　马 6 退 7　　21. 车五平七　马 7 进 8

弃马抢攻，着法凶悍。这是天红未曾预料到的。

22. 车八平六　马 8 进 7　　23. 帅五平四　…………

如走炮四退一，车 9 平 6，帅五平四，车 6 进 6，车七平三，炮 9 平 6，黑方大占优势。

23. …………　炮 9 平 6　　24. 车六平四　车 9 平 8

25. 相五退三　…………

正确的防守。如走车七退一,车8进9,帅四进一,炮6平8,立即构成杀势。

25.………… 车8进9　　26.相七进五 …………

应走车七平三,车8平7,帅四进一,卒3进1,车三退二,这样防守较为顽强。

26.………… 马7退5　　27.车七平三 卒3进1

28.兵一进一 车8平9　　29.炮四进五 炮4平6

30.车四平二 炮6退2

以下红方必须走车二进三解杀,黑方接走马5进3后再退车叫杀即可取胜。所以红方放弃续弈。

第105局 上海胡荣华(红先胜)湖北柳大华

(1992年10月26日弈于北京)

飞相对进卒

1992年全国象棋个人赛

1. 相三进五　卒7进1　　2. 马八进九　马8进7
3. 车九进一　象7进5　　4. 车九平三　马2进1
5. 兵三进一　卒7进1　　6. 车三进三　炮8退2

退炮准备争夺7路线的控制权,同时可使7路马免遭攻击。

7. 兵九进一　车1进1　　8. 马二进三　炮8平7
9. 车三平四　炮7进7　　10. 炮八平三　车1平8

平右车捉炮,以增强左翼的力量,针锋相对。如走车9平8,炮二进二,车8进4,车一平三,黑方左翼空虚,将立即受到攻击。

11. 炮二进二　车8进3　　12. 炮二平三　士6进5

补士使红方有机会进车卒林,威胁7路马。此时黑方应走车8平6,车四平八,炮2平4,车一平二,士6进5局势平稳,黑方不吃亏。

13. 车四进二　马7进6　　14. 车四平五　车8进2
15. 炮三平五　…………

平中炮欠细。应走后炮平四,不论黑方马吃中兵还是车吃中兵,红方再平中炮,这样才有优势。

15. …………　炮2进4　　16. 仕四进五　车9平6

预防红车平四捉马,细腻。至此黑方已取得均势。

17. 车一平四　炮2平5　　18. 车五平三　车8平7
19. 车三退三　马6进7　　20. 车四进九　将5平6
21. 炮五进二　卒3进1　　22. 马九进八　马1退3
23. 马八进六　炮5退2　　24. 马六进七　卒1进1
25. 兵九进一　炮5平1　　26. 炮五平九　卒9进1
27. 炮九平一　马7退5　　28. 马七退五　马3进4

经过一番兑子，已呈和棋局面。当时我认为和棋已定，随手进马，带来了一点小麻烦。改走马 5 退 7 和棋更加容易。

29. 炮三进四(图)　马 4 进 2

面对红方的假攻势，当时我犹如鬼迷心窍，竟然没看到并不太复杂的将 6 平 5，炮三平六，炮 1 退 1 这样的化解手段。

黑方 柳大华

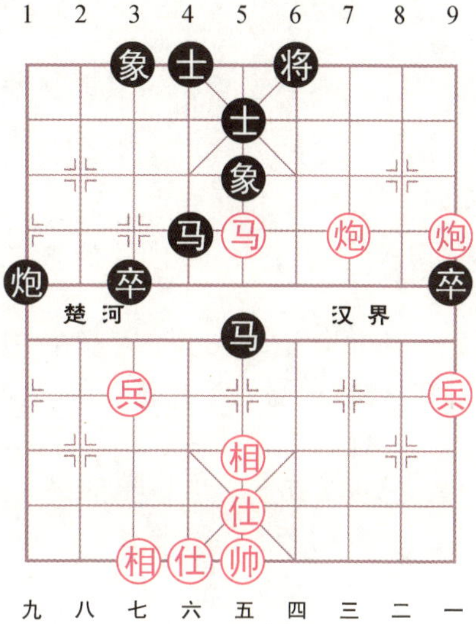

红方 胡荣华

30. 马五进三　将 6 进 1

真正的败着。改走将 6 平 5，炮一进三，马 5 退 6，仍是和棋局面。

31. 炮三退二　士 5 进 6

如走马 2 进 3，炮三平四，马 3 退 4，炮四进一，马 5 进 7，相五进三，红方得子胜定。

32. 马三进二　将 6 平 5

33. 炮一平五　象 5 退 7

34. 炮五退一　马 5 进 3

35. 相五进七　…………

飞相蹩马腿，妙！至此红方必得一子。

35. …………　马 3 退 5　　36. 炮三进二　炮 1 退 2

37. 炮三平五　将 5 平 4　　38. 炮五退二　卒 3 进 1

39. 后炮平三　炮 1 平 5　　40. 帅五平四　马 2 退 4

41. 炮五进一　卒 3 平 4　　42. 炮五平三　炮 5 退 2

43. 马二退三　象 7 进 5　　44. 前炮平四　…………

阻止黑方马进 6，破灭了黑方侥幸求和的希望。以后红方取胜着法老练而简捷。

44. …………　卒 4 平 5　　45. 炮三进一　马 4 退 5

46. 马三退二　象 5 退 7　　47. 炮四平三　马 5 进 6

48. 后炮平一　马 6 进 7　　49. 炮一进三　卒 5 进 1

50. 炮一平三　马 7 退 5　　51. 炮三进三　马 5 进 3

52. 后炮平一　马 3 进 2　　53. 炮三退一　将 4 进 1

54. 马二进四

第106局　河北阎文清(红先负)湖北柳大华

(1992年10月31日弈于北京)

中炮过河车对屏风马平炮兑车

1992年全国象棋个人赛

1992年全国象棋个人赛在中国棋院举行。中国棋院1992年3月15日落成，环境优雅，比赛大厅宽敞明亮，给棋手们创造了一个良好的比赛环境。

1.炮二平五　马8进7　　2.马二进三　车9平8
3.车一平二　马2进3　　4.兵七进一　卒7进1
5.车二进六　炮8平9　　6.车二平三　炮9退1
7.炮八平六　车1平2

红方采用五六炮过河车的阵势迎战黑方屏风马平炮兑车，这在当年全国个人赛中颇为流行，可以算得上是个热点布局。

黑方平车准备平边炮兑去右车，这是针对性很强的下法。此时另有车8进5的变化，以下是马八进七，车8平3，车九平八，车1平2，车八进三，士4进5，黑方也可抗衡。

8.马八进七　炮2平1　　9.车九进二　…………

红方高左车既可预防黑方车2进6的骚扰，又可随时走车九平八邀兑，从而使子力配备更趋合理。如急于走马七进六，车8进5，马六进七，车2进3，兵七进一，炮9平7，车三平四，炮7平3，红方马受围，黑方反先。

9.…………　炮9平7　　10.车三平四　士6进5
11.马七进六　象7进5

上左士的走法最早出现在1988年“五羊杯”比赛中，李来群率先运用与我交战，当时李未补左象，直接车8进5捉马结果吃亏。经研究后我改进车为补左象，这样黑方防御阵形良好，足可抗衡。

12.马六进七　车8平6

我补齐左士象，一个重要的目的是兑掉红方过河车，从而减轻右线压力。

13.车四进三　士5退6

兑掉红方过河车后，黑方车路通畅，阵形巩固，可以满意；红方若车四平二避兑，黑方可车2进6，红方也无便宜。

14. 炮六平七　车 2 进 3　　15. 兵五进一　马 7 进 6
16. 兵五进一　马 6 进 7　　17. 车九平八　车 2 进 4
18. 炮五平八　炮 1 进 4　　19. 马三进五　炮 1 平 3
20. 兵五平六　…………

经过一番争斗，黑方逐渐掌握了主动权。红方第 15 回合进中兵，不如走车九平八兑车，这样红方不会吃亏。红方此时不能走马五进六，因黑方有炮 7 进 2 的巧手。

20. …………　炮 7 进 2　　21. 马七退六　马 3 进 2
22. 兵七进一　炮 3 进 3　　23. 帅五进一　马 2 进 3
24. 马六进四　马 7 退 6　　25. 马五进四　象 5 进 3
26. 兵六平七　卒 5 进 1　　27. 炮八进三　卒 5 进 1
28. 马四进六　士 6 进 5　　29. 炮八平三　将 5 平 6
30. 炮三平四　炮 7 平 5　　31. 帅五平六　卒 5 进 1

左走卒 5 平 6 拦住红炮退路，黑方优势较易把握。

32. 炮四退四　士 5 进 4　　33. 马六退七　卒 5 进 1
34. 炮四进三　炮 5 退 2　　35. 兵七平六　象 3 进 5
36. 兵六进一　炮 3 退 1(图)
37. 兵六进一　…………

黑方 柳大华

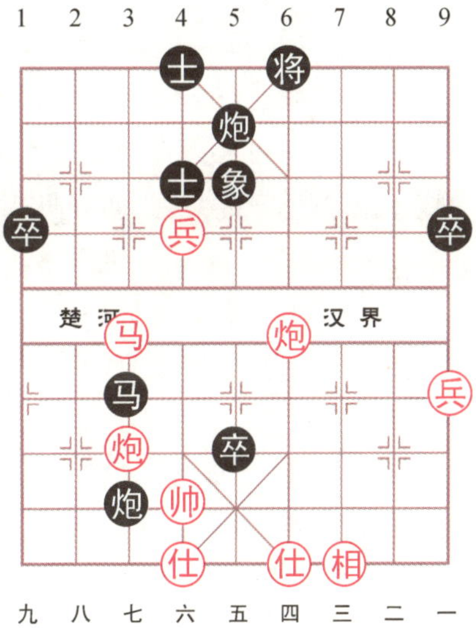

红方 阎文清

如图形势，红方如仕六进五，马 3 进 1，炮七平八，马 1 进 2，帅六退一，炮 3 平 1，炮八进七，炮 5 退 1，马七退八，炮 5 平 2，黑方得子胜。

37. …………　马 3 进 1
38. 马七退八　马 1 进 2
39. 马八退七　马 2 退 3
40. 相三进五　象 5 进 3
41. 炮四退二　马 3 退 4
42. 相五进七　炮 5 平 3
43. 马七进九　后炮进 4
44. 马九进八　前炮退 2

最后一段，红方走出进兵这一致命的败着，导致丢子，便含笑认负。

第 107 局 湖北柳大华(红先胜)四川蒋全胜

(1993 年 4 月 28 日弈于南京)

五七炮对屏风马

1993 年全国象棋团体赛

1. 炮二平五 马 8 进 7　　2. 马二进三 马 2 进 3
3. 车一平二 车 9 平 8　　4. 兵三进一 卒 3 进 1
5. 马八进九 卒 1 进 1　　6. 炮八平七 马 3 进 2
7. 车九进一 象 7 进 5

以上形成五七炮进三兵对屏风马进 3 卒的阵势，补左象是蒋偏爱的变着。他曾多次以此变应战，取得了较好的效果。目前流行的走法是象 3 进 5 或卒 1 进 1。

8. 马三进四 卒 1 进 1　　9. 兵九进一 车 1 进 5
10. 车九平四 士 6 进 5　　11. 马四进六 卒 5 进 1

挺中卒阻止红方马卧槽，给人以顾此失彼之感，因为浮起的中卒将是红方攻击的目标。此时可考虑走炮 8 进 1，如红方兵三进一，卒 7 进 1，马六进四，炮 2 退 1，黑方白吃红方三路兵，且防守巩固，红方顾忌很大。

12. 兵七进一 马 2 进 1

红方弃七兵发动攻势，好棋。黑方进马捉炮，应对正确。黑方如走车 1 平 3 吃卒，红方马六退七，黑方只能一车换双。这样，红方将稳占优势。

13. 炮七进一 马 1 退 3

必然应着。如走卒 3 进 1(车 1 平 3，炮五进三，红方有飞相捉死车的威胁，黑方难应付)，炮七进六，象 5 退 3，炮五进三，炮 2 平 5，马六进八，红方得车胜定。

14. 兵五进一 …………

从中路突破，击中了要害。

14. ………… 炮 8 进 4　　15. 仕四进五 炮 2 进 6
16. 车四进二 …………

随手进车，铸成大错。应走马九退七，黑方中路受攻，红方占优。

16. ………… 炮 8 退 2　　17. 马六进五 象 3 进 5

黑方 蒋全胜

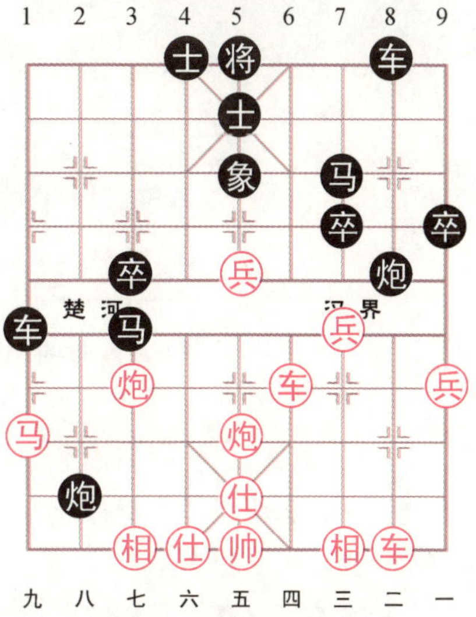

红方 柳大华

18. 兵五进一(图)　车 1 进 2

红方弃马踩象，实属迫不得已。如图形势，黑方占优。此着进车吃马，给了红方机会。应走马 3 退 5，车四平五(车四进二，卒 7 进 1)，马 5 进 7，车五进四，炮 8 平 5，车五平三，马 7 进 6，帅五平四，马 6 进 8，帅四平五，炮 5 进 2，黑方胜势。

19. 炮五进五　士 5 进 4

20. 兵五平四　车 1 平 3

21. 炮七平八　…………

算准可逼兑去除黑方炮，消除黑方的威胁。如误走炮五退五，炮 2 退 2，炮七平五，车 3 平 5，红方多子占优。

21. …………　车 3 平 2

22. 炮八退二　车 2 进 1　　23. 炮五退五　炮 8 退 3

24. 兵四进一　炮 8 平 3　　25. 车二进九　马 7 退 8

26. 兵四进一　炮 3 退 1

顽强的防守是炮 3 进 1，帅五平四，将 5 进 1，车四进二，炮 3 平 6，车四进二，车 2 退 2，车四退二，以后黑方还要丢还一子，优势虽属红方，但黑方还能坚持。

27. 车四平二　马 8 进 9　　28. 兵四进一　…………

切不能走车二平五叫将，因黑方可士 4 进 5，车五平八，马 3 退 5，这样红方非但抽不到黑方车，反而丢失了自己的车。

28. …………　车 2 退 5　　29. 车二进五　炮 3 进 1

30. 车二退三　马 3 进 2　　31. 车二平五　士 4 进 5

32. 车五进三　将 5 平 4　　33. 车五平七　车 2 平 4

34. 炮五平六　马 2 进 3　　35. 炮六进五　车 4 平 5

36. 相三进五

第108局　湖北柳大华(红先胜)上海胡荣华

(1993年6月9日弈于桂林)

中炮七路马巡河炮对单提马

第四届“银荔杯”象棋全国冠军赛

在“银荔杯”战胜胡荣华之前的二十天，我在青岛举行的“中行杯”上最后一轮也是先手对胡荣华，“中行杯”是吕钦、李来群加上我和胡荣华四人打单循环比赛，前二轮我胜吕钦和李来群，而胡荣华二战二和，我只要和棋即可夺冠，结果一味消极求和输掉了比赛而痛失桂冠。“中行杯”赛后总结，前三回合与此局相同，当时第4回合走炮八平六有些求稳，所以第4回合改走兵七进一。

1. 炮二平五　马2进3　　2. 马二进三　卒7进1

3. 车一平二　士4进5　　4. 兵七进一　炮8平7

黑方平7路炮并不能阻止红方进马强攻。此着应改走炮8平6，弈成反宫马的阵势较为稳妥。

5. 马八进七　象3进5

黑方如走卒7进1，则红方马七进六，卒7进1，马三退五，象3进5，炮八进一，黑方卒将被打死，红方子力出动快，明显占优。

6. 马七进六　车1平4　　7. 炮八进二　炮2平1

黑方平炮为4路车寻找出路，如走马8进9，炮五平六，车4平3，相七进五，红方阵形结构好，也占优势。

8. 马六进七　…………

进马踩卒，扩大优势的关键之着，如走炮五平六，车4平2，车九平八，车2进3，黑方阵形立见巩固。

8. …………　炮1退1　　9. 车九平八　马8进9

10. 车二进七　炮7平6

黑方被迫平炮，如改走炮7进4打兵，则红方马七进五踩象，象7进5，车二平五，炮7进3，仕四进五，马3进2，炮五进四，红方弃子后有猛烈的攻势。

11. 炮八进三　车4进3　　12. 马七进九　车4退2

红方亦可改走兵七进一，黑方如车 9 平 8，则红方车二进二，马 9 退 8，马七进九，黑方也很难走。黑方退车是最顽强的防守方法，如走车 9 平 8，将还原如上变。

13. 兵七进一　…………

红方七路兵过河，已构成了一个完整的弃子攻杀方案。如改走他着，将很难攻破黑方的防线。

13. …………　炮 1 平 2　　14. 炮八平五　象 7 进 5

15. 兵七进一　马 3 退 4(图)

16. 兵七进一　…………

黑方 胡荣华

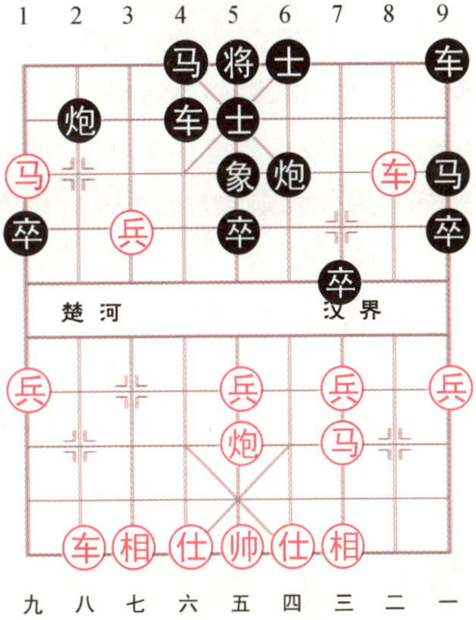

红方 柳大华

如图，红方冲七兵，既可掩护马，又阻止了黑方炮 2 进 1 结成担子炮，系弃子方案的精华所在，如不走此着而改走炮五进四，黑方走炮 2 进 1 后，红方很难得手。

16. …………　车 9 平 7

至此黑方全局受困，平车弃马迫于无奈。

17. 车二平一　车 7 进 3

18. 兵七进一　车 4 进 2

19. 马九进八　炮 2 进 2

20. 炮五平九　炮 2 退 1

21. 兵七进一　卒 5 进 1

22. 车八进四　…………

红方不急于吃黑方死马而升车巡河，老练之着。

22. …………　车 4 进 5　　23. 仕四进五　车 7 平 3

24. 兵七平六　将 5 平 4

改走车 4 退 8 可多支撑一阵。

25. 炮九平六　车 3 退 3　　26. 车一退一　车 3 平 2

27. 车一平五　车 4 平 3　　28. 车五进一

至此黑方认负。

第109局　广东许银川(红先和)湖北柳大华

(1993年12月24日弈于广州)

中炮直横车对屏风马两头蛇

第十四届"五羊杯"象棋冠军赛

1. 炮二平五　马8进7　　2. 马二进三　卒7进1

抢挺7卒，希望将布局的发展引到自己设想的轨道。近一阶段，在高水平棋手的较量中，较少有抢挺7卒的，可能是认为先手方采用直横车进攻可以取得理想的布局效果。我则认为后手下盘和棋并不困难。

3. 车一平二　车9平8　　4. 车二进六　马2进3
5. 马八进七　卒3进1　　6. 车九进一　炮2进1
7. 车二退二　象3进5　　8. 兵三进一　卒7进1

果然双方很快就形成了中炮直横车对屏风马两头蛇的阵势。此时兑兵是我预定采用的变化，如走炮2进1，兵七进一，炮8进2，车九平六，士4进5，炮八退一，卒7进1，车二平三，卒3进1，车三平七，炮8平3，车六进七。红方子力占位好，局面较优。

9. 车二平三　马7进6　　10. 车九平四　炮2进1
11. 车四平二　车1进1　　12. 兵七进一　卒3进1
13. 车三平七　车8进1　　14. 车七平四　车1平6
15. 兵五进一　士4进5　　16. 马七进五　马3进4

另一种变化是炮8平6，车二进七，炮6进3，车二退五，炮6进2，炮八退一，马6进5，车二平五，炮6进1，车五平七，炮2平3，兵五进一，车6平7，马三进四，卒5进1，炮八平五，红方优势。

17. 兵五进一　马4进5　　18. 兵五平四　…………

用兵吃马，出乎意外。我采用此阵时，满以为此时红方会走马三进五，黑方炮8平6，车二进七，车6平8，车四平八，马6进5，车八进一，马5退3，这样大兑子后可立即成和。有了平兵吃马的变着，我当初以为下盘和棋并不困难的想法是有问题的。

18. …………　车 6 进 3　　19. 车二进二　…………

进车捉马,好棋。这样兑子技巧很值得初中级水平学习。

19. …………　马 5 退 4

如走车 6 进 1,马三进四,马 5 退 6,马四进六,炮 2 退 2,马六进七,黑方子力受制,很难走。

20. 车四进一　炮 2 平 6　　21. 车二进三　炮 6 平 5
22. 仕四进五　马 4 进 2　　23. 马三进五　马 2 进 4
24. 炮八平六　…………

红方走出了平兵吃马的新变着后,局面已经占优。此着平炮顶马,前功尽弃,应改走炮五进三,卒 5 进 1,炮八平二,卒 5 进 1,马五退六,这样得子红方可保留一兵,较有胜机。

24. …………　车 8 平 7(图)

如图黑方弃炮捉相,及时。失此机会,将坐以待毙。

25. 炮五进三　车 7 进 8　　26. 仕五退四　卒 5 进 1
27. 车二进一　车 7 退 3

退车捉马,可乘机消灭红方两个边兵,为谋和奠定了基础。

28. 马五退四　车 7 平 9　　29. 仕四进五　马 4 退 3
30. 车二退一　车 9 平 1　　31. 车二平一　车 1 平 6
32. 炮六退一　卒 5 进 1
33. 车一平二　卒 1 进 1
34. 马四进二　车 6 平 4
35. 炮六进一　车 4 平 7
36. 车二退一　马 3 进 2
37. 炮六平四　卒 1 进 1
38. 帅五平四　马 2 退 3
39. 帅四平五　马 3 进 2
40. 车二退一　马 2 进 3
41. 帅五平四　马 3 退 4
42. 炮四平六　马 4 退 3
43. 马二进一　车 7 进 3
44. 帅四进一　车 7 退 6
45. 车二退一　卒 1 平 2

黑方 柳大华

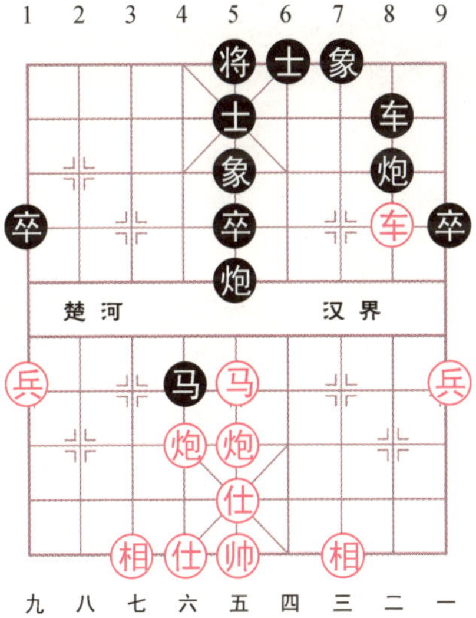

红方 许银川

46. 相七进五　卒 5 平 4

47. 帅四退一　马 3 进 5

48. 炮六退一　马 5 退 7

49. 车二进三　车 7 退 1

50. 马一退二　车 7 平 8

51. 车二进一　马 7 退 8

以上一段，黑方虽少一子，但有两个过河卒，且各子占位良好，所以红方无法进攻。现在兑掉一车，和局可定。以后弈至 78 回合时，形成马炮对马士象全的局面，双方同意作和。

52. 仕五进六　卒 4 平 5

53. 马二进一　卒 2 进 1

54. 马一退三　马 8 进 7

55. 炮六平一　卒 5 进 1

56. 炮一进二　马 7 进 6

57. 马三进四　卒 5 进 1

58. 炮一平八　马 6 进 4

59. 炮八退一　马 4 退 3

60. 炮八平九　马 3 退 5

61. 马四退五　马 5 进 4

62. 帅四进一　士 5 进 6

63. 炮九进四　士 6 进 5

64. 炮九平二　马 4 退 5

65. 马五进四　将 5 平 4

66. 炮二进三　将 4 进 1

67. 炮二退一　将 4 退 1

68. 炮二平四　卒 5 平 4

69. 马四退五　卒 4 平 5

70. 炮四平二　马 5 进 6

71. 帅四退一　象 5 进 7

72. 炮二退二　象 7 退 5

73. 炮二平四　马 6 退 5

74. 炮四退二　马 5 退 3

75. 马五进四　卒 5 平 4

76. 仕六进五　卒 4 平 5

77. 帅四进一　卒 5 进 1

78. 帅四平五　马 3 进 5

第110局　湖北柳大华(红先胜)上海胡荣华

(1993年12月30日弈于顺德)

过宫炮对起马

"上涌杯"过宫炮王棋王邀请赛

1. 炮二平六　马8进7　　2. 马二进三　车9平8
3. 兵七进一　卒7进1　　4. 马八进七　炮2平3
5. 相七进五　炮8进3　　6. 车一进一　…………

黑方一步平炮一步进炮为的是攻击红方七路马，而红方不予理睬抢出横车，原因何在？因黑方卒3进1发动攻击，红方可走兵七进一，炮3进5，车九平七先弃后取占优。从以上分析可以看出黑方平炮进炮是有问题的两手棋。黑方第4回合走马2进1较好。

6. …………　象3进5　　7. 车九平八　车1进1
8. 炮八平九　马2进4　　9. 车一平四　士4进5
10. 车四进三　炮3退2　　11. 兵九进一　车8进3
12. 兵九进一　卒5进1　　13. 仕六进五　…………

应走车八进六，这样红方较易控制局面。

13. …………　卒3进1　　14. 兵九平八　车1平2
15. 兵八平七　车2进8　　16. 马七退八　车8平2
17. 马八进七　…………

简明的走法是车四平二，车2进6，炮六退二，马4进2，车二进二，红方占优。

17. …………　炮8进3　　18. 马七进六　马4进2
19. 炮六退二　车2进4　　20. 炮九进二　车2退2
21. 炮九退二　马2进1　　22. 车四退三　炮8退3
23. 马六进七　车2进2　　24. 炮九进四　车2退4

退车捉炮，必然之着。如走马1进2，马七进九，黑方难以应付。

25. 炮九进三　炮3进2　　26. 仕五进四　炮8进1
27. 车四平六　炮8平5　　28. 仕四退五　炮5平3

如走炮5平2，车六平八，红方有炮六进六的威胁，黑方不利。

29.车六进二　炮3平2　　30.马七退五　炮2进3

31.炮六进一　车2进5

红方炮六进一后暗伏车六进六弃车的妙杀。黑方进车跟炮，解杀的正着。

32.马五进七(图)　车2平3

如图黑方平车叫抽是导致失败的假棋。应走马1退2，炮九平八，马2进3，炮八退九，车2进1，炮六退一，马3退5，黑方仅少一兵，和望很浓。

黑方 胡荣华

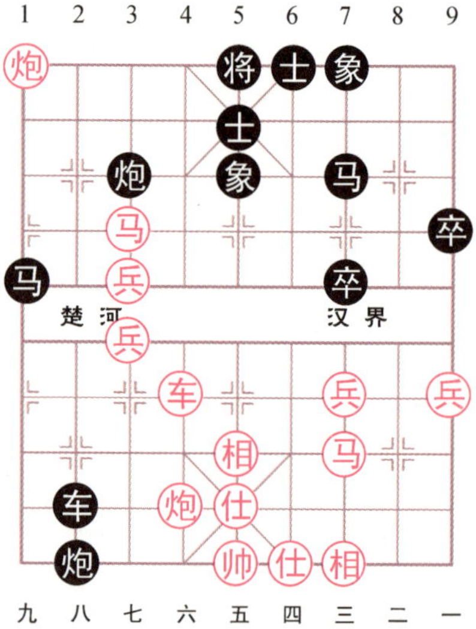

红方 柳大华

33.仕五进六　…………

叫杀解抽，妙！有此一着，黑方败定。

33.…………　车3进1

34.帅五进一　炮2退1

35.炮六退一　车3平4

36.马七退九　象5进3

37.车六平八　炮3平5

38.马三进五　士5进4

39.马九进七　…………

进马目的是防黑方马7进6反扑，其实并无必要。应走车八退二，马7进6，车八进二，红方多子胜定。

39.…………　车4平1　　40.炮九退四　车1退1

41.兵七进一　马7进5　　42.兵七平六　马5进6

43.帅五平六　炮5平8　　44.炮九平三　炮8进7

45.炮三平五　炮2进1　　46.帅六退一　炮2平6

47.车八进六　将5进1　　48.车八退一　将5退1

49.马七进五　马6退5　　50.前马进三　将5平4

51.马五退三　车1平7　　52.仕六退五　车7退1

53.仕五退四　车7平5　　54.帅六进一　车5退1

55.车八退六　马5进7　　56.兵六进一　士6进5

57.兵三进一　…………

软着。应走车八平六，再兵六进一即胜。

57.…………　车5退2　　58.兵三进一　车5平7

弈至些时红方优势已不大，但遗憾的是黑方超时作负。

第 111 局　上海胡荣华(红先胜)湖北柳大华

(1994 年 4 月 20 日弈于桂林)

飞相局对士角炮

第五届"银荔杯"全国冠军赛

1. 相三进五　炮 2 平 4　　2. 马八进九　马 2 进 3
3. 兵七进一　…………

抢先一步挺起七兵,使对方 3 路马成为屈头,可供以后伺机进攻,这是开局阶段争先的常用手段。

3. …………　车 1 平 2　　4. 车九平八　卒 7 进 1
5. 马二进四　象 7 进 5　　6. 炮八平七　…………

平炮兑车,从步数上看,似乎损失了一步,但却很好地贯彻了重点攻击黑方 3 路马的战略意图,从全局角度衡量,红方并不亏。

6. …………　车 2 进 9　　7. 马九退八　马 8 进 7
8. 炮二平一　马 7 进 6

跃马河岸,为的是下一步平炮士角射击红方拐角马。如改走士 6 进 5,则车一平二,炮 8 平 9,车二进四,车 9 平 6,马四进二,红方子力分布良好,局势较优。

9. 车一平二　炮 8 平 6　　10. 马四进六　马 6 进 7
11. 马六进五　马 7 进 9　　12. 炮七平一　卒 7 进 1
13. 车二进六　…………

上一步黑方送卒过河,是想尽快启动左翼主力。红方不予理睬而及时进车占卒行线,是控制局势的佳着。如改走相五进三,则车 9 平 7,相七进五,卒 5 进 1,马五退七,车 7 进 3,黑方左车及时开出并占定了要道,红方丢失先行之利。

13. …………　卒 5 进 1　　14. 马五退七　车 9 平 7
15. 炮一进四　炮 4 进 4　　16. 兵一进一　炮 6 进 4
17. 马八进九(图)　炮 6 平 9

黑方两步进炮,次序井然地在前沿阵地组成担子连环,对红方右翼进行牵制,使红方车不敢轻离二路线侵扰自己的右翼。然而此时黑方平炮邀兑以图简化,忽略了红方有退马的巧着,由此陷入败势而不能自拔。其实此时应走卒 7 平 6,仍是相互纠缠的局面。

18. 马九退七　卒 7 平 6

如改走炮 9 退 3，则马七进六，炮 9 退 1，马六进五，士 4 进 5，马五退三，红方多兵，车双马占位极好，黑方难免输棋。

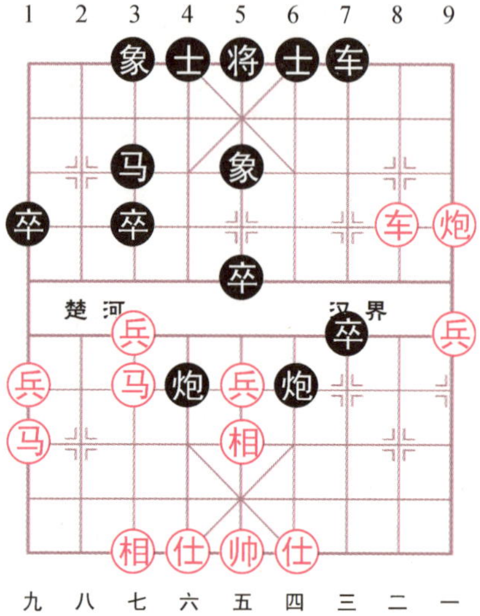

19. 马七进六　炮 9 平 4

20. 车二平七　马 3 退 2

21. 兵七进一　士 6 进 5

22. 车七平六　炮 4 平 1

23. 马七进八　炮 1 退 1

24. 兵一进一　车 7 进 4

25. 兵七平六　炮 1 退 1

26. 车六平二　炮 1 平 4

27. 马八进六　将 5 平 6

如改走车 7 退 4，则兵一平二，马 2 进 1，炮一退一，黑方也难挽回败局。

28. 车二进三　将 6 进 1　　29. 炮一平九　马 2 进 3

如改走马 2 进 1，则炮九退五，红方仍有多种进攻手段，黑方防不胜防。以下红方车马炮协同作战锐不可挡，黑方勉强应付了几个回合，终于不支告负。

30. 车二退三　将 6 退 1　　31. 车二平四　将 6 平 5

32. 炮九退一　士 5 进 4　　33. 马六进四　将 5 平 6

34. 车四退二　车 7 平 9　　35. 马四退五

第 112 局　湖北柳大华(红先胜)河北李来群

(1994 年 5 月 26 日弈于石家庄)

仙人指路对卒底炮

1994 年全国象棋团体赛

1. 兵七进一　炮 2 平 3　　2. 炮二平五　象 3 进 5
3. 马二进三　卒 3 进 1　　4. 马八进九　卒 3 进 1
5. 车一平二　车 9 进 1　　6. 仕六进五　车 9 平 4
7. 车九平八　士 4 进 5

以上形成中炮对卒底炮飞象横车开局,黑方补士固防,准备放弃过河卒,调整阵形,着法稳健。如改走车 4 进 4,红方炮五进四,士 4 进 5,炮八平四,红方局势开朗占优。

8. 车二进四　卒 7 进 1

如不愿弃还过河卒而走车 4 进 4,红方炮八进二巧兑车,红方占优。

9. 车二平七　马 8 进 7　　10. 炮八平六　炮 3 进 2
11. 马九进七　炮 3 进 2

打马正着,待红方退车吃炮后,可以进车骑河,黑方阵形工整。如改走马 2 进 1,兵三进一,炮 3 进 2,兵三进一,红方先弃后取占优。

12. 车七退一　车 4 进 4　　13. 炮六退二　马 2 进 1
14. 炮五平六　车 4 平 6　　15. 相七进五　车 6 退 1

黑方退车被红方进车巡河后右移,给自己左翼造成困难。应改走车 1 平 2 兑车,车八进九,马 1 退 2,兵三进一,车 6 退 1,兵三进一,车 6 平 7,马三进四,车 7 平 3,双方均势。

16. 车八进四　车 1 平 3　　17. 车七进六　象 5 退 3
18. 车八平二　炮 8 平 9

黑方如不平炮而改走炮 8 进 2,兵一进一,象 7 进 5,前炮进四,仍属红方占优。

19. 兵三进一　象 3 进 5　　20. 车二进三　…………

应车二进二,车 6 退 2,车二平三,象 7 进 5,兵五进一,炮 9 退 1,马三进五,子力占位好,红方优势。

20. …………　车 6 退 2　　21. 兵三进一　象 5 进 7

22.马三进二　炮9进4

黑方炮仓促出击，造成丢象。宜改走象7退5，红方虽略占优势，黑方尚无大碍。

23.马二进一　马7进6　　24.车二退四　炮9平5

25.马一退三　车6平7　　26.马三退一　车7平9

27.马一进二　车9平8　　28.车二平四　车8进1

29.车四进二　马1进3　　30.车四平八　卒5进1

此时进中卒留给了红方进攻的机会，由于红方此时无马，所以黑方不怕丢士，应走马3进5，红方并无攻击手段。

这一段兑子后，红方车左移，控制黑方马的进路，把作战方向转到黑方空虚的右翼，好棋。

31.前炮平九　卒5进1(图)

黑方 李来群

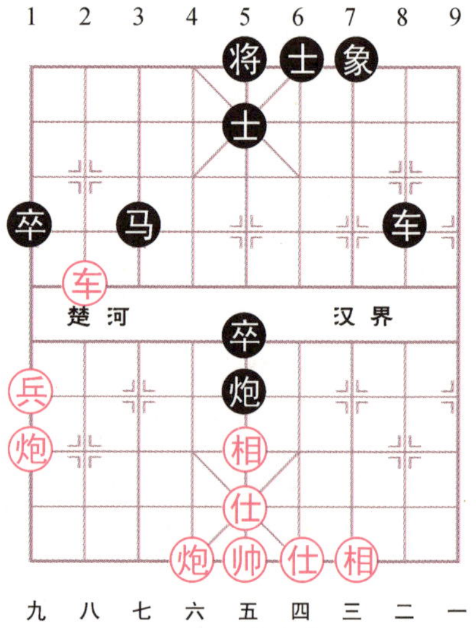

红方 柳大华

中卒渡河，躁进之着，是本局致败之源。应改走车8平5交根，红方炮九进四，马3退1，车八退二，红方虽仍占优，但黑方谋和不难。

32.车八进四　士5退4

33.车八退三　炮5平9

34.炮九进四　炮9退3

红方先进车打将，是必要的顿挫，再退车牵制车马和炮击边卒，次序正确。

35.炮六进八　卒5进1

36.炮九平七　炮9平3

37.炮六退六　…………

红方炮六进八是错着，应走兵九进一。现立即退回来，亡羊补牢，犹未为晚，着法明智。如贸然走炮六平九，黑方车8退2，摆脱牵制，炮九进一，炮3退3，车八平五，士6进5，车五退三，车8进1，黑方谋和机会较多。

37.…………　卒5平4　　38.炮六平九　卒4平3

39.兵九进一　卒3进1　　40.兵九进一　卒3平2

41.炮九退二　卒2平1　　42.兵九平八　象7进5

43.炮九平七　士6进5　　44.兵八平七　炮3平5

45.车八平六　将5平6　　46.兵七平六　车8平6

47.帅五平六　车6进1　　48.车六平五　车6平4

上一回合黑方看到红方有炮七进六得炮的棋，只好弃炮换兵。至此，红方成车炮仕相全对车卒单缺象的必胜残局。

49. 帅六平五　车4退2　　50. 炮七进四　卒1平2
51. 炮七平三　将6平5　　52. 炮三退二　车4平2
53. 车五平六　车2进4　　54. 车六退四　将5平6
55. 相五进七　卒2进1　　56. 炮三退一

第113局　河北刘殿中(红先负)湖北柳大华

(1994年6月25日弈于上海)

五七炮对屏风马

首届"嘉丰房地产杯"象棋王位赛

"嘉丰房地产杯"象棋王位赛第二阶段进行小组同名次决战，我与另一小组第三名的河北刘殿中对垒，刘猜得先手。双方以五七炮过河车对屏风马左马盘河布局，展开了一场争夺第五名的激烈搏斗。

1. 炮二平五　马8进7　　2. 马二进三　车9平8
3. 车一平二　马2进3　　4. 马八进九　卒7进1
5. 炮八平七　炮2进2　　6. 车二进六　马7进6
7. 车九平八　车1平2　　8. 车二退二　…………

较流行的应着是车八进四，象3进5，兵九进一，卒3进1，车二退三，红方仍持先行之利。刘现在退车，意在避开流行套路，探寻一条新的制胜之路。

8. …………　象3进5　　9. 兵七进一　卒7进1

10. 车二平三　炮8平7

上一回合红方挺七兵甚有新意，其作用在于加强对黑方3路的控制，随时准备走车二平四顶马扩大先手。如改走车八进四，马6进7，兵七进一，马7退8，车二平六，炮2平5，双方呈平稳局面。黑方先送7卒后再炮8平7，既遏制了红方续冲七兵和平车顶马的双重威胁，又使己方左车通畅，应对正确。

11. 炮五平六　炮2进2

红方过早卸中炮调整阵形，使黑方趁机进炮后，局势不好开展。此着红方还是以走车进四后再兵九进一为好，不至于缩小己方的活动空间。

12. 相三进五　卒1进1

进边卒制边马，是控制局势的好棋。

13. 车三平四　车8进4　　14. 兵三进一　士4进5(图1)

15. 仕四进五　…………

到如图1形势时，红方四路车已处于受威胁的状态。红方补仕保持复杂变化，但容易受到攻击，应改走兵三进一，车8平7，马三进二，以下黑方有两种应法：①炮2退1，车四进一，炮2平8，车四平三，象5进7，车八进九，马3退2，炮七进四，双方对峙,红方形势不差。②炮2平9,车八进九,马3退2,车四进一,炮9进3,帅五进一,车7进4,车四退四,炮9退1,马二退一,车7平8,马一进三,车8平7,马三退一,双方不变作和。

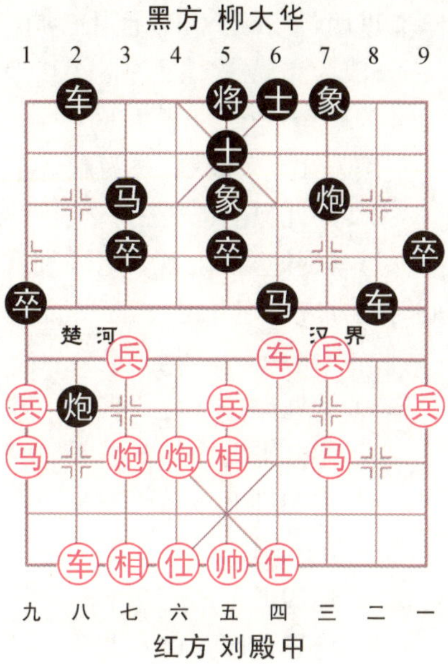

(图1)

15.…………　炮7平6

16.炮六进三　马6进8

黑方进马兑掉红方赖以守护中路和右翼安全的三路马,使红方右翼和中路出现弱点,是扩先夺势的佳着。

17.马三进二　车8进1

18.兵一进一　车8进4

19.车四退四　车8退3

20.兵三进一　车8平5

21.兵三进一　炮6平9

22.车四进四　卒5进1

23.炮七进四　车5平8

平车稍缓,给了红方反击的机会,应走车2进3捉炮,兵七进一,象5进3,车四进二,马9退7,炮二进一,炮6进1,车二进一,马3进1,兵七平八,车2进4,炮七退三,车2平4,车八进三,马1进3,黑方优势明显。

24.兵七进一　象5进3

25.炮六平九　卒5进1

弃掉威力颇大的中卒后,黑方并不能构成有威胁的攻势,所以此时应走象3退5保留中卒,这样仍是黑方稍优的局面。

26.车四平五　炮9平5(图2)

27.炮七平四　…………

如图2形势时,红方平炮防守稍嫌消极。应走马九进七拦炮,使左马迅速投入战斗,这样黑方就没有优势可言。

试演一例变化如下:马九进七,车2进3,炮九进四,车8平4,车五进一,车4退3,车五平七,车4平7,炮七平五,马3进5(如将5平4,车七进二,车2平4,车七平五,红方占优),

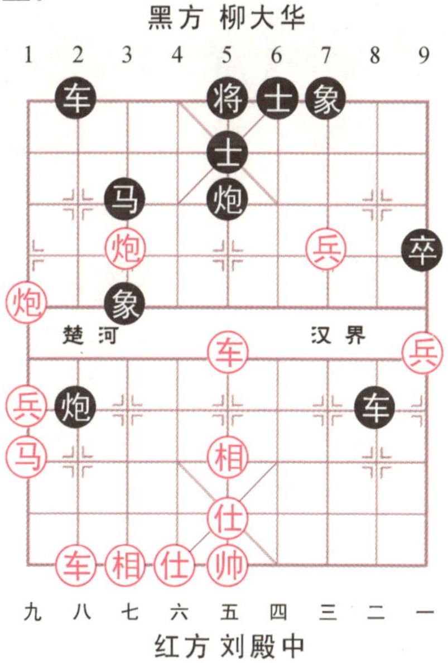

(图2)

车七进四，士5退4，车七退三，车2退3，车八进三，车2平1，车八进三，红方追回一子，成为和局。

27. ………… 车2平1

摆脱红方车牵制，并为右炮左调张目，佳着。

28. 马九退七 …………

退马捉炮，致让黑方炮顺利左调，构成沉底炮的攻势，红方终受其累而败北。此时红方应走炮九退一，车1进3，炮四退六，红方防守仍很坚强。

28. ………… 车8进3 29. 炮四退六 炮2平9

30. 炮九退一 炮9进3 31. 车八进六 车1平4

32. 炮九平七 马3进4 33. 车五进一 车8退5

34. 炮四进五 马4进3 35. 炮七平三 象7进9

36. 车八退三 马3进4 37. 车八平六 车8进5

38. 炮四退五 炮9平6 39. 车六进六 士5退4

40. 炮三退四 炮6退8 41. 帅五平四 士6进5

42. 马七进六 炮5进5 43. 车五退三 车8平7

44. 帅四进一 车7退3 45. 马六进五 象3退5

46. 帅四退一 车7进3 47. 帅四进一 车7退5

48. 帅四退一 马4退3 49. 车五进一 马3退4

50. 车五退一 车7进5 51. 帅四进一 象9退7

至此，红方认负。

第 114 局　河北李来群(红先负)湖北柳大华

(1994 年 12 月 27 日弈于哈尔滨)

仙人指路对卒底炮

首届"高科杯"全国象棋邀请赛

1. 兵三进一　炮 8 平 7　　2. 炮八平五　象 7 进 5
3. 马八进七　卒 7 进 1　　4. 车九平八　卒 7 进 1
5. 马二进一　车 1 进 1　　6. 车一平二　车 1 平 6
7. 仕四进五　车 6 进 4

"高科杯"全国象棋邀请赛第二轮,李来群执先与柳大华对阵,前 7 个回合双方走成仙人指路对卒底炮的流行布局。红方补仕后,黑方面临保住过河卒或放弃过河卒两种选择。此局黑方进车保卒,从子力出动速度来看,明显落后于红方,但因有过河卒作为补偿,可与红方抗衡。

8. 炮五进四　士 6 进 5　　9. 炮五平九　马 2 进 1

进马拦炮,必走之着,如被红方炮沉底,将陷入被动挨打局面。

10. 炮二平六　…………

1994 年全国象棋个人赛石化田长兴与黑龙江赵国荣之局,红方应以炮二平四(实战是炮八平六),马 8 进 9,相七进五,卒 7 平 8,兵一进一,车 9 平 8,兵七进一,卒 8 进 1,黑方满意。

10. …………　马 8 进 9　　11. 相三进五　车 6 平 4

黑方平车 4 路,准备相机攻击红方七路马。

12. 兵七进一　车 4 进 1　　13. 兵九进一　炮 2 平 3

红方先冲七兵,逼黑方进车,再冲边兵,应对正确;黑方平炮瞄红方马,着法老练,如车 4 平 3 压马,红方马七退九,车 3 平 5,车八进三,车 5 退 1,黑方 9 路车晚出,红方优。

14. 相五进三　车 4 平 5　　15. 相三退五　卒 3 进 1
16. 马七进九　马 9 进 7　　17. 车八进六　马 7 进 6
18. 兵一进一　…………

四、六路肋道是弈战双方必争之战略要道，此着红方冲边兵而不走车八平四抢占肋道，失先，造成以后的被动局面。

18. ………… 车9平6　　19. 车二平四　炮7进2

黑方继上一回合平车抢占了要道后，现在再进炮，已逐渐形成攻势，好棋。

20. 炮九退一　马1进2

红方慑于黑方强大的攻势，乃退炮采用先弃后取的战术，企图化解黑方攻势。黑方进马拦炮避兑并兼捉红方马，积极有力，如炮7平1，兵九进一，车5平1，兵九进一，卒3进1，兵九进一，炮3进2，兑子简化局势后，和势甚浓。

21. 车八平七　炮7退2

22. 马九退七(图)　车5平3

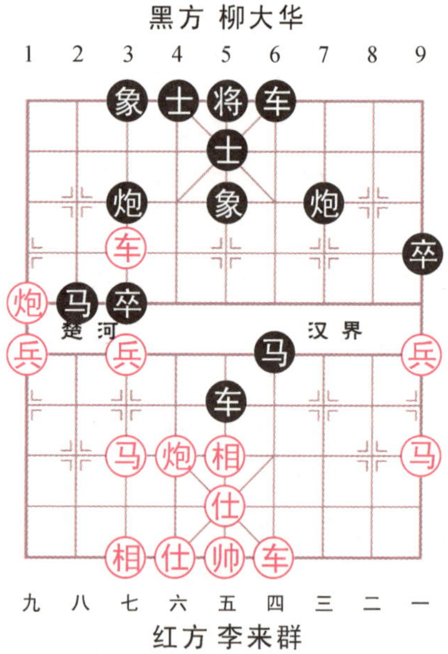

如图形势，黑方平车压马，缓着，应马2退1，车七平六(车七平二，卒3进1，黑方优)，车5平3，马七退九，卒3进1，炮九平五，车3平5，炮六进七，车6进4，马一进二，车6平5，车四进四，后车进1，黑方多子占优。

23. 马七退九　马2退1

24. 车七平二　卒3进1

25. 车二退二　马6进4

26. 车四进九　士5退6

27. 马一进三　马4退5

28. 马三进四　马1进3

29. 炮六进四　马3进1

黑方进马踩炮不好，应改走车3平4，炮六平五，士4进5，炮九进四，象3进1，车二平五，卒3平4，黑方略优。

30. 兵九进一　…………

对弈到此，红方用时已非常紧张，所剩时间不到一分钟，还要走11步棋，无暇细算，随手走了这步进兵吃马的败着。如改走车二平五，车3平4，炮六平五，士4进5，兵九进一，车4退2，局势趋于平稳。

30. ………… 马5进4　　31. 马四进三　炮3平7

32. 帅五平四

红方超时负。

第 115 局　湖北柳大华(红先和)吉林陶汉明

(1995 年 4 月 6 日弈于桂林)

五七炮对屏风马

第六届“银荔杯”全国象棋冠军赛

1. 炮二平五　马 8 进 7　　2. 马二进三　马 2 进 3
3. 车一平二　车 9 平 8　　4. 马八进九　卒 7 进 1
5. 炮八平七　炮 2 进 2　　6. 车二进六　马 7 进 6
7. 车九平八　车 1 平 2　　8. 车八进四　象 3 进 5
9. 兵九进一　士 4 进 5　　10. 车二退三　…………

退车兵线避免黑方冲 7 卒的威胁。此时另一路变化是炮七进四,卒 7 进 1,车二平四,炮 8 进 3,车八平三,车 8 进 4,车三平八,炮 8 平 4,黑方反弹力极强,红方先手不易把握。所以我没有选择这路变化。

10. …………　卒 3 进 1　　11. 炮七退一　马 6 进 7
12. 炮五平七　…………

平炮七路,加强对黑方 3 路线的攻击力量,并避免简化局势,如走车二平三,炮 8 平 7,车三平四,炮 7 进 5,兑子后易成和棋。

12. …………　马 3 进 4

冲马河头是此局势下的最佳应着。

13. 相三进五　…………

不落俗套,飞相寻求新的变化。但从实战效果看,并不理想。

在“高科杯”赛中,我与陶汉明曾走成同一局面,当时我采用的走法是后炮平八,黑方卒 3 进 1,车八平七,车 2 平 4,仕四进五,马 7 退 6,炮八进二,炮 2 平 3,相三进五,卒 7 进 1,相五进三,马 4 退 6,炮七平六,后马进 8,车二平四,马 8 退 7,车四平二,马 7 进 8,车二平四,马 8 退 7,双方不变作和。

13. …………　卒 3 进 1　　14. 车八平七　炮 2 进 4
15. 车七平六　车 2 进 7　　16. 前炮平六　车 2 平 1
17. 炮七平三　…………

黑方抓住红方左翼子力堵塞的弱点,弃卒,升炮,进车,反击相当有力。红方平炮打马是个错误。应走车二平三,炮 8 平 7,车三平四,炮 2 进 1,马三进二,卒 7 进 1,车六进一,车 8 进 5,车四进三,红方虽无失手,但尚无大碍。

17. ………… 马7进5　　18. 相七进五　马4退3
19. 马三进四　炮8进3　　20. 马四进三　马3进2
21. 车六退一　…………

在黑方的紧逼之下，退车是步坏棋。另有两种走法，演变如下：①车六平二，车8进5，车二进一，车1平4，仕六进五，车4平2，炮三平八，车2进1，红方残棋难下。②又如走车六平八，车1平4，马三进四，车4平5，仕四进五，炮2平7，马四进二，炮8平4，车八进一，炮7退3，红方得子，但马位不好且少双相，黑方略优。

21. ………… 车8进3

应走炮2平4打车，可立即确立胜势。

22. 兵七进一　炮2平4　　23. 马三进四　象7进9
24. 车六平八　车1平4　　25. 仕四进五　车4退2

退车误认为有炮8平3打兵得车的棋。应走车4平5，炮三平六，马2退3，以下走卒7进1即可获胜。

26. 炮三平六　炮8平3(图)
27. 炮六进二　…………

黑方炮打兵给予红方谋和的机会。应走车4进3吃炮，仍是黑优局面。如图，红方进炮保车，妙手解围。

黑方 陶汉明

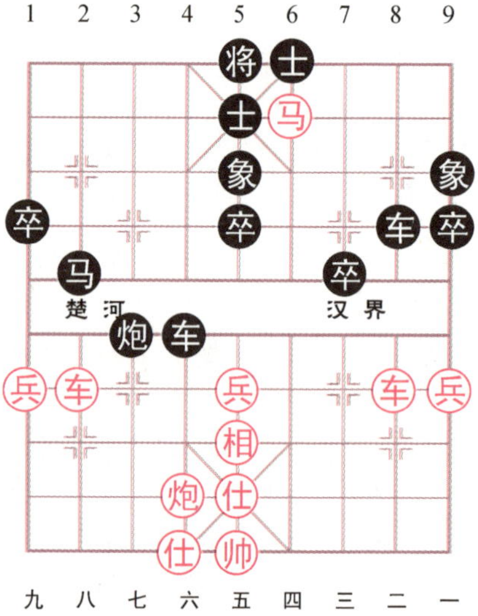

红方 柳大华

27. ………… 车8平6
28. 车二平四　车6平8
29. 车四平二　车8平6
30. 车二平四　炮3退2

如走车4进1吃炮，车四进三，车4平2，相五进七，马2进4，兵五进一，黑方也难进取。

31. 车四进三　炮3平6
32. 马四退二　炮6退1
33. 马二进一　马2退3
34. 马一退三　炮6退1
35. 马三退一　卒7进1
36. 炮六退一　卒7进1　　37. 兵五进一　车4平5
38. 车八平三　马3进4　　39. 马一退三　炮6进2
40. 车三平八　车5平2　　41. 车八平六　马4进6
42. 马三退四　车2平6　　43. 车六平五

捉死黑方中卒，双方愿和。

第 116 局　湖北柳大华(红先胜)江苏徐天红

(1995 年 7 月 6 日弈于兰州)

仙人指路对卒底炮

“民百杯”全国象棋精英赛

在“民百杯”全国象棋精英赛的预赛中，我和徐天红分获两个小组的第二名，本局是争夺第三名的比赛。

1. 兵七进一　炮 2 平 3　　2. 炮二平五　象 3 进 5
3. 马二进三　卒 3 进 1　　4. 马八进九　卒 3 进 1
5. 车一平二　车 9 进 1　　6. 车九平八　车 9 平 4
7. 仕六进五　车 4 进 4　　8. 炮八平六　士 4 进 5
9. 车八进八　…………

红方如不进车压马，也可改走炮五进四，马 8 进 9，相三进五，成另一种变化。

9. …………　马 8 进 9　　10. 炮五进四　卒 9 进 1
11. 相三进五　卒 1 进 1　　12. 兵三进一　车 4 退 4
13. 车八退二　车 4 进 3

黑方先进 1 路卒，待红方挺三路兵后再退车邀兑，步序正确。如直接退车邀兑，红方车八退二后再车 4 进 3，红方可车二进四捉卒占优。

14. 车二进三　车 4 平 5　　15. 兵五进一　车 5 进 1
16. 车二平五　车 5 平 4　　17. 炮五平四　炮 8 平 6
18. 炮四退二　马 2 进 1　　19. 炮四平七　…………

红方弃中兵后平车邀兑，着法灵活。黑方车避兑后，红方炮平四路准备塞象眼，黑方平炮顶炮乃必然之着。红方接着退炮河沿消灭了黑方过河卒，仍略持先手。

19. …………　车 1 平 2　　20. 车八进三　马 1 退 2
21. 炮七退三　马 2 进 1　　22. 炮七平九　…………

红方平炮九路，准备冲九路兵威胁黑方车，同时也为跃出边马让路，好棋。

22. …………　车 4 平 2　　23. 马九进七　马 1 进 3
24. 马七进五　士 5 进 4

黑方撑羊角士，防守要着，如改走马3进5顶马，红方炮九进四打卒占优。

25. 马五进六　士6进5　　26. 马六进四　士5进6

27. 炮九平六　马9进8　　28. 后炮进六　士6退5

现红方抓住机会以炮轰士，打破了僵持局面。黑方如不落士而改走车2平4，红方车五进三，马3进2，前炮退一，红方优。

29. 前炮退二　马8退7　　30. 炮六平二　车2退1

31. 炮二退四　卒7进1　　32. 兵三进一　车2平7

33. 车五平八　车7平8　　34. 炮二平三　马7进5

35. 车八进三　车8平3　　36. 马三进五　马5进4

37. 马五进三　马4进6　　38. 炮三平四　象5进7

39. 炮六进一　象7进5　　40. 炮六平五　马3进5(图)

41. 马三退四　炮3退2

黑方 徐天红

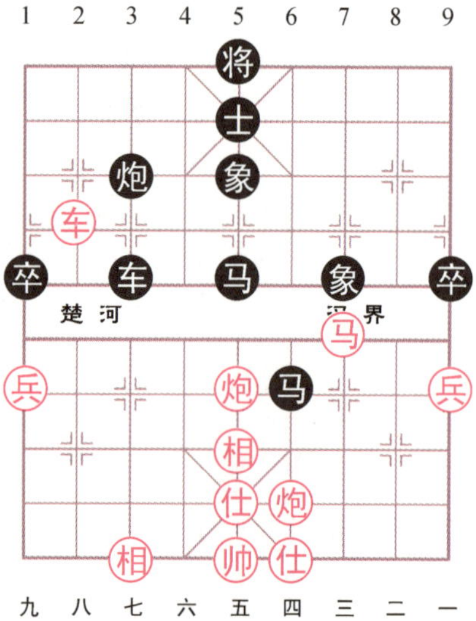

红方 柳大华

如图局势，红方退马避兑，入局佳着。如马三进五，黑方可车3平5或马6退5，虽少一士，但兵种齐全，红方难以入局。黑方退炮底线不好，被红方利用平车塞象眼，既攻马又攻象，局势急转直下。应改走车3进2，还有回旋余地。

42. 车八平四　马6进8

43. 炮五进四　士5进6

44. 炮四平二　车3进2

45. 马四进五　车3平4

46. 车四平五　象7退5

47. 车五退一　…………

退车吃马次序井然。如车五进一，士6退5，车五退二，马8退6，车五平四，马6进7，车四退四，马7退6，招惹出很多麻烦，获胜要费周折。

47. …………　马8退6　　48. 车五进二　将5平4

49. 炮二平四　炮3进1　　50. 车五平四　炮3平5

51. 车四进二　将4进1　　52. 仕五进六　…………

撑仕，获胜妙着！

52. …………　马6退4　　53. 车四退四

第 117 局　湖北柳大华(红先胜)香港赵汝权

(1995 年 12 月 24 日弈于上涌)

过宫炮对士角炮

第三届"上涌杯"棋王邀请赛

1. 炮二平六　炮 8 平 6　　2. 马二进三　卒 7 进 1
3. 车一平二　马 8 进 7　　4. 兵七进一　象 3 进 5
5. 相七进五　车 9 进 1　　6. 马八进七　车 9 平 4
7. 仕六进五　车 4 进 5　　8. 炮八退二　马 2 进 3

以上形成过宫炮对反宫马的阵势。此着黑方上马不如走马 7 进 6 盘河为好。

9. 车二进四　…………

升车巡河,稳健有余,却使黑方马乘机盘河。应走车二进六,以后可压马占优。

9. …………　马 7 进 6　　10. 车九进二　士 4 进 5
11. 兵三进一　卒 7 进 1　　12. 车二平三　炮 2 平 1
13. 车九平八　炮 1 进 4　　14. 炮八平六　车 4 平 3
15. 炮六平七　车 3 平 4　　16. 马三进四　车 4 退 6

黑方退车底线,似嫌软弱,应走车 4 平 5 吃中兵,可多卒占优。

17. 炮七平六　车 4 平 3　　18. 车八平九　炮 1 退 2
19. 马七进八　车 3 平 2　　20. 马八进七　车 2 进 3
21. 后炮平七　车 1 平 4　　22. 马四退三　车 4 进 6
23. 炮七平六　车 4 平 2　　24. 马七退六　马 6 进 5

马踏中兵,给予红方抢先的机会。应改走马 6 进 4 兑马,以下车三平六,卒 5 进 1,可成均势。

25. 马三进五　前车平 5　　26. 马六进四　车 5 退 2
27. 马四进二　车 5 平 8　　28. 马二进三　炮 6 退 1
29. 车九进一　士 5 进 6　　30. 车三进三　…………

进车捉士,无甚作用,不如走车三进二,较有威胁。

30. …………　士 6 进 5　　31. 前炮进六　将 5 平 6

32. 前炮平四　将 6 进 1　　33. 炮六进八　将 6 退 1

34. 炮六退五　…………

红方进炮叫将时，原以为接走车九平四做杀，但发现黑方可走马 3 退 4 解杀，而且黑方 1 路炮有沉底的攻势，故临时改走退炮，其实此着退炮应直接退回底线为好。

34. …………　炮 1 平 5

35. 炮六退三　车 8 平 6

36. 车三退一　车 6 进 1

进车败着。应走车 6 平 7 兑车，红方车三退一，象 5 进 7，兵七进一，象 7 退 5，黑方还可支撑。

如图形势，红方平车暗伏马三退五的杀着，凶极，至此黑方已难应付。以下红方步步紧逼，终于做成绝杀。

黑方 赵汝权

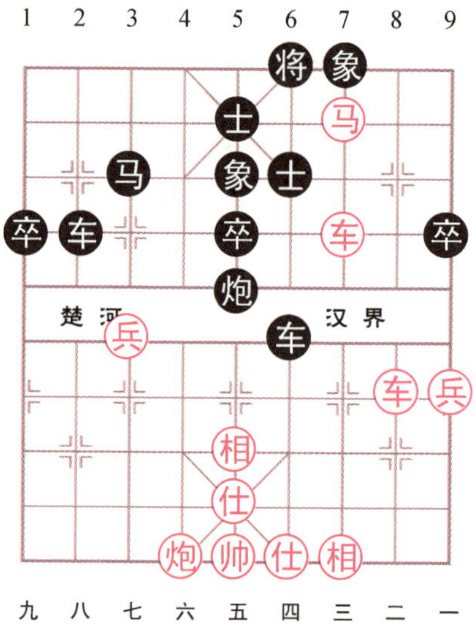

红方 柳大华

37. 车九平二(图)　将 6 进 1

38. 车二进六　车 2 退 3　　39. 马三退一　士 5 进 4

40. 车三进二　将 6 退 1　　41. 马一退三

第 118 局　香港赵汝权(红先负)湖北柳大华

(1996 年 4 月 15 日弈于桂林)

五七炮对屏风马

第七届"银荔杯"象棋全国冠军赛

本届"银荔杯"第一轮,我执后手与香港棋王赵汝权相遇,双方展开了一场斗智斗勇的激战。

1. 炮二平五　马 2 进 3　　2. 马二进三　马 8 进 7
3. 马八进九　卒 3 进一　　4. 车九进一　车 9 平 8
5. 车一平二　卒 7 进 1　　6. 车二进四　士 4 进 5
7. 炮八平七　马 3 进 2

赵汝权熟谙大陆流行布局,因此颇有心计地调换走子次序,先起左横车再开右直车,布成五七炮对屏风马的阵势。在红方已出横车的情况下,黑方此着马 3 进 2,起不到封车的作用,应改走马 3 进 4,马路较宽,更显积极一些,以下红方兵三进一,卒 7 进 1,车二平三,象 3 进 5,车九平六,车 1 平 4,车六进二,炮 8 退 1,车三平二,马 4 退 6,车六进六,士 5 退 4,黑方子力活跃,可以满意。

8. 车九平六　象 3 进 5　　9. 兵九进一　炮 8 进 2
10. 兵三进一　卒 7 进 1　　11. 车二平三　炮 8 平 7
12. 马三进四　车 8 进 9　　13. 相三进一　车 8 退 6
14. 炮七退一　…………

黑方先进底车攻相,逼红方飞边相后再退车卒行线,是好的次序。

红方退炮过稳,应改走车六进五,卒 3 进 1,车六平八,马 2 进 4,炮七进二,炮 2 平 4,马九进八,红方子力位置较好,仍持先行之利。

14. …………　炮 2 平 4　　15. 车六进四　车 1 平 2
16. 兵一进一　…………

红方进兵预防炮 7 平 9 打相。如改走炮七平五,车 2 进 3,马四进五,马 7 进 5,炮五进四,车 8 平 5,炮五进五,车 2 平 5,兵五进一,车 5 平 8,黑方以一车换双炮后,红方虽有双车一马,亦难有作为。

16.………… 车2进3　　17.车六退一 …………

红方退车河沿，授人以隙，应走车六退二，虽无先手，尚无大碍。

17.………… 卒3进1　　18.车六平七 车2平4

19.仕六进五 车4进5

抓住战机，黑方先弃3卒，然后平车抢占4路要道攻仕，再进车卡肋，弈来生气勃勃，已明显反先占优。

20.炮五平三 马2退4　　21.车七进二 炮7平5

22.炮三平五 马7进6　　23.相一退三 炮5进3

24.马四退五 …………

黑方打炮叫将后，红方退马踩炮是此时的正确应着，如相三进五，则卒5进1，兵七进一，卒5进1，兵五进一，马4进5，车七平二，马6退8，车三平二，马8退6，车二退一，马6进7，车二平五，象5退3，黑方攻势强劲。

24.………… 马6进5

25.车三退一 马5退6

26.车三平四 卒5进1

27.兵七进一(图) 卒5进1

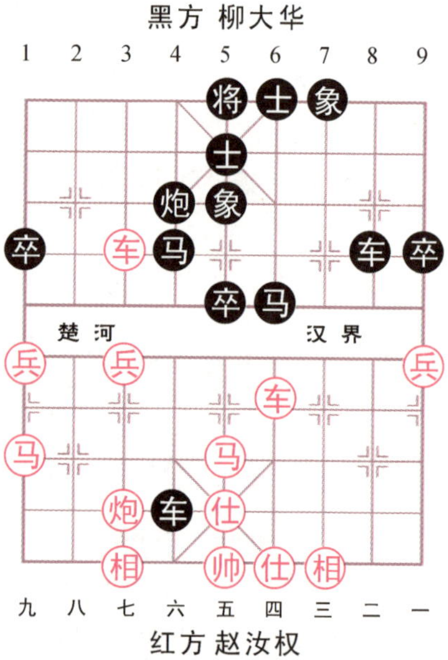

如图形势，黑方冲卒软着，几乎前功尽弃。应改走车4退2邀兑，黑方将稳持优势。

28.马九进七 卒5进1

29.车四进二 车4退2

30.车四退一 …………

红方退车败着，错过了一次谋和的机会。应走车四平八，卒5进1，相七进五，车4平3，车八进一，车3进2，车七平六，和定。

30.………… 卒5进1

31.马七退九 卒5进1

32.仕四进五 车4进2

33.兵七进一 车8平5　　34.帅五平四 车4平5

35.相七进五 前车平4　　36.帅四平五 车5进3

37.兵七平六 车5平4　　38.马九进七 前车平3

第119局　上海胡荣华(红先和)湖北柳大华

(1996年12月21日弈于广州)

中炮巡河炮对屏风马

第十七届"五羊杯"象棋冠军赛

1. 炮二平五　马8进7　　2. 马二进三　车9平8
3. 兵七进一　卒7进1　　4. 马八进七　马2进3
5. 炮八进二　…………

红方采用中炮巡河炮缓开车的阵势进攻屏风马,这是胡大师所爱的一种阵势,其战略目的是稳步进取,具体的战术是运用巡河炮兑兵活马,使两翼子力均衡发展。

5. …………　象7进5　　6. 车一平二　炮8进2

黑方也针锋相对地升起巡河炮,并准备随时退2路炮来攻击红方右车,使己方右车顺利开出。

7. 兵三进一　炮2退1　　8. 车二进三　炮2平8
9. 车二平四　炮8平7

平炮攻车然后再平炮7路逼迫红兵兑卒,这样的优点是8路炮不受牵制,有利于反击。

10. 兵三进一　炮7进3　　11. 马三进四　士6进5
12. 车九平八　车1平2　　13. 炮五退一　…………

退炮准备平八攻击黑方车,新变。以往此时红方都走炮八进三,车8平6,马七进六,马7进6,马六进五,马3进5,马四进二,马6进4,演变下去红方虽多中兵较优,但由于变化简单,易成和棋。

13. …………　车2进4

面对红炮平八打车的威胁,黑方及时升车巡河,应属必然。虽河头一线黑方车并无多少好点可占,但绝不能让红方把车攻回到原位。

14. 炮五平八　车2平1　　15. 相七进五　炮8进5
16. 仕六进五　车8进7

沉底炮，继而进车捉相，进攻简明，有力。

17. 兵九进一　车1进1　　18. 车四平三　…………

黑方车吃边兵，胆大心细，红方不能接走马四进六进攻，因黑方可接走卒3进1，马六进七，车8平5，红方防线崩溃，黑方大占优势。此时平车三路守护中相，并预防黑方车8平7强攻底相，正确。

18. …………　马7进8　　19. 车三退二　车1退1

20. 马七进六　…………

红方进马盘河，白损一相，使防线露出破绽。应走炮八进一，炮7平2，炮八进三，车1平2，马四进二，车8退3兑子后，黑方虽多一卒，但局势平稳，红方谋和并不困难。

20. …………　炮7进5　　21. 车三退一　马8进6

22. 马六进七　车1平6

红方马踩3路卒正着。如误走马六退四，则马6进4，红方将不好应付。

23. 炮八平四　车6进1

24. 车八平六(图)　卒1进1

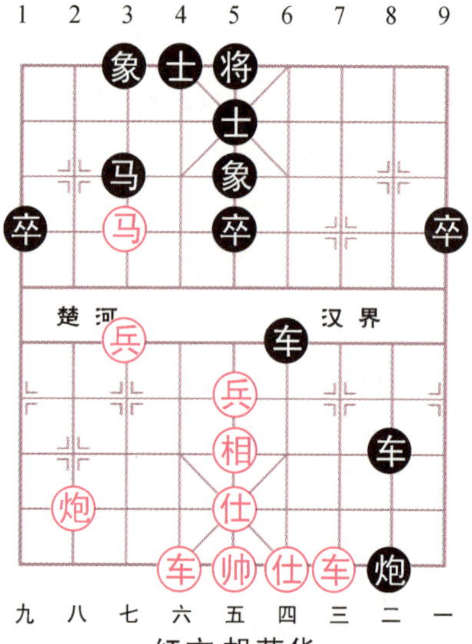

如图形势，黑方多象，局势占优。但此时进边卒实属坏棋，使局势迅速逆转。应走车6平8联车捉相，红方无论是走车六进二或马七退六保相，黑方均可走前车平7，这样黑方3路马不会成为弱点，黑方胜面很大。

25. 炮八平七　卒1进1

眼看红方车马炮三子将要联合攻击黑方3路马，黑方若再走车6平8就为时已晚了，因红方马七退六可保相攻马，黑方马3进2，红方马六退四踩双车。

26. 车六进八　将5平6

27. 马七退六　马3退1

退马保象显得十分委屈，但除此之外也无好棋可选择。如走马3进2，炮七进八，将6进1，炮七退一红方攻势强大，黑方仍居下风。

28. 兵七进一　卒5进1　　29. 兵七进一　卒1平2

30. 炮七平九　车8退2　　31. 马六退七　卒2进1

32. 车六平九 卒2平3　33. 马七退六 车6退2
34. 车九退三 车6平3　35. 车九平五 卒3进1
36. 车五退一 车8退1　37. 车五平七 车3进2
38. 相五进七 卒3进1　39. 马六进五 卒3平4
40. 仕五退六 车8进1　41. 炮九进七 将6平5
42. 马五进七 卒4平3　43. 兵五进一 车8进1

红方抓住黑方3路马的弱点，车马炮兵四子联合攻击，终于谋得了黑方的马，取得了多子的优势。红方此时进中兵，使己方的中路敞开，为今后黑方炮脱身留下了隐患。应不冲中兵，改走相七退五较易取胜。

44. 马七退五 卒3平4　45. 兵五进一 车8退2
46. 兵五平四 炮8退4　47. 车三进四 炮8进4
48. 车三退四 炮8退4　49. 马五进六 …………

红方为了避免不变作和而进马保兵，但这给黑方提供了打相的机会。应走马五进七，车8平6，马七退六，车6进2这样红方多子，仍有获胜机会。

49. ………… 炮8平3　50. 车三进二 车8进1
51. 车三平六 车8平5　52. 仕六进五 炮3进1
53. 车六进一 炮3进1　54. 车六退一 炮3退1
55. 炮九平六 炮3平7　56. 车六平三 车5平4
57. 车三进一 车4退4

黑方抓住机会，运用车炮卒发动攻势，迫使红方弃子求和。

最后黑方得回失子而成为正和局面。这场冠亚军之战以和棋告终。

第120局　湖北柳大华(红先胜)吉林陶汉明

(1997年4月20日弈于桂林)

兵相局对卒底炮

第八届“银荔杯”象棋全国冠军赛

1. 兵七进一　炮2平3　　2. 相七进五　…………

飞相保兵的走法目前并不多见，我主要是想避免落入熟套，希望在一个较新的领域里较量。

2. …………　炮8平5　　3. 马八进七　马8进7

4. 马二进三　卒3进1　　5. 兵三进一　…………

黑方挺3卒攻击红方七路马，是想迫使红马进八，然后再车9平8，车一平二，卒3进1，相五进七，车8进5，相三进五，车8平4，这样红方被迫飞起高相，且左翼马炮较为呆滞，黑方满意。红方挺兵活马是针锋相对之着。

5. …………　车9平8　　6. 车一平二　车8进4

7. 马七进八　卒3进1　　8. 相五进七　炮3退1

退炮是调整阵形的要着，此举可达到控制3路线的目的。如若走马2进1，相七退五，以后走车九平七，黑方立即陷入被动。

9. 相七退五　马2进3　　10. 仕六进五　士4进5

补士后，右翼子力被封的局面不易解除，使局势逐步被红方控制，此时应走马3进4兑马，尽快解除红方对黑方右翼的封锁为好。

11. 炮二进一(图)　…………

高炮准备针对黑方7路马的弱点进行攻击，精巧之着。

11. …………　卒5进1　　12. 车九平六　马7进5

13. 炮二平三　车8进5　　14. 马三退二　卒1进1

15. 马二进三　卒5进1

如走卒1进1，马八进六，车1平2，马六进七，马5退3，车六进八，炮3平1，车六平七，也是红方优势。

16. 兵五进一　炮5进3　　17. 炮三平五　卒1进1

黑方如补象 3 进 5，炮五进三，马 3 进 5，车六进六，马 5 退 7，车六平三，红方明显占优。

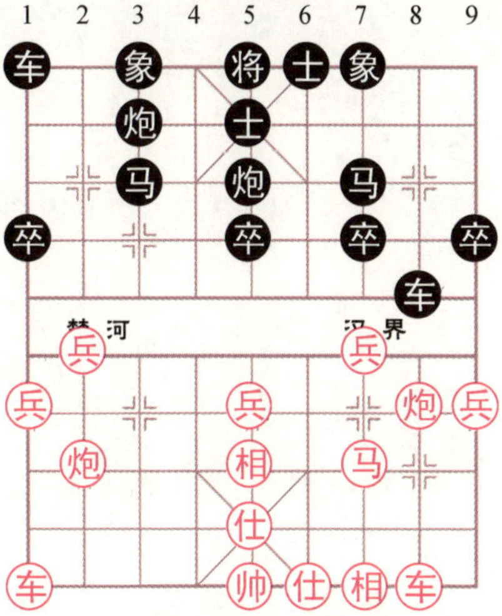

18. 马八进六　车 1 平 2
19. 马六进四　炮 5 退 1
20. 炮八退二　卒 1 进 1
21. 炮八平七　炮 3 进 8
22. 车六平七　车 2 进 3
23. 马三进四　将 5 平 4
24. 炮五平六　马 5 进 3
25. 马四退六　将 4 平 5
26. 马六进七　象 3 进 5
27. 炮六平五　车 2 平 6
28. 车七进四　炮 5 进 1
29. 马七退六

最后，红方抓住黑方车晚出的弱点，奔马卧槽，继而兑掉黑方防守支柱 3 路炮，使黑方无法防范红方车双马炮的攻击，终于失子而负。

第121局　湖北柳大华(红先胜)台湾吴贵临

(1997年4月24日弈于桂林)

对　兵　局

第八届“银荔杯”象棋全国冠军赛

1. 兵七进一　卒7进1　　2. 炮二平五　马8进7

3. 马二进三　车9平8　　4. 马八进七　马2进3

5. 车一进一　象7进5　　6. 车一平四　士6进5

7. 兵五进一　炮8进2

以上由仙人指路开局转成中炮横车七路马对屏风马阵势。面对红方的中路攻势，黑方升炮巡河进行防守。这是稳健之着。此时亦可走马7进8，兵五进一，马8进7，兵五平六，炮8平7，黑方利用7路马炮的攻击来牵制红方的中路攻势。

8. 马七进五　卒3进1　　9. 炮八平七　马3进4

10. 车九平八　…………

红方出车捉炮，易使局势简化。应走兵七进一，马4进5，马三进五，炮8平3，车九平八，红方子力占位良好，容易展开攻势。

10. …………　车1进2

升车保炮，似嫌软弱。可走炮2平3，兵七进一，炮3进5，兵七平六，炮3平7，马五退三，炮8平4，局面简化后，黑方局势稳固，足可抗衡。

11. 兵七进一　马4进5　　12. 马三进五　炮8平3

13. 兵五进一　卒5进1　　14. 马五进六　马7退6

面对红方马踏中象的攻势，黑方退马保象过于呆板。应走车8平6邀兑来化解红方的攻势才是正着，红方如续走车四进八，将5平6，则局势较为平稳。如若红方走马六进五踏中象，炮3进5，车八平七，车6进8，马五进七，将5平6，炮七进七，将6进1，马七退九，车6进1，帅五进一，卒5进1，黑方弃子有强烈的攻势，红方较为吃亏。

15. 车四进七　车8进2　　16. 车四退二　…………

退车给了黑方透松局势的机会。应走仕六进五，黑方局势受困，将无子可动。

如若黑方此时走炮3退3，则马六进五，象3进5，炮七进五，黑方局势将立即崩溃。

16. ………… 炮2平4　　17. 仕六进五　车8进3

18. 兵三进一　车8平7　　19. 马六退五　车7进1

20. 炮五进三　炮4平3　　21. 马五退四　车7平3

22. 炮七进三　车3退2　　23. 炮五退三　炮3退1

经过一番兑子，局势已经转为平稳。此时退炮目的是想尽快开出一路车，但放松了对红方马的控制。此时走车3进2，控制红方马路较为安全。

24. 马四进三　车3平5

25. 车八进四　车1平3(图)

黑方 吴贵临

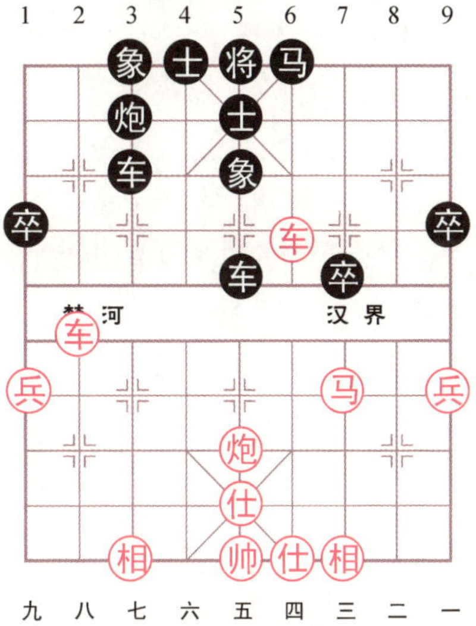

红方 柳大华

26. 马三进五　…………

如图，红方抓住战机进马打车，好棋。由此奠定了胜局。

26. ………… 车3进7

27. 仕五退六　车5平4

28. 仕四进五　炮3平4

黑方平炮打仕，迫不得已。如走炮3进1，马五进六，炮3平4，车八进三，红方得子胜定。

29. 车四平六　车4退1

30. 马五进六　马6进7

红方平车兑掉黑方巡河车后，车马炮已构成了杀势。此时黑方已难应付。如走马6进8，车八平二，将5平6，车二平四，将6平5，帅五平四，炮4进1，车四进四，红方得子。

31. 马六进四　将5平6　　32. 炮五平四　马7进6

33. 马四退二　马6退4　　34. 马二退四　马4退6

35. 车八平二　车3退6

此时黑方另有两种走法，也要输棋。演变如下：①象5退7，马四进三，将6平5，炮四平五，士5退6，车二平五，炮4平5，车五平七，抽掉黑方车，红方胜。②将6平5，炮四平五，马6进5，马四进五，士5进6，马五退四，马5进6，车二进五，将5进1，马四进六，将5平6，炮五平四，红方胜定。

36. 车二进五　象5退7　　37. 车二平三　将6进1

38. 马四进三

第122局　北京张　强(红先胜)湖北柳大华

(1997年5月14日弈于上海)

飞相局对士角炮

1997年全国象棋团体赛

1. 相三进五　炮2平4　　2. 兵七进一　马2进1

3. 马八进七　车1平2　　4. 车九平八　车2进4

5. 炮八平九　车2平6

此时另有车2平4的走法。经过这次实战体会，我觉得还是应该走车2平4为好。

6. 兵三进一　卒7进1

黑方挺卒兑兵，必然之着。如走马8进7，马二进三，象7进5，炮二进二，以后红方有马七进六的先手，黑方将很被动。

7. 车八进一　…………

针对黑方邀兑兵，红车进一精巧之着。

7. …………　象7进5　　8. 车八平三　炮8平7

9. 兵三进一　车6平2

双方在3路线和7路线上的争夺，颇耐人寻味。谁能取得这两条线的控制权，对局势的优劣将起很大的作用。黑方飞象、平炮都是为了不让红方车升至3路河头，否则红方车升至河头后，接着马七进六，跃马踩车，红方将占尽先手。黑方车平2路细腻，如走车6平4，炮二进三，红方占优。

10. 车三平四　…………

红方放弃3路线的控制权是一失误，应走炮二进三，车2进3，车三平七，象5进7，马七进六，马8进6，车七平四，红方占优。

10. …………　车2平7　　11. 车四进五　炮7退1

退炮是调整阵形的好棋，由此黑方取得了较为理想的局面。

12. 车四平五　马8进7　　13. 车五平六　士6进5

14. 马二进四　车9平8　　15. 车一平二　车7进4

16. 马四进六　…………

进马后，导致右翼车、炮受牵制，是局势被动的根源。应走车六平四保马，黑方很难扩大优势。

16. …………　马 7 进 6　　17. 车六退一　马 6 进 5
18. 车六退二　车 8 进 6　　19. 仕六进五　车 7 退 2
20. 兵九进一　马 5 退 6　　21. 车六进二　马 6 进 8
22. 马六进五　车 7 退 3　　23. 马五退四　车 8 平 3
24. 马四进五　车 3 平 8　　25. 马五退四　车 8 平 3
26. 马七退九　马 1 退 3　　27. 炮二进一　车 3 平 6
28. 马九进七　车 6 平 3
29. 马七退九　马 3 进 4
30. 车六平五　马 4 退 6
31. 车五退一　马 8 退 6
32. 炮二进六(图)　…………

黑方 柳大华

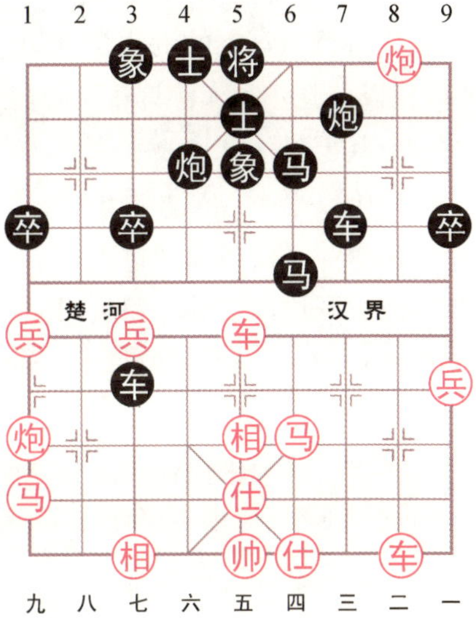

红方张　强

以上一段，黑方运子十分出色，使六个大子都发挥了作用。弈至如图形势时，已是胜利在望。

32. …………　炮 4 进 6

进炮软着，应走炮 4 平 2，炮九平八，车 3 进 2，黑方得子胜定。

33. 车五平四　炮 4 平 2
34. 车四进一　炮 2 进 1
35. 仕五退六　车 7 平 5
36. 炮二退七　卒 3 进 1　　37. 仕四进五　…………

我在局势大优、时间宽裕的情况下，最终居然超时而负，这完全是我的优柔寡断造成的。其实果断一些，此时走炮 7 进 7，仍是优势局面。此盘棋的教训是十分深刻的。

第123局　湖北柳大华（红先胜）广东许银川

（1997年11月15日弈于北京）

仙人指路对卒底炮

首届"中立杯"象棋快棋赛

1997年"中立杯"电视快棋赛由中央电视台主办，邀请了当时排名前四十八位的棋手进行两盘制的淘汰赛，用时是每方十分钟加十秒。我与许银川相遇在半决赛，我以一胜一和淘汰许银川，与吕钦会师决赛。

1. 兵七进一　炮2平3　　2. 马二进三　卒3进1

3. 炮二平一　卒3进1　　4. 马八进九　象7进5

5. 车一平二　马2进1　　6. 车二进四　…………

红方开局即放弃七路兵，其战略意图是加快出子速度。至此，红方达到了尽快出子的目的，而黑方也取得了一过河卒的实利，双方各有所得。

6. …………　马1进3

黑方进马力求保住过河卒。此时亦可走马8进6，车二平七，马6进4，这样黑方放弃过河卒，追求出子速度，也是一种很好的下法。

7. 炮八平四　车1平2　　8. 相七进五　…………

此时如走炮四进四，马3进4，炮四平一，卒7进1，相七进五，车2进8，仕六进五，马4进6，红方也难占便宜。

8. …………　卒7进1　　9. 仕六进五　马8进6

10. 车九平六　炮8平7

平炮控制红方三路线，但忽视了红方六路车的进攻作用。应走卒3平4，封住红方六路车，这样黑方后防巩固。

11. 车二平四　马6进8　　12. 车六进六　马3进2

13. 车六平五　卒7进1

黑方已经损失了中卒，再弃7路卒损失未免太大。应走马2进1，炮四平九，卒3进1，保留过河卒对红方较有牵制。

14. 车四平三　车9进1

车9进1应车9平7。

15. 车五平二 炮7退2

仍车9平4。

16. 车三平七 炮3平1　17. 马三退一 车9平4

18. 仕五退六 …………

退仕可预防黑方的攻击,老练。

18. ………… 马2进1　19. 炮四平九 车4进5

20. 车七平五 士4进5　21. 仕四进五 炮7平8

22. 车二平九 炮1进4

23. 马一进三 车2进7

24. 炮九退一 卒9进1

25. 兵三进一 车2退3

26. 车九进三 车2退2

27. 车五进二 炮1平2

28. 炮九平八 炮2平3

29. 炮八平七 炮3平2

30. 炮七平八 炮2平3

31. 炮八平七 炮3平2

32. 炮七平八 炮2平3

33. 炮一退一 车4退1

34. 车五退二(图) 车4平5

黑方 许银川

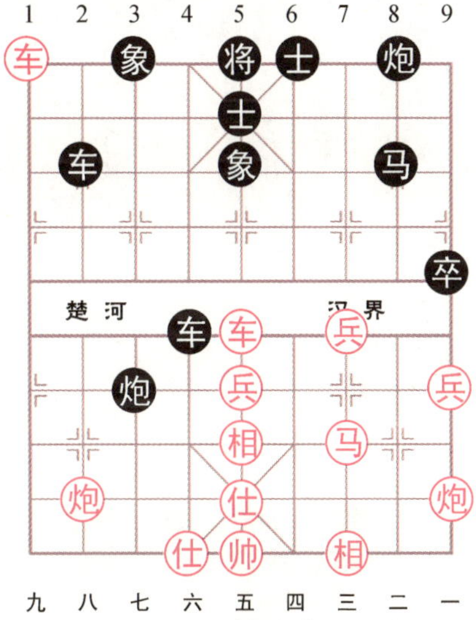

红方 柳大华

如图黑方兑车,使红方中兵有了长驱直入的机会。应走车4退2,虽居下风,但还可支撑。

35. 兵五进一 马8进6

进马加速失败,应走车2进2,守住巡河一线。

36. 兵五进一 马6进7　37. 兵五进一 士5退4

38. 车九退五 马7退8　39. 马三进五 车2进1

40. 兵五进一 象3进5　41. 马五进六 车2进3

42. 马六进五 炮8进1　43. 车九平五 士4进5

44. 炮一平三 炮3平7　45. 马五退三 炮8进1

46. 炮八平六 车2平4　47. 车五进二 炮8平9

48. 马三进二 炮9平1　49. 仕五进六 炮1进7

50. 仕六进五　车 4 平 2　　51. 炮六平八　车 2 平 3
52. 炮八平七　车 3 平 2　　53. 车五平二　车 2 进 3
54. 仕五退六　炮 7 平 5　　55. 相五退七

红方马踏中象后，不急于进马将军，先平中车叫杀，后退马踩炮，挤住黑方马，再进中车，暗伏多种进攻手段，使黑方防不胜防。

这一段精彩着法，充分显示了红方擅长攻杀的特点。最后黑方失子失势，超时而负。

第124局　广东吕　钦(红先和)湖北柳大华

(1997年11月16日弈于北京)

五七炮进三兵对屏风马进3卒

首届"中立杯"象棋电视快棋赛

1. 炮二平五　马8进7　　2. 兵三进一　车9平8
3. 马二进三　卒3进1　　4. 车一平二　马2进3
5. 马八进九　士4进5

不走流行的卒1进1的变例，而采用我平时极少运用的上士变例，目的是要避免落入对手准备的阵图之中。

6. 炮八平七　马3进2　　7. 车九进一　象3进5
8. 车九平六　炮8进4　　9. 车六进五　…………

进车卒林，稳健的攻法。改走马三进四对黑方8路炮暗中施压，则更为积极。这是许银川喜爱的走法，他运用此种走法，取得了较好的战绩。

9. …………　卒3进1　　10. 车六平八　马2进4
11. 车八进一　…………

如走炮七进二，炮2平3，由于黑方4路马位极佳，可以组织有效的进攻，红方不合算。

11. …………　马4进3　　12. 兵七进一　车1平4
13. 仕四进五　马3退4　　14. 炮五平四　…………

平炮预防黑方进马卧槽。如走兵五进一，马4进5，相三进五，车4进6，黑方占据兵线要道，足可满意。

14. …………　马4进6　　15. 相三进五　卒7进1
16. 兵三进一　马6退7　　17. 兵九进一　炮8平7
18. 车二进九　后马退8　　19. 车八退二　马8进7
20. 相五进三　车4进5　　21. 相七退五　车4平6
22. 马九进八　车6进1　　23. 马八退七(图)　士5退4

如图，黑方退士弥补了右翼空虚的弱点，机警。此时如走炮7平8，马七进六，车 6 平 7，炮四进四，车 7 进 1（象 7 进 9，马六进七，红方有攻势），车八平三，炮 8 进 3，帅五平四，马 7 退 9，车三平二，黑方要失子。

24. 马七进六　车 6 平 5
25. 炮四进六　车 5 平 4
26. 马六进七　车 4 退 3
27. 车八退二　车 4 平 3
28. 车八平三　卒 5 进 1
29. 车三平八　士 6 进 5
30. 炮四退八　卒 5 进 1
31. 炮四平三　…………

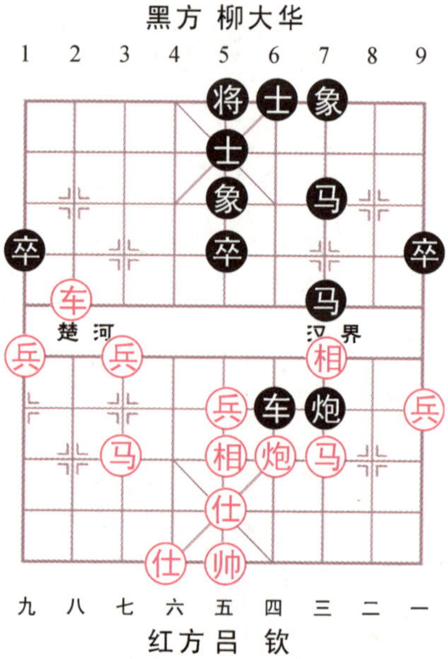

经过兑子后，现在双方兵力相等，呈和棋趋势。现平炮无甚作用，应走车八平二占据要道，和棋不会困难。

31. …………　车 3 平 8
32. 马三退四　马 7 进 5
33. 仕五进六　卒 5 平 6
34. 仕六进五　车 8 进 4
35. 车八进二　卒 6 进 1　　36. 车八退二　车 8 退 1
37. 马四进三　马 7 进 5　　38. 车八平六　后马进 7
39. 马三进四　车 8 平 7　　40. 炮三平四　车 7 平 9
41. 马四进三　卒 6 平 5　　42. 车六平八　卒 5 平 4

改走车 9 平 6，马三退五，车 6 退 3，兵七进一，卒 5 进 1，相三退五，马 5 退 3，黑方多卒多象，胜望很浓。

43. 马三退五　卒 4 平 3　　44. 车八进五　车 9 平 4
45. 马五进七　车 4 退 3

退车捉马，空着。应走卒 3 进 1，仍有胜算。

46. 马七进九　车 4 退 1　　47. 马九退七　卒 3 平 4
48. 车八平六　车 4 平 3　　49. 马七退五　卒 4 平 3
50. 炮四平二　车 3 平 2　　51. 车六退二　马 7 退 8

如改走车 2 进 2 捉马，红方炮二进九，士 5 退 6，马五进六，将 5 进 1，车六平八邀兑车，也是和棋。

52. 车六平二　车 2 进 2　　53. 马五进七　马 8 进 6

54. 车二平一　车2平8　　55. 炮二平四　车8平4
56. 车一退三　车4退1　　57. 马七进九　车4退1
58. 马九退七　车4进1　　59. 马七进九　车4退1
60. 马九退七　车4进4　　61. 车一平六　卒3平4
62. 马七退八　马5进3　　63. 马八进九　马3退1

第125局　湖北柳大华(红先负)广东吕　钦

(1997年11月16日弈于北京)

仙人指路对进马

首届"中立杯"象棋电视快棋赛

1. 兵七进一　马8进7　　2. 兵三进一　炮2平3
3. 相七进五　马2进1　　4. 马八进七　…………

进马给黑方抢出右车后，红方先手效率难以发挥。应走炮八进五，象7进5，马八进七，封住黑方右车出路，红方仍有先手。

4. …………　车1平2　　5. 车九平八　车2进4
6. 炮八平九　车2平8　　7. 炮二进五　炮3平8
8. 马二进三　车9平8　　9. 仕六进五　…………

补仕后两翼子力缺乏联系。宜改走车一进一较为灵活。

9. …………　卒7进1　　10. 车八进五　卒7进1
11. 车八平二　马7进8　　12. 相五进三　象7进5
13. 相三进五　炮8平7　　14. 马七进六　炮7进5
15. 炮九平三　马8进6　　16. 炮三退一　车8进8
17. 车一平三　卒1进1　　18. 兵一进一　士4进5
19. 仕五进六　卒5进1　　20. 仕四进五　马6进7
21. 马六退四　…………

退马准备踩中卒，漏算黑方退马的棋，从此局面不可收拾。此时走仕五进四绊马腿，暗伏炮三平四的兑子手段，红方谋和并无困难。

21. …………　马7退6

黑方退马压住红方马，使红方车马炮三子无法动弹，好棋！

22. 车三平四　马1进2　　23. 炮三退一　马2进1
24. 炮三平一　马6进4　　25. 炮一进六　马1退3
26. 炮一平三　车8退5　　27. 炮三进二　卒3进1(图)

如图，红方子力位置太差，且左翼空虚，挡不住黑方的攻击。

28. 车四进二　车 8 平 2
29. 帅五平四　卒 5 进 1
30. 马四进二　象 5 退 7
31. 马二退三　卒 5 进 1
32. 兵一进一　卒 5 进 1
33. 车四平五　车 2 平 7
34. 炮三平二　车 7 进 2
35. 炮二退八　象 3 进 5
36. 帅四平五　马 3 退 5
37. 炮二平三　车 7 平 9
38. 兵一平二　车 9 进 2
39. 炮三平四　马 5 进 6
40. 车五进一　马 6 进 7
41. 帅五平六　车 9 平 7
42. 车五平六　车 7 退 2
43. 兵二进一　卒 1 进 1
44. 车六进三　马 7 退 6
45. 兵二平三　卒 3 进 1
46. 兵三平四　卒 3 进 1
47. 仕五进四　马 6 退 4
48. 仕六退五　卒 1 平 2
49. 车六平八　象 5 退 3
50. 兵四平五　象 7 进 5
51. 帅六平五　卒 2 平 3
52. 车八平六　卒 3 平 4
53. 帅五平六　卒 4 平 5
54. 炮四平五　卒 5 进 1
55. 车六进二　车 7 进 1

黑方 吕　钦

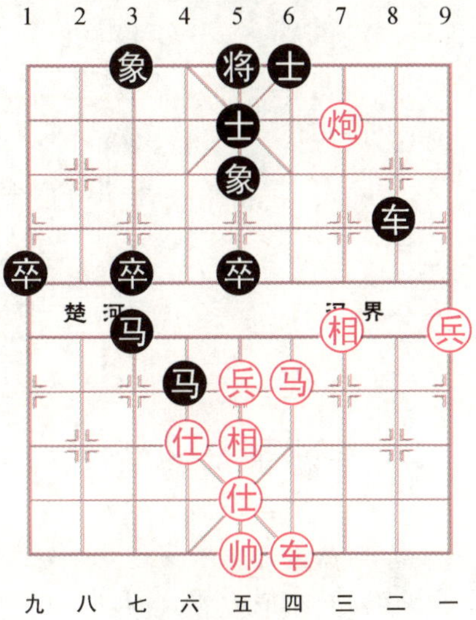

红方 柳大华

第126局　湖北柳大华(红先胜)吉林陶汉明

(1998年1月8日弈于广州)

五六炮进三兵对反宫马

第十八届“五羊杯”全国象棋冠军赛

1.炮二平五　马2进3　　2.马二进三　炮8平6
3.车一平二　马8进7　　4.兵三进一　卒3进1
5.马八进九　象7进5　　6.炮八平六　……………

平炮六路形成五六炮进三兵对反宫马阵势。此种攻法较为稳健,如平炮七路则攻击力要强一些,但黑方的反弹力也较强,红方把握局势的难度较大。

6.…………　车1平2　　7.车九平八　炮2进4
8.马九退七　炮2退1　　9.兵九进一　士6进5
10.车八进三　炮6进4　　11.马七进九　卒3进1

冲卒兑子给了红方扩先的机会。黑方可考虑走炮2平4。

黑方 陶汉明

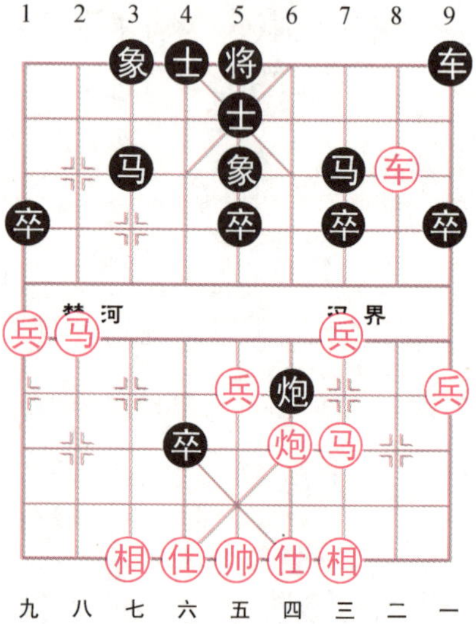

红方 柳大华

12.炮六平七　卒3进1
13.车八进一　车2进5
14.马九进八　卒3进1
15.车二进七　卒3平4
16.炮五平四(图)　炮6平7

如图,平炮弃马是下风局势中的最好选择。如走车9平7保马,则马三进四,炮6平7,马八进七,卒5进1,马四进六,炮7平6,车二进一,马3退1,马七进九,象3进1,马六进八,红方车马炮构成杀势,黑方不好应付。

17.仕四进五　…………

红方补仕,软着。应走相三进五,黑方有两种走法,红方均可占优:①卒4平5,相七进五,车9平6,仕四进五,车6进2,平二退四,车6进4,马八退七,马3进2,马三退二,再走马二进一即可得子。②卒4进1,仕四进五,车9平8,车二平三,车8进8,兵一进一,红方多子占优。

17. ………… 车9平8　　18. 车二平三　炮7进3

红方出现进仕的软着后,此时黑方只要走车9平7保马即可取得均势,试演如下:相三进一,卒7进1,兵三进一,象5进7。

19. 仕五进六　车8进6　　20. 炮四平五　车8平7

21. 马三退五　车7退1

退车吃兵,华而不实。应走炮7平9,马五进七,车7进3,帅五进一,车7退4,相七进九,卒7进1,这样优于实战着法。

22. 车三平二　…………

平车占据要道,老练之着。

22. ………… 炮7平9　　23. 马五进七　卒7进1

24. 马八进七　车7进4　　25. 帅五进一　车7退3

26. 后马进六　卒7进1

红方大胆跃马河头,好棋。黑方不能走炮9平3打相,否则红方帅五平四,士5退6,马七进五,黑方立即崩溃。

27. 相七进九　卒7平6　　28. 马六进八　马3退1

29. 马七进六　马1进2　　30. 炮五进四　车7平5

31. 帅五平四　车5平6　　32. 帅四平五　将5平6

33. 车二平四　将6平5　　34. 车四平二　将5平6

35. 炮五平七　…………

平炮挤马,攻守兼备。如误走车二平五吃象,车6平5,帅五平四,炮9平5,红方取胜有麻烦。

35. ………… 卒6平5　　36. 车二进二　将6进1

37. 相九进七　卒5进1　　38. 车二退三　车6退2

39. 马六退五　车6平2　　40. 车二进二　将6进1

41. 炮七进一　士5进4　　42. 车二平三

红方弃子造杀,非常精妙。以下红方马五退三,车2平7,车三退三,将6退1,车三平八,捉死黑方马,这样红方净多一车,陶汉明看到上述着法,故投子认负。

第 127 局　湖北柳大华(红先胜)浦东蒋志梁

(1998 年 4 月 3 日弈于昆明)

仙人指路对飞象

1998 年全国象棋团体赛

1. 兵七进一　象 3 进 5　　2. 炮八平五　马 8 进 7
3. 马八进七　卒 7 进 1　　4. 车九平八　炮 2 平 4
5. 马二进一　马 2 进 3　　6. 炮二平三　车 9 平 8
7. 车一平二　炮 8 进 4　　8. 兵三进一　卒 7 进 1
9. 兵七进一　卒 3 进 1　　10. 车八进四　…………

以上由仙人指路对飞象转演成中炮对反宫马阵势。红方现在采用的是双弃兵变例,极力把局势推向攻杀。

10. …………　卒 7 平 8

除了平卒保炮的选择,亦可走炮 8 平 7。

11. 兵一进一　炮 4 进 4　　12. 车八平二　车 8 进 5
13. 马一进二　炮 4 平 3　　14. 马二进三　炮 8 平 7

黑方平炮拦住红炮打马系败着,较好的应着是象 5 进 7,相七进九,车 1 进 1,兵五进一,车 1 平 8,仕四进五,士 6 进 5,兵五进一,象 7 进 5,马七进五,卒 5 进 1,黑方可以抗衡。

15. 相七进九　…………

飞相先避一手,可免后顾之忧,好棋。1997 年全国团体赛时,我曾与蒋志梁弈成同一局面,当时走马三进五,炮 7 进 3,车二平三,象 7 进 5,黑方有反扑。

15. …………　士 4 进 5

如走象 5 进 7,炮三进三,炮 7 退 3,炮三进二,炮 7 进 4,车二进二,炮 7 平 3,炮五退一,红方追回一子,多相占优。

16. 马三进五　象 7 进 5

此时黑方不能走炮 7 进 3,因红方可走车二平三,象 7 进 5,炮三平一,马 7 退 9,兵五进一,红方有车三进三和兵五进一的攻击手段,且黑方车晚出,红方显然大占优势。

17. 炮三进五　车 1 平 4　　18. 炮五平三(图)　…………

黑方 蒋志梁

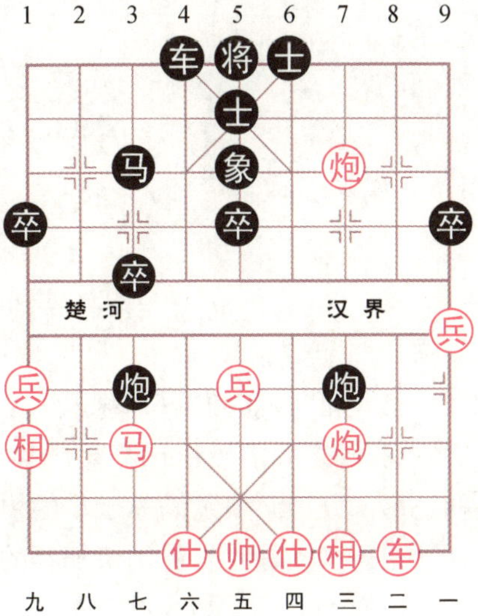

红方 柳大华

如图,红平炮借助黑方炮的力量叫杀,并乘机调整阵形,是腾挪的好棋。

18. …………　炮 7 平 6

19. 前炮平一　炮 6 平 7

抓住黑方左翼空虚的弱点,平炮继续追击,紧凑。黑方平炮拦炮必走之着,如走车 4 进 7 捉双,炮一进二,象 5 退 7,车二进九,士 5 进 6,炮一平三,士 6 进 5,前炮退五,士 5 退 6,前炮平五,将 5 平 4,相三进五,红方多相占优。

20. 相三进五　车 4 进 4

21. 车二进七　车 4 平 6

22. 车二平五　车 6 进 3

23. 炮一进二　炮 7 退 6

24. 车五平三　炮 7 平 8

不能走车 6 平 5,因红方可走马七退五,炮 7 平 8,车三平七,车 5 平 7,车七平二,红方得子胜定。

25. 相九退七　将 5 平 4　　26. 仕六进五　车 6 退 2

27. 车三退二　卒 3 进 1　　28. 相七进九　将 4 进 1

29. 车三平二　炮 8 平 7　　30. 相九进七　炮 7 进 6

31. 相七退九　车 6 平 4　　32. 炮一退一　士 5 进 6

33. 车二平三　车 4 退 1　　34. 车三进三　将 4 退 1

35. 炮一进一　士 6 进 5　　36. 车三进一　将 4 进 1

37. 炮一退一　士 5 进 4　　38. 兵五进一　车 4 进 2

39. 炮一平二　…………

这一段红方利用多相的优势,乘机消灭了黑方 3 路卒,使黑方的子力全部处于受攻的状态。现在红方平炮暗伏炮二退五的得子手段,至此黑方已难应付。

39. …………　马 3 进 4

如走炮 3 退 2,车三退四,马 3 进 4,车三进三,将 4 退 1,车三进一,将 4 进 1,马七进八,红方也要得子。

40. 炮二退五　炮 7 退 2　　41. 炮二平七　炮 7 平 8

42. 炮七进一　马 4 进 3　　43. 车三平二　炮 8 平 1

44. 相九退七　炮 1 平 2　　45. 车二退四　炮 2 进 1

46. 兵五进一　炮 2 平 9　　47. 兵五进一

第128局　黑龙江赵国荣(红先负)湖北柳大华

(1998年4月7日弈于桂林)

五七炮对屏风马

第九届“银荔杯”象棋全国冠军赛

第九届“银荔杯”冠军赛于1998年4月6日在桂林开赛，我与赵国荣相遇于第二轮，我俩之间的慢棋比赛弈成和局。根据比赛规定，加赛快棋决定胜负，这盘棋就是每5分钟必须走满三十步的快棋赛。整盘棋双方用时加起来总共只有十二三分钟。这盘棋是我与赵国荣加赛的第四盘棋。

1.炮二平五　马8进7　　2.马二进三　车9平8

3.车一平二　马2进3　　4.马八进九　卒7进1

5.炮八平七　炮2进2　　6.车二进六　马7进6

7.车九平八　车1平2　　8.车八进四　象3进5

9.炮七退一　…………

退炮是一新变着，其主要目的是想冲七兵攻击黑方3路线。因为退了一步炮，这样就避免了黑方冲7卒然后马6进4踩炮的威胁。

9.…………　车8进1

高车静观其变，好棋。如走士4进5，兵七进一，卒7进1，车二平四，马6进7，车四平二以后红方有冲七兵和炮七平二的威胁，黑方吃亏。

10.兵七进一　卒7进1　　11.车二平四　马6进7

12.车四平二　马7进5　　13.相三进五　炮2平7

14.车八进五　马3退2　　15.马三退一　马2进4

经过一番争斗，红方虽然仍牵制着黑方的无根车炮，但由于黑方先前一步进车与此时的进马密切配合，很好地解决了车炮无根的弱点。现在黑方已稍占优势。

16.马一进二　…………

应走相五进三吃卒，以下黑方马4进6，车二退三，局势较为平稳。

16.…………　炮7退3　　17.相五进三　马4进6

18.车二平四　士4进5　　19.相三退五　炮7平6

20.车四平一　炮8平7　　21.车一平三　…………

改走炮七进二,炮 7 进 4,炮七平三,车 8 进 5,车一平三,红方不至于太被动。

21. ………… 车 8 进 5　　22. 车三进一 炮 6 平 9
23. 兵九进一 车 8 平 9　　24. 马九进八 车 9 平 5
25. 炮七平五 车 5 平 2　　26. 炮五进五 …………

如走马八进七,马 6 进 7,也是黑方优势。

26. ………… 马 6 进 5　　27. 马八进九 炮 9 进 8
28. 仕四进五 车 2 平 8　　29. 帅五平四 车 8 进 3
30. 帅四进一 车 8 退 6
31. 马九进七 马 5 进 4(图)
32. 车三平四 …………

黑方 柳大华

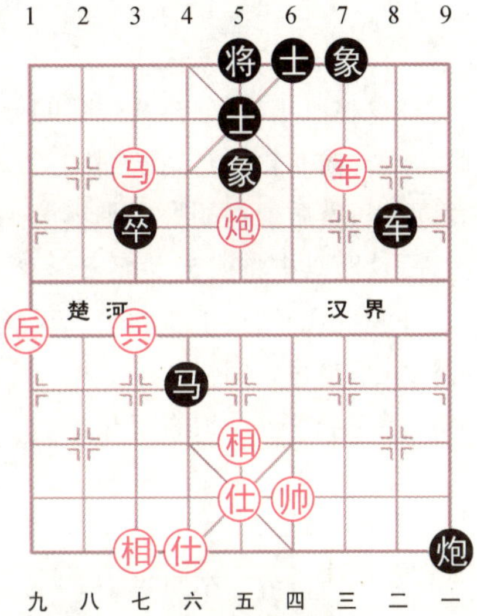

红方 赵国荣

如图形势黑方进马叫杀,红方已难应付。此时平车是无奈的选择。如走仕五进六,车 8 进 5,帅四退一,马 4 进 6 成为绝杀。

32. ………… 车 8 平 5
33. 马七退五 士 5 进 6
34. 马五退六 炮 9 退 8
35. 仕五进六 …………

切忌走马六进七吃卒,因黑方有炮 9 平 6,仕五进四,士 6 退 5,仕四退五,马 4 进 6,黑方胜。

35. ………… 马 4 退 6
36. 帅四平五 马 6 退 4
37. 马六进四 炮 9 进 4
38. 兵九进一 炮 9 平 5　　39. 帅五平四 炮 5 退 1
40. 兵九进一 士 6 进 5　　41. 帅四退一 士 5 进 4
42. 仕六进五 士 6 退 5　　43. 帅四平五 炮 5 退 1
44. 马四进六 将 5 平 6　　45. 帅五平六 马 4 进 3
46. 帅六平五 马 3 进 2　　47. 兵九平八 炮 5 进 3
48. 马六退四 马 2 退 4　　49. 帅五平四 炮 5 进 2
50. 兵八平七 炮 5 平 9　　51. 兵七平六 炮 9 退 4

以后一段,黑方很好地控制了局势,达到了破除红方仕相的目的,此时黑方退炮,暗伏象 5 进 7 的得子手段。至此红方马必失,所以放弃续弈。

第129局　湖北柳大华(红先胜)火车头宋国强

(1999年1月23日弈于荥阳)

仙人指路对还中炮

"少林汽车杯"象棋八强赛

"少林汽车杯"象棋八强赛的分组赛有5轮赛事。我和胡荣华等六名棋手分在第六组。前4轮比赛,我三胜一负,胡荣华二胜二和,虽说我俩同分,但由于他胜了我,所以,实质上是胡处在小组第一的位置。第5轮胡后手对徐健秒,我先手对宋国强,这两盘棋将成为关系到我俩谁能取得小组第一,从而进入前八名的生死之战。两盘棋的结果是我胜了,胡荣华下和了,我以多一分的优势进入前八名。下面评注的是我与宋国强的一盘棋。

1. 兵七进一　炮8平5　　2. 马二进三　马8进7
3. 车一平二　车9平8　　4. 马八进七　车8进4
5. 炮二平一　车8进5　　6. 马三退二　马2进3
7. 仕六进五　卒7进1

采用还中炮的下法对付挺兵局,这种下法并不多见。记忆中蔡忠诚和宋国强喜欢这种应法。我觉得还中炮的应法,让红方形成先手屏风马对中炮的阵势,这样先手的作用将更易发挥。现在黑方挺7卒虽可避免红方进兵制马,但让红方九路车顺利占据六路要道,黑方有得有失。

8. 相七进五　车1进1　　9. 车九平六　车1平8
10. 马二进三　炮5平6

黑方见红方中防巩固,及时卸炮调整阵形,极为必要和明智。

11. 马七进六　象3进5　　12. 马六进七　炮2退2
13. 兵三进一　卒7进1　　14. 相五进三　炮2平3
15. 马七退八　炮3进5

黑方进炮打兵,寻求子力的平衡,但这样反而使红方的子力更加活跃。此时应改走车8进3,相三退五,士6进5,黑方阵形严整,子力灵活,局势大体相当。

16. 相三进五　炮3退1

红方上相捉炮细腻之着。如走相三退五，炮 3 退 1，马三进四，车 8 进 4，红方攻势受到干扰。

17. 马三进四　车 8 进 3

进车不好，应炮 3 平 9，炮一平四，炮 9 平 6，较为稳当。黑方车巡河看似稳健但反而失去了增援右翼的机会。不如走马 7 进 6，马四进六，车 8 平 4，这样红方将很难发动有威胁的攻势。

18. 炮一平三(图)　炮 3 平 7

如图红方平炮打马，黑方已难应付。如走马 7 进 6，马四进六，黑方右翼空虚，红方有攻势。

黑方 宋国强

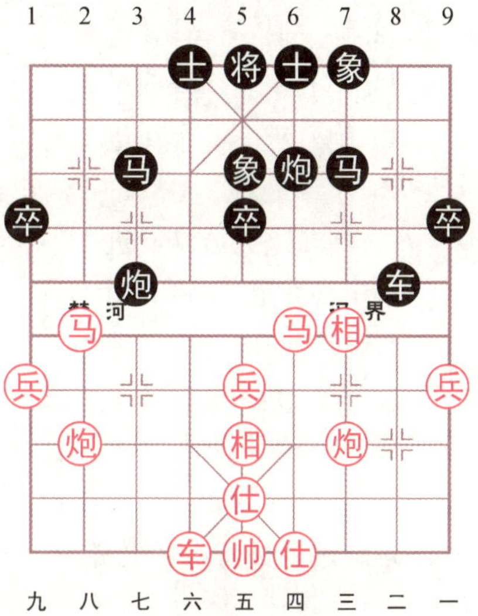

红方 柳大华

19. 相三退一　车 8 进 1

20. 马四进六　马 7 进 6

坏棋，应马 3 进 4，马八进六，马 7 进 6，炮八进七，将 5 进 1，马六进八，车 8 平 4，尚可抗衡。

21. 炮三进七　士 6 进 5

22. 马八进七　炮 7 平 4

23. 车六进五　马 6 进 5

24. 车六退二　象 5 退 7

25. 车六平五　炮 6 平 5

26. 车五进三　…………

红方通过一系列的进攻手段，终于赚得一象，由此黑方防守能力削弱。黑方第 25 回合走了平炮打车的漏着，使局势雪上加霜。黑方平炮打车之着应改走车 8 退 1 较好。

26. …………　士 5 进 6

红方吃掉黑方中座后，黑方防线已是千疮百孔，无法抵御红方的进攻。此时如走车 8 平 2 捉炮，红方车五进一，车 2 进 2，车五平七，车 2 平 3，车七进一，红方得子胜定。

27. 车五平三　车 8 平 5　　28. 车三进三　将 5 进 1

29. 车三退一　将 5 退 1　　30. 相一退三　…………

无须联相，应走车三平七，红方可以速胜。

30. …………　士 4 进 5　　31. 车三退二　炮 5 进 1

32. 车三平一　车 5 进 1　　　　33. 马七退六　炮 5 进 2
34. 车一进三　士 5 退 6　　　　35. 车一退五　…………
退车跟炮埋伏马六退七的得子手段。
35. …………　炮 5 退 4　　　　36. 马六进四　车 5 平 1
37. 炮八平六　车 1 平 4　　　　38. 车一平五　…………
改走炮六退二，红方车将更为灵活，获胜较快。
38. …………　炮 5 进 2　　　　39. 兵一进一　士 6 进 5
40. 马四进二　车 4 退 3　　　　41. 马二进三　将 5 平 6
42. 马三退一　马 3 进 2　　　　43. 车五退一　卒 1 进 1
44. 车五平三　将 6 平 5　　　　45. 马一进三　将 5 平 6
46. 炮六进一　车 4 进 2　　　　47. 车三平二　士 5 退 4
48. 车二进六　将 6 进 1　　　　49. 炮六平二　士 6 退 5
50. 炮二进五　将 6 进 1　　　　51. 炮二平一　…………
可走马三退二，将 6 退 1，车二退一，将 6 退 1，马二进三，做成绝杀。
51. …………　炮 5 退 1　　　　52. 车二退四　马 2 退 4
53. 车二进一　车 4 平 6　　　　54. 马三退五

最后一段，红方车马炮配合作战，构成了杀势。黑方忍痛弃子解围，红方多子胜定，黑方放弃续弈。在我获得这局棋的胜利之前，徐健秒弈和了胡荣华，这样我很幸运地进入了前八名决赛。

第 130 局　湖北柳大华(红先胜)浙江于幼华

(2003 年 4 月 30 日弈于顺德)

过宫炮对左炮封车

第二届"松业杯"棋王赛

1. 炮二平六　马 8 进 7　　2. 马二进三　车 9 平 8
3. 车一平二　炮 8 进 4　　4. 兵三进一　炮 8 平 7
5. 兵七进一　马 2 进 1

布局至此,形成过宫炮对左炮封车的阵势。此时黑方多走炮 2 平 5,红方马八进七,车 8 进 9,马三退二,炮 5 进 4,马二进一,炮 7 平 6,车九平八,形成弃空头的对攻局面。

6. 马八进七　车 1 进 1　　7. 马七进六　车 1 平 8
8. 车二平一　前车进 3　　9. 马六进七　…………

踩卒捞取实利。若走炮八进二,卒 3 进 1,兵七进一,车 8 平 3,黑方双车出动快,足可与红方抗衡。

9. …………　炮 2 进 4　　10. 马七退八　卒 7 进 1
11. 兵三进一　前车平 7　　12. 相三进五　马 7 进 6

欠细致。应走象 7 进 5,若红方仍走车九进一,黑方可车 7 平 4 捉炮。

13. 车九进一　象 7 进 5　　14. 车九平四　车 7 平 8
15. 车四进三　炮 7 退 4　　16. 仕四进五　…………

改走炮六进三打车更佳,以下黑方马 6 退 4,兵七进一,红兵过河占优。

16. …………　炮 7 平 6　　17. 车四平三　后车平 7

兑车不妥。因此红方七路兵轻易过河,对黑方构成威胁,应走后车进 3 为好。

18. 车三进五　象 5 退 7　　19. 兵七进一　象 3 进 5
20. 兵七平六　卒 1 进 1(图)　　21. 兵六平五　…………

如图,红方献中兵是巧着。黑方现在要么丢中卒,要么车马被牵制,由此红方优势得以扩大。

21.………… 卒5进1

22.炮六进三 马1进2

23.兵五进一 车8进2

被迫弃子。若走马2进4，红方马八进七，黑方也难应付。

黑方 于幼华

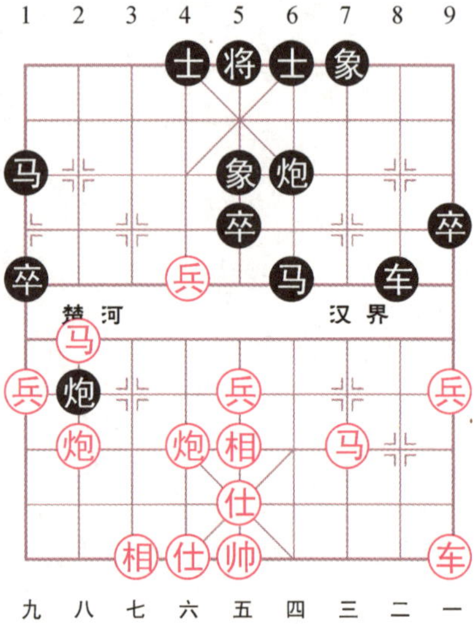

红方 柳大华

24.炮六平四 卒5进1

25.炮四平五 士4进5

26.车一平四 炮2平6

27.车四平二 车8进3

若走车8平7避兑，红方炮八进三，车7进1，车二进六，黑方将输得更快。

28.马三退二 马2进4

29.马八进六 马4进2

30.马二进三 炮6平1

31.马六进八 卒9进1

32.马三进二 炮1平9　　33.马二进四 炮9平5

34.炮五退二 卒5进1　　35.马四退五 …………

兑炮虽然解了燃眉之急，但红方毕竟多一大子。以后红方双马炮配合作战，黑方防不胜防，主力终被红方蚕食而告负。

35.………… 炮6退1　　36.马五进四 象5进7

37.马四进六 卒9进1　　38.仕五进四 卒9平8

39.仕六进五 炮6平9　　40.炮八退一 象7退5

41.炮八平六 马2退3　　42.相五进七 卒8进1

43.相七进九 卒8平7　　44.马六退四 马3退4

45.马八退六 马4进5　　46.马四进二 炮9平6

47.马六进五 士5进6　　48.马五进七 将5平4

49.马七退六 将4平5　　50.炮六平九 马5进4

51.帅五平六 士6退5　　52.炮九进四 士5进4

53.马二进三 将5平4　　54.马六退八 炮6进1

55.炮九进一 将4进1　　56.炮九平六 将4平5

57.炮六平二 将5平4　　58.马八退六 士4退5

59. 马六进七　炮 6 平 3
60. 马七退五　卒 7 平 6
61. 马五退四　炮 3 平 4
62. 炮二平六　炮 4 平 3
63. 马四进六　马 4 退 6
64. 马三退四　士 5 进 6
65. 马六进四　将 4 平 5
66. 炮六退五　炮 3 退 1
67. 后马进六

第131局 湖北柳大华(红先胜)浙江于幼华

(2003年4月30日弈于顺德)

仙人指路对起马

第二届"松业杯"棋王赛

1. 兵七进一 马8进7 2. 兵三进一 炮2平3
3. 马八进九 卒1进1 4. 车九平八 马2进1
5. 马二进三 车1进1

开局阶段双方走法针对性较强,由仙人指路对起马转为左单提马直车两头蛇对右单提马横车的阵势。

6. 炮八进五 象7进5 7. 马三进四 车1平6
8. 马四进三 车6进3

升车巡河,可以支持右马出击。若走车6进5,相三进五,车6平5,车一平三,炮8退1,马三进五,红方局势大优。

9. 相三进五 马1进2 10. 车一平三 马2进4
11. 仕六进五 车9进1 12. 兵三进一 车6平7
13. 车三进五 象5进7 14. 兵五进一 …………

正着。若走炮八平三,车9平7,炮三退二,车7进2,炮三平六,马4进6,黑方有攻势,红方难以应付。

14. ………… 象7退5 15. 炮八退三 车9平4
16. 车八进三 卒3进1 17. 炮八平六 车4进4
18. 兵七进一 象5进3 19. 兵五进一 卒5进1
20. 马三退五 马7进5 21. 车八进三 马5进7
22. 车八平三 象3进5 23. 马九退七 士4进5
24. 马七进八 车4平5 25. 马五退三 炮3进7

于幼华由于当时积分落后,进炮打相,准备弃子搏杀。若走车5平2,马八退六,车2平6,局势平稳。

26. 马八退六 车5进2 27. 马六退七 车5平7

28. 车三平二　…………

平车巧兑，可确保多子的局面。

28. …………　炮 8 平 9

平炮避兑，贯彻争胜的指导思想。若走炮 8 进 5，马三退二，马 7 进 6，马七进六，马 6 进 8，车二平一，车 7 退 1，车一平二，将成为和棋。

29. 马三进五　炮 9 进 4　　30. 马七进六　炮 9 进 3

31. 炮二退二　车 7 退 1　　32. 马六进七　马 7 进 8

败着，应走卒 9 进 1，还有很多战斗。以下红方经过巧妙的腾挪，捉死了黑方的边炮，奠定了胜局。

33. 车二平八　象 5 退 3

34. 车八平一　车 7 平 3

35. 帅五平六(图)　炮 9 平 6

黑方 于幼华

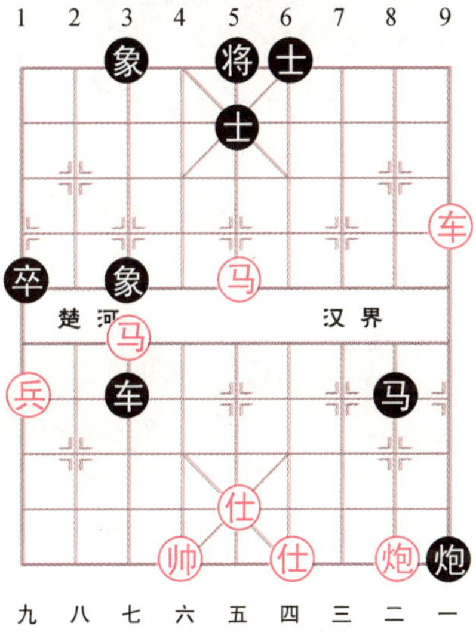

红方 柳大华

以炮换双仕，作最后一搏。

36. 仕五退四　车 3 进 3

37. 帅六进一　车 3 平 6

38. 炮二进二　车 6 退 1

39. 帅六退一　车 6 退 1

40. 马五退三　车 6 平 7

41. 车一平六　象 3 进 5

若车 7 退 2 吃马，则红方炮二平五叫将，黑方必失车或被绝杀。

42. 马七退五　车 7 进 2

43. 帅六进一　车 7 退 1

44. 帅六退一　马 8 退 6

45. 车六退四　…………

红方退车防守，固若金汤，黑方只好投子认负。

45. …………　车 7 退 2　　46. 马三进四

黑方认负。

第 132 局　湖北柳大华(红先和)江苏徐天红

(2004 年 1 月 24 日弈于顺德)

五九炮过河车对屏风马

第三届"松业杯"棋王赛

1. 炮二平五　马 8 进 7　　2. 马二进三　车 9 平 8
3. 车一平二　马 2 进 3　　4. 兵七进一　卒 7 进 1
5. 车二进六　炮 8 平 9　　6. 车二平三　炮 9 退 1
7. 马八进七　士 4 进 5　　8. 炮八平九　车 1 平 2
9. 车九平八　炮 9 平 7　　10. 车三平四　马 7 进 8
11. 炮五进四　…………

五九炮过河车炮打中卒是一个对攻十分激烈的变化。由于我在指定的过宫炮布局对抗赛中积分落后，所以必须采用这种较为冒险的变化，以求能扳回失分。

11. …………　马 3 进 5　　12. 车四平五　炮 7 进 5
13. 马三退五　炮 2 进 6

进炮顶住红车，必然之着，否则红车升起后，黑方车炮被牵制，局势被动。此时另有炮 2 进 5 封车的变化，也可与红方抗衡。

14. 马七进六　车 8 进 2　　15. 炮九平六　…………

平炮仕角，调整阵形，过于稳健，与争胜战略思想相违背。可改走车五平七吃卒，录求多兵优势。

15. …………　卒 7 进 1　　16. 相七进五　马 8 进 6
17. 车五退二　车 8 进 6

进车下 2 路，准备车 8 平 6 对红方发动攻击，着法凶悍。

18. 炮六退一　…………

退炮打车，很有必要。若走马五进七，车 8 平 6，仕六进五，马 6 进 7，相三进一，炮 7 平 8，炮六退一，车 6 退 6，黑方有沉底炮叫将，然后马吃仕的杀棋手段，黑方局势占优。

18. …………　车 8 退 1　　19. 相五进三　…………

吃掉黑方卒是解除威胁的唯一办法。若走炮六平七，车8平6，马五进七，马6进7。仕六进五，炮2平5，黑方胜。

19. …………　炮2平5　　20. 车八进九　炮5退3

21. 相三退五　…………

退相巧手。若走兵五进一吃炮，车8平4，红方要失子。

21. …………　炮5平3(图)

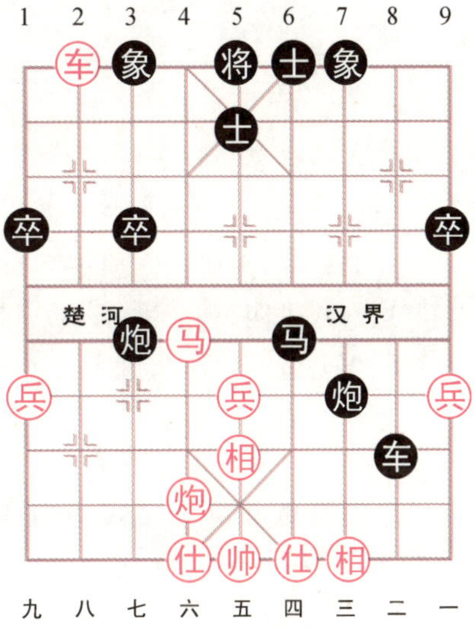

如图，黑方炮击红兵，既可避免激烈战斗，又可确保后防的安全，是目前局势下的好棋。

22. 炮六进一　车8退3

23. 相五进七　象7进5

24. 相七退五　马6进8

25. 仕六进五　车8平5

平车捉死红方中兵，和局已定。

26. 车八退三　炮7平9

27. 车八平七　炮9平5

28. 车七退三　马8退7

29. 炮六平九　炮5退1

30. 炮九进四　车5平4

31. 马六退七　卒9进1

32. 炮九平二　士5退4　　33. 炮二退四　卒9进1

34. 车七平五　卒9平8　　35. 炮二平三　士4进5

36. 兵九进一　士5进6　　37. 相五进三　炮5退2

38. 炮三进三　炮5平7　　39. 相三退五　车4平7

双方愿和。

第133局　湖北柳大华(红先和)河北李来群

(2004年9月14日弈于石家庄)

过宫炮正马对三步虎右单提马

"松业杯"棋王组稿赛

1.炮二平六　马8进7　　2.马二进三　车9平8

3.兵三进一　炮8平9　　4.马八进七　马2进1

对弈至此，形成过宫炮正马对三步虎右单提马的阵势。近期常见的变化为卒3进1，炮八进四，马2进3，炮八平七或炮八平三，另有不同变化。

5.相七进五　车1进1　　6.仕六进五　车8进4

7.兵七进一　卒3进1　　8.兵七进一　车8平3

9.马七进六　炮2平4

平炮邀兑，正着。若红方续走炮六进五，则炮9平4，黑方反先。

10.炮八退二　炮4进5

11.仕五进六　卒7进1

12.兵三进一　车3平7

13.车一进二　象7进5

14.炮八平六　…………

必然之着，平炮保马活通车路。

14.…………　车1平6

15.仕六退五　卒1进1

16.兵九进一　卒1进1

17.车九进四　马1进2(图)

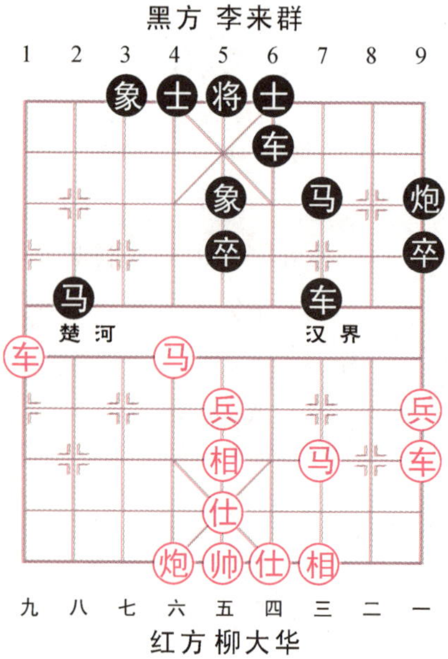

黑方主动邀兑，简化局势，已成均势。

18.马六进八　车7平2

19.车一平二　马7进8　　20.车二进二　士6进5

21.车二平三　车6进3　　22.车三进二　车6平7

黑方强行再兑一车，已成和势。

23.车三退一　车2平7　　24.车九平二

双方愿和。

第 134 局　河北李来群(红先和)湖北柳大华

(2004 年 9 月 14 日弈于石家庄)

飞相对挺 7 卒

"松业杯"棋王组稿赛

1. 相三进五　卒 7 进 1　　2. 兵七进一　马 8 进 7
3. 马八进七　象 7 进 5　　4. 车九进一　马 2 进 1
5. 车九平三　…………

对弈至此,形成飞相对挺 7 卒的一种常见阵势。挺 7 卒是目前对付飞相局较为流行的走法,红方此时亦可走车九平四。

5. …………　车 1 进 1

此时可走炮 2 进 4,炮八平九,炮 2 平 3,红方较优。此时也可先走炮 8 退 2,兵三进一,炮 8 平 7,兵三进一,车 9 平 8,炮二平四,炮 7 进 4,则局势平稳。

6. 兵三进一　卒 7 进 1
7. 车三进三　炮 8 退 2
8. 兵一进一　…………

红方此时可走炮二进四,炮 8 平 7,炮二平三,确保红车占据三路线,红方较优。

8. …………　炮 8 平 7
9. 车三平二　车 1 平 4
10. 车一进三　车 4 进 3

升车巡河,稳扎稳打。积极些可走车 4 进 5,占据兵行线。

11. 仕四进五　士 6 进 5
12. 兵九进一　卒 9 进 1
13. 兵一进一　车 9 进 4
14. 车一进二　车 4 平 9(图)
15. 炮八平九　炮 2 平 3

黑方 柳大华

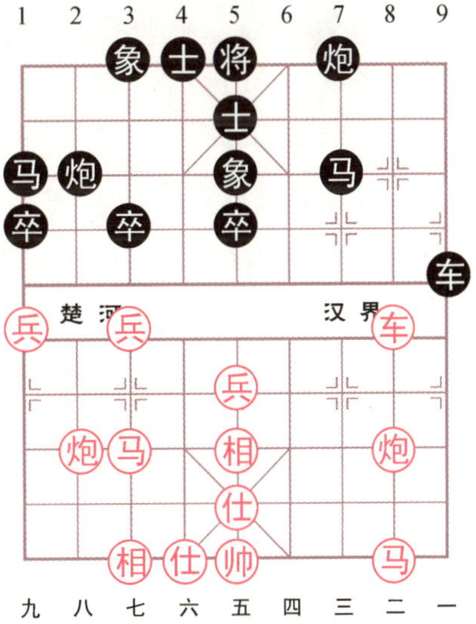

红方 李来群

16. 马七进六　卒 3 进 1
17. 兵七进一　车 9 平 3
18. 马二进三　炮 7 进 7
19. 炮九平三　车 3 平 4
20. 炮三进四　炮 3 平 4
21. 马六退七　卒 1 进 1
22. 兵九进一　车 4 平 1

双方局势平稳，均无进取能力，成为和局。

第135局　湖北柳大华(红先和)河北李来群

(2004年9月14日弈于石家庄)

五八炮巡河车对屏风马挺3卒

"松业杯"棋王组稿赛

1. 炮二平五　马8进7　　2. 马二进三　车9平8
3. 车一平二　马2进3　　4. 马八进九　卒3进1

此时较为流行的走法是卒7进1,炮八平七,车1平2,车九平八,形成不进兵的五七炮对屏风马进7卒阵势。此时进3卒系老式走法,黑方的战略思想是避开流行阵势。

5. 车二进四　象3进5　　6. 兵七进一　士4进5
7. 兵七进一　象5进3　　8. 炮八进四　卒7进1
9. 炮八平一　炮8平9

黑方 李来群

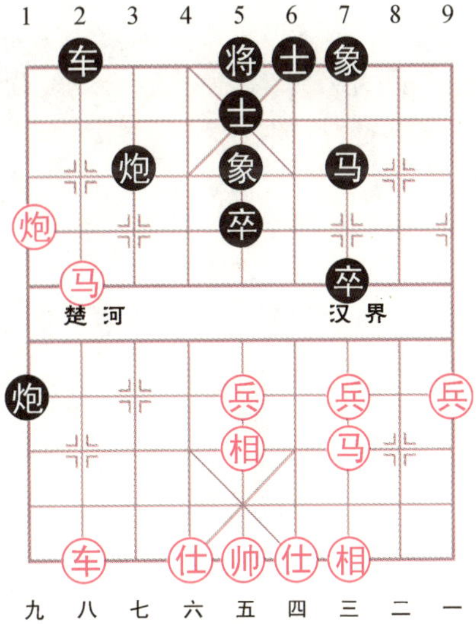

红方 柳大华

平炮邀兑,似嫌过早。应先走炮2进5,马三退五,炮8平9,炮一平三,象3退5,车二进五,马7退8,车九平八,车1平2,马五进七,炮2平5,车八进九,马3退2,相七进五,马2进3,成为平稳局势。

10. 车二进五　马7退8
11. 车九平八　炮2平1
12. 马九进七　象3退5
13. 炮五平七　…………

应走马七进五,卒5进1,马五退七,车1平4,炮五进三,红方局势稍优。

13. …………　车1平4
14. 相七进五　炮1进4
15. 炮七进五　炮9平3
16. 炮一平九　马8进7

17. 马七进八　车 4 平 2(图)　　18. 炮九进三　…………

进炮将军，再兑一子，和势已成。

18. …………　车 2 平 1　　19. 马八进七　车 1 平 3

20. 马七退六　车 3 进 4　　21. 马六退四　炮 1 平 7

22. 相三进一

双方愿和。

第136局　广东吕　钦(红先负)湖北柳大华

(2005年2月14日弈于顺德)

中炮过河车急进中兵对屏风马平炮兑车

首届"稔海杯"棋王赛

1.炮二平五　马8进7　　2.马二进三　车9平8
3.车一平二　马2进3　　4.兵七进一　卒7进1
5.车二进六　炮8平9　　6.车二平三　炮9退1
7.兵五进一　士4进5　　8.兵五进一　炮9平7
9.车三平四　卒7进1　　10.马三进五　卒7进1
11.马五进六　车8进8　　12.马八进七　象3进5
13.马六进七　车1平3　　14.前马退五　车3平4

以上双方轻车熟路,很快形成中炮过河车急进中兵对屏风马平炮兑车的流行阵势。黑方此时最常见的走法是马7进8,车四平三,马8进6,车三进二,马6进4,仕四进五,马4进3,帅五平四,马3进1,车三退五,成为红方稍优的局面。黑方舍弃熟套,平车以较冷僻的走法应战,希望收到出其不意的效果。

15.车四进二　…………

进车捉炮,准备一车换双,但并不理想。应改走炮八平九。

15.…………　炮2退1　　16.车四平三　炮2平7
17.马五进三　车8退6

退车捉马,必然之着。

18.炮八进五　…………

若走车九平八,车8平7,炮八进七,车4进1,红方攻势受阻,黑方前景乐观。

18.…………　车4进2　　19.车九平八　车8平7
20.马七进六　…………

进马加速失败,应走炮五平一,虽居下风但尚可支撑。

20.…………　卒7平6　　21.相三进一　…………

若走炮五平六,炮7进7,仕四进五,炮7平9,炮六进五,车7进7,仕五退四,卒6进1，黑方胜。

21.………… 炮7平8

22.炮五平二 车7进5(图)

如图，进车捉炮凶狠之着。以下黑方一连串的攻击手段，使红方难以招架。

23.马六退四 车4进4

24.马四退五 车4平5

25.炮二进四 车5退2

26.炮八进二 车7平9

27.车八进六 车5退1

28.车八平九 …………

此是红方已难应付，弃炮无奈。若逃炮，黑方车9平4，可以出将做杀。

28.………… 车5平8

29.车九进三 车8进3

红方认负。

黑方 柳大华

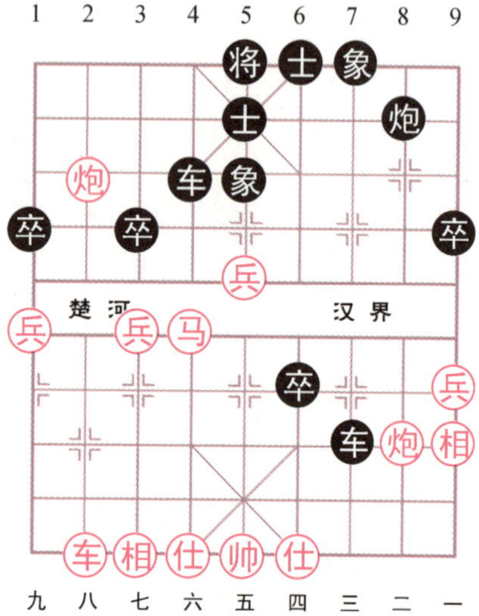

红方吕 钦

第 137 局　湖北柳大华(红先胜)台湾吴贵临

(2005 年 4 月 8 日弈于北京)

过宫炮对左炮封车

过宫炮新变探索赛

1. 炮二平六　马 8 进 7　　2. 马二进三　车 9 平 8

3. 车一平二　炮 8 进 4

对弈至此,形成过宫炮对左炮封车的阵势。

4. 兵三进一　炮 8 平 7　　5. 兵七进一　炮 2 平 5

半途列炮,强硬之着,亦可马 2 进 1,另有不同变化。

6. 马八进七　车 1 进 1　　7. 车九平八　车 1 平 8

抢先之着,黑方联车逼红车退回原位,构思新颖。以往出现过的着法是车 8 进 9,马三退二,车 1 平 4,另有复杂的变化。

8. 车二平一　前车平 4　　9. 仕四进五　车 8 进 4

10. 相三进五　…………

飞相嫌软,应炮八退一,车 4 进 5,炮八平七,红方子力配合较优。

10. …………　卒 3 进 1　　11. 炮八退一　马 2 进 3

面对红方平炮打车得子的威胁,进马中计。应卒 3 进 1,炮八平六,车 4 平 3,车八进九,卒 3 进 1,马七退九,卒 3 进 1,黑方弃子有攻势。

12. 炮八平六　车 4 平 6

应车 4 平 3,预先防范车八进六的威胁。

13. 车八进六　卒 7 进 1　　14. 车八平七　马 3 退 1

15. 兵三进一　车 8 平 7　　16. 兵七进一　炮 7 平 6

17. 兵七平六　炮 6 退 3　　18. 兵六进一　马 7 进 6

19. 马七进六　炮 6 平 4　　20. 马六进四　炮 4 进 5

21. 马四进五　象 3 进 5　　22. 车七退五　车 6 平 4

23. 车一平三(图)

黑方 吴贵临

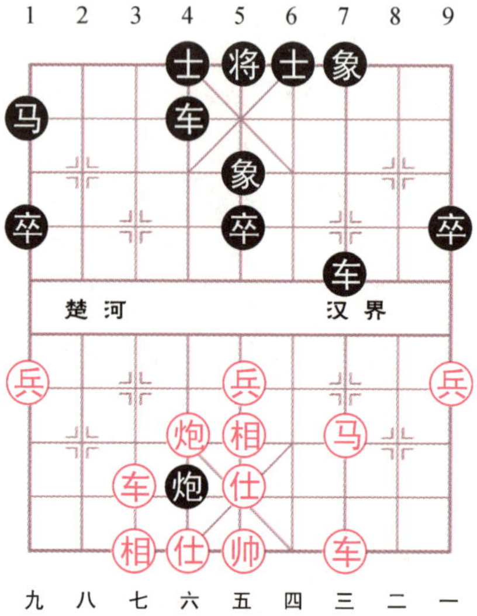

红方 柳大华

如图，黑方将失子且没有攻势，遂投子认负。